Jean-Noël Kapferer

Luxe

Nouveaux challenges, nouveaux challengers

EYROLLES

Groupe Eyrolles
61, bd Saint-Germain
75240 Paris Cedex 05
www.editions-eyrolles.com

Titre original : *Kapferer on luxury – How luxury brands can grow yet remain rare,* Jean-Noël Kapferer, Kogan Page, 2015.

Traductrice : Marie-France Pavillet

Sommaire

Introduction

Les enjeux de la croissance

Le luxe est un secteur d'activité qui ne ressemble à aucun autre : c'est le seul où la croissance crée un problème. Par insuffisance de la demande ? Non, la difficulté, à l'inverse, tient à l'excès de demande. Par exemple, combien de voitures la marque Ferrari pourrait-elle vendre de plus chaque année sans écorner son capital rêve et ses profits ? Hermès devrait-il décider de ne pas vendre un sac Kelly de plus que l'année précédente ? Louis Vuitton réduire le nombre de ses magasins dans tel ou tel pays ?

En outre, désormais aiguillonnés par leurs pairs plus aisés, les consommateurs ordinaires veulent aussi prendre part au « festin » souvent sans même franchir les portes des magasins de luxe. Ils peuvent désormais accéder à leurs sites Web et à leurs pages et offres sur les réseaux sociaux. Le luxe symbolise leur accession à une vie aussi radieuse que celle des stars qui arborent, dans les films, dans les séries télévisées et aux informations, des vêtements et des montres qui suscitent leur désir.

Dans le marché du luxe, les clients achètent non seulement un produit exceptionnel – fabriqué en partie à la main, grâce au savoir-faire des artisans – mais aussi une légende et une expérience : une vénérable tradition modernisée pour s'adapter à la vie actuelle, une culture enracinée dans celle d'un pays. Ils achètent aussi l'exclusivité, même si cela ne veut pas dire que ces articles sont uniques au monde – ce ne sont pas des toiles de maître – mais que la marque en limite volontairement l'offre, leur prix élevé rémunérant le droit d'être associé aux clients phares de la marque, triés sur le volet, dotés de moyens financiers considérables, étendards de la marque. Pour paraphraser Groucho Marx : « Je ne voudrais pas faire partie d'un club qui m'accepterait parmi ses membres. » Ce facteur d'exclusivité est ce qui distingue le luxe des marques premium et, à plus forte raison, du « *masstige* » (prestige de masse).

Dans le marché du premium, Mercedes-Benz, Audi et BMW se concurrencent aujourd'hui en termes de volume, BMW tenant la première place avec 1 905 234 véhicules vendus en 2015 et visant encore plus. Lexus, bien plus rentable, se contente de 652 000 modèles vendus. Mercedes devrait-il, pour les prochaines années, fixer un plafond aux objectifs de vente de la Mercedes S ? Sans doute non. En revanche, Rolls-Royce vendra délibérément une voiture de moins l'an prochain que cette année, mais chacune sera construite sur mesure. Ce constructeur gagne plus d'argent en customisant chaque véhicule pour s'adapter aux préférences de son futur propriétaire qu'en en vendant un de plus. Cette pratique renforce en outre l'image d'exclusivité et de valeur. Gérer une marque de luxe ne veut pas dire courir après un nombre maximal de clients, mais plutôt s'attacher les meilleurs, selon leur standing personnel. Certains produits sont achetés parce que les clients savent qui les a sélectionnés et les porte. Par exemple, la mode compte énormément sur les « people » (nouveaux acteurs, sportifs, pop stars) pour vendre ses produits au plus vite. Mais comme nous l'avons montré avec Vincent Bastien dans *Luxe oblige*, il ne faut pas confondre mode et luxe. Les succès de la Tesla S ou de l'iPhone 6 reposent sur les ressorts des marques de mode. En effet, le moteur du désir qu'ils créent n'est plus fondé sur la rareté, mais sur la priorité (être le premier à l'exhiber).

Une forte expansion

La croissance, dans le luxe, est un concept fragile, qui ne présente pas que des avantages. Quand atteint-on la saturation ? Certes, les marques dont les clients sont trop peu nombreux ne parviennent pas à couvrir les coûts fixes considérables de leurs magasins. En outre, faute d'être vue portée, la petite marque ne gagne pas en notoriété, *a fortiori* en désirabilité. Aujourd'hui, les niches, c'est fini : une marque de luxe dépourvue de notoriété ne peut accumuler le capital symbolique indispensable pour conférer standing et respect à ses clients. Mais, au fil du temps, si ces derniers deviennent trop nombreux, c'est au détriment du facteur exclusivité et du plaisir que procure en principe l'acte d'acheter un produit de luxe. Combien de personnes arborent dans les rues de Paris des lunettes au logo Chanel achetées chez des opticiens faisant partie d'une chaîne commerciale ayant pignon sur rue ? Même dans les magasins les plus prestigieux, les *flagship stores,* les longues files d'attente et le peu d'attention d'un personnel aux effectifs insuffisants en période de pointe peuvent écorner le sentiment de vivre un moment privilégié. Quel niveau de service et d'expérience est-il réellement prodigué aux clients lors de leur visite ? L'enjeu est pourtant considérable, puisqu'il s'agit de la valeur de la marque et de la possibilité de faire payer ses produits largement plus cher que les autres sans la moindre justification.

Le secteur du luxe est en train de se consolider en raison des problèmes posés par la croissance aux entreprises restées familiales. À quel rythme une firme doit-elle se développer ? Dans quels pays ? Avec quel volume de ventes ? À en croire les données de Bain & Company, cabinet de conseil considéré comme l'expert mondial du secteur, les marques italiennes ont les taux de croissance les plus élevés au monde, dépassant même les marques françaises. Beaucoup, même emblématiques, ont cependant été rachetées par des groupes français (LVMH et Kering). La croissance nécessite du capital et du savoir-faire, et les entreprises familiales n'ont pas toujours assez de l'un ni de l'autre. Beaucoup d'entreprises autrefois familiales et indépendantes ont été cédées à des groupes de luxe, même quand elles avaient toujours déclaré haut et fort (à l'instar de Bulgari, Loro Piana et Gucci) qu'elles ne s'y résoudraient jamais. Certaines affaires de famille, comme Hermès et Chanel, ont cependant su conserver leur indépendance et une rentabilité remarquable.

L'intérêt que Wall Street porte au secteur du luxe repose sur deux paramètres : ses marges fastueuses et surtout la croissance attendue du marché. Les groupes de luxe cotés en Bourse subissent une pression continue, en termes d'objectifs de croissance, dont les entreprises familiales sont exemptées. Wall Street n'a pu que se féliciter de l'expansion du secteur depuis 1990, même entrecoupée de crises.

— Elle a été portée par la croissance économique des pays dits émergents, les fameux BRIC (Brésil, Russie, Inde et Chine), en attendant celle à venir des MINT (Mexique, Indonésie, Nigeria et Turquie). Le luxe croît en effet par expansion horizontale, pays après pays, lorsque celui-ci décolle, créant alors une classe de « riches nouveaux » (mot préférable à « nouveau riche », trop connoté négativement). Après le Japon dans les années 1970, puis la Russie, vint la Chine, qui en est la preuve la plus emblématique et la plus puissante. Le succès qu'y a rencontré Louis Vuitton tient à ce que la marque est arrivée au moment du décollage chinois et a ainsi symbolisé collectivement la réussite du pays lui-même. Elle a ouvert des magasins dans les villes de premier, et même désormais de second plan, signe qu'elle pénètre plus profondément, mais aussi plus bas dans la société chinoise.

– Les marques de luxe ont aussi connu une expansion verticale, avec la création de deuxièmes et de troisièmes lignes de produits pour permettre aux membres de la classe moyenne, moins aisés, ou aux jeunes d'entrer dans la marque. Armani en constitue l'exemple le plus typique, créant des strates de marques-filles à degré de diffusion croissante (Armani Privè, Giorgio Armani, Armani Collezione, Emporio Armani, Armani Jeans, etc.). La croissance des accessoires, source majeure de rentabilité, traduit aussi cette expansion verticale.

– Les marques de luxe se sont également engagées dans la diversification, abandonnant leurs anciennes spécialisations pour offrir une gamme de produits plus large – le but étant d'exploiter les magasins gérés directement dans de bonnes conditions de rentabilité. La diversification répond également au problème créé par l'absence de fidélisation des nouveaux clients du luxe en Chine. Ces derniers choisissent encore trop souvent les marques par contagion du désir, simple imitation, et non par adhésion aux valeurs de la marque, *a fortiori* encore moins en tant que connaisseurs. L'extension des marques de luxe à de nombreuses catégories de produits, hors de leur métier d'origine, leur donne d'autant de raisons de revenir dans les boutiques ou sur les sites Web de la marque.

Quel avenir ?

Qu'est-ce qui va succéder à l'expansion horizontale et verticale des marques de luxe ? Va-t-on poursuivre sur cette voie ? Si oui, comment le secteur du luxe comblera-t-il le fossé entre l'image qu'il projette – celle-ci continuant à définir le luxe comme étant rare, noble, méticuleusement conçu et réalisé, exclusif, intelligent, soucieux d'offrir à ses clients un service exceptionnel – et les réalités de la croissance du chiffre d'affaires qui risque d'éloigner les premiers clients apporteurs de prestige constatant que la marque devient moins sélective ? Sans parler de l'omniprésence dans la sphère de la communication digitale, comme toutes les autres marques hors du luxe.

Le futur des marques de luxe dépendra de leur capacité à faire face à une série de challenges nouveaux, et aux challengers nés de ceux-ci. Le premier challenge est celui du succès même du luxe et de certaines de ses marques phares : comment Kering ou LVMH se préparent-ils à l'après ? Cet après viendra-t-il de maisons familiales, indépendantes ? Ou bien de la Chine elle-même? Autre challenge de taille, celui lié à l'irruption soudaine de la technologie dans la vie quotidienne de chacun, bousculant les repères et faisant reculer les frontières de l'inaccessible : Uber donne à chacun la possibilité d'avoir son chauffeur, Amazon devient l'étalon du meilleur service de livraison au monde. Enfin, les acheteurs de demain, la génération Y, pour qui la technologie va de soi, seront-ils encore sensibles aux deux piliers majeurs du luxe d'aujourd'hui : l'hymne à la possession et à l'Histoire? Pourquoi posséder les objets, les voitures, les jets? Ne peut-on pas mieux en jouir sans cela, préférer l'expérience à la propriété? Quant à l'Histoire, elle a été une remarquable barrière à l'entrée jusqu'à ce jour : mais est-ce durable? Ceci pose la question finale des nouveaux entrants dans le secteur du luxe. Pour l'instant, les frontières sont brouillées : chacun se clame « de luxe ». Au-delà des mots, comment recréer l'écart entre luxe, le premium, la mode, le masstige? En tout cas sur le Net, tout se ressemble.

L'ambition de cet ouvrage est de proposer des réponses aux problèmes que pose la croissance dans le domaine du luxe et peut-être même de lever le voile sur l'avenir, en prenant appui sur des signaux forts ou faibles présents à ce jour. Nous analyserons le pourquoi du phénomène actuel d' « artification » (où le luxe et l'art collaborent de plus en plus et ouvertement) et la montée en puissance des stratégies de « rareté abondante » qui contribuent à entretenir le rêve malgré des volumes plus importants. Nous aborderons sous un angle nouveau les défis d'Internet et ceux du développement durable, hier perçus comme lointains et aujourd'hui à l'agenda de toutes les marques de luxe. Pour terminer, nous nous pencherons sur les mutations du management des entreprises et des groupes du luxe aujourd'hui, ainsi que les questions de gouvernance de la marque dans ces groupes multimarques. Dans le luxe, le rôle de la gouvernance est de protéger les actifs et de résister aux pressions de hausse continue de la production. En définitive, le luxe sera ce que ces entreprises ou groupes en feront, ou sera déterminé par les nouveaux challengers qui auront su s'imposer.

Nous avons construit ce livre à partir de nos articles les plus récents (dont plusieurs rédigés avec un coauteur), tous parus dans des publications internationales et consacrés aux nombreux problèmes posés par la croissance dans le secteur du luxe. Nous y avons également inclus plusieurs chapitres originaux concernant des questions non abordées dans ces articles, ainsi que de nouvelles données provenant de nos recherches récentes sur les leviers du « rêve de marque » dans l'esprit des clients du luxe : comment ce rêve peut-il résister à la croissance des ventes des marques de luxe, en particulier celles qui tiennent aujourd'hui le haut du pavé et de la notoriété. Comment se construit alors le sentiment d'exclusivité?

Chaque chapitre peut être lu individuellement. Cet ouvrage complète *Luxe oblige*, qui demeure la référence internationale du secteur pour gérer les marques du luxe d'une façon distincte, afin de préserver la différence fondamentale entre le luxe, la mode et le premium.

Partie I

Concilier croissance et rareté

Chapitre 1

Entretenir le rêve du luxe

Au-delà de la rareté

Le luxe vend du rêve. Mais plus le secteur se développe — comme il le fait depuis le milieu des années 1990 — plus cela menace les leviers de ce rêve et l'essence même de ce qu'évoque la notion de luxe : la rareté et l'accès au privilège, à des produits et à une vie d'exception. Nous examinerons dans ce chapitre les principaux aspects de cette croissance du marché qui menacent le rêve inhérent au luxe et sa pérennité :

- le poids dominant des consommateurs chinois ;
- le rôle central d'Internet et des réseaux sociaux dans le comportement des consommateurs ;
- le floutage des frontières entre le luxe, la mode, les marques premium et celles dites de masstige ;
- les exigences nouvelles du développement durable.

Une industrie à nulle autre pareille

Le luxe vend du rêve. Les magazines de luxe publient régulièrement des articles dépeignant des lieux de rêve où l'on peut voyager, des maisons de rêve que l'on peut acheter, des yachts de rêve, des croisières de rêve, des voitures de rêve, des montres de rêve, etc. Sous la férule de son P-DG fondateur Bernard Arnault, LVMH, le premier groupe de luxe du monde avec plus de soixante-dix marques, vend des milliards d'euros d'articles qui promettent de « combler les espoirs et les rêves des consommateurs, etc., et ces rêves ne sont pas bon marché ». Comme l'expliquait Robert Polet, l'ancien P-DG de Gucci Group, devenu Kering, numéro deux du luxe mondial : *« Notre métier, c'est de vendre des rêves »* (*Fortune*, 6 septembre 2007). Gian Luigi Longinotti-Buitoni, P-DG de Ferrari North America, est le coauteur de *Selling Dreams*. Un article de juillet 2014 du *Wall Street Journal* était intitulé : *« LaFerrari Is a Million-Dollar Dream »*. Vendre du rêve est effectivement la mission essentielle du secteur du luxe et de ses marques.

■ La marque encapsule le rêve

Les marques jouent un rôle prédominant dans l'industrie du luxe. Les clients vont sur les sites Web de marques et entrent dans des magasins de marque. Pour conduire leur recherche, ils cliquent par exemple sur « Prada » et « Bottega Veneta », pas sur « sacs de cuir ». Le marché du luxe implique de ne pas se contenter de vendre d'excellents produits dans des endroits superbes en offrant un service irréprochable ; c'est la marque elle-même qui active et incarne l'élément intangible du rêve, l'accès symbolique à un univers spécifique de privilège, en franchissant un pas dans la stratification sociale, même de façon virtuelle. Royal Salute n'est pas simplement un whisky rare vieilli au moins vingt et un ans dans des fûts de chêne afin d'atteindre sa maturité ; il représente l'accès à un moment et à un univers hautement symboliques : le couronnement de la reine Elizabeth II, héritière d'une dynastie légendaire. Le 2 juin 1953, vingt et un coups de canon furent tirés par la Royal Navy et ce whisky rare fut offert en hommage à la souveraine.

Par extension, la marque Royal Salute est un hommage aux nouveaux rois et reines de l'époque moderne, c'est-à-dire les brillants entrepreneurs – partout dans le monde – qui ont bâti de nouveaux empires, entreprises et marques, particulièrement en Chine. Cette classe de « riches nouveaux » a besoin de trophées à sa hauteur, qui signalent son accession, son ascension, etc. Être consommateur de Royal Salute, c'est donc comme être membre d'un club très fermé. Bref, la consommation de produits de luxe comble des rêves et joue un rôle de stratifiant social. Elle permet de se mesurer les uns aux autres. Cette dimension d'accomplissement de rêve – autrement dit, l'accès symbolique à l'excellence et à une vie privilégiée, résultant des efforts que vous avez consentis et des choix que vous avez faits – c'est précisément ce qui sépare le luxe du premium. Il n'y a pas de rêve dans les meilleurs des vins californiens ou néozélandais, même ceux à 800 dollars la bouteille, qui sont de remarquables produits, premium. Au contraire, ouvrir un Petrus ou un Château Pape Clément, c'est entrer dans la légende, goûter un élixir fait d'histoire, de géographie, de culture, de temps, de savoir-faire, de vignerons, de châteaux, d'aristocratie, de clients royaux, de sacré... Ce qui ne veut pas dire que les grands bordeaux ne doivent pas se méfier aussi des vins premium qui travaillent sur leur produit.

Le secteur automobile compte de nombreuses marques premium, qui revendiquent toutes de construire « la meilleure voiture ». Le positionnement premium repose sur la possibilité de se proclamer la marque numéro un dans une catégorie donnée en fournissant divers éléments de preuve pour étayer cette assertion. La fonction prime sur l'acte de bravoure esthétique ou hédonique. Ces marques doivent en effet justifier leur prétention à être le premier de la classe. Dans un autre secteur, les publicités Lancôme affirment souvent que telle ou telle formule est *la meilleure* crème de soin en vertu d'une caractéristique, d'un ingrédient ou de performances uniques, que la concurrence est incapable d'émuler. Mais le luxe ne se résume pas à être le premier de la classe – il s'agit en fait d'incarner la classe elle-même à soi tout seul et d'afficher une suprématie symbolique. C'est la raison pour laquelle les marques de luxe semblent avoir les coudées si franches en matière de prix. Ce n'est pas le cas des marques premium, dont le prix est limité par la simple rationalité de leurs preuves ou par des tactiques de positionnement – Audi étant par exemple moins cher que Mercedes. Il en va ainsi des voitures premium, même super premium, qui vendent du « progrès » et donc, en filigrane, de l'obsolescence, toute version du progrès étant vouée à être remplacée par une autre. Les rêves, en revanche, ont une très grande longévité.

■ Une expansion continue malgré les crises

Une caractéristique frappante de l'industrie du luxe, c'est la constance de sa croissance sur le long terme, malgré les crises économiques, les récessions, les révolutions et les guerres. Selon Bain & Company, ce secteur représentait 1 044 milliards d'euros en 2015, dont 405 pour l'automobile, 253 pour des articles personnels (catégorie dite de « luxe personnel ») comme la maroquinerie, les vêtements, les montres, les bijoux et les parfums (contre 77 milliards d'euros en 1995).

La source de cet essor remarquable est la croissance économique mondiale elle-même. Bernstein Research a démontré que la croissance du luxe dans un pays est intimement corrélée à celle de son PIB. Rien d'étonnant à cela : la croissance découle du fait que les entreprises créent de la valeur et distribuent des salaires, et les dirigeants aiment savourer les fruits de leurs efforts. L'image de millionnaires pingres ou radins, qui épargnent toute leur vie mais ne jouissent jamais vraiment de leur fortune n'est plus d'actualité. Ce type de « riche » à l'ancienne, fort bien décrit dans *The Millionaire Next Door* ne représente pas le marché du luxe. Ni les très riches qui n'ont nullement besoin de démontrer leur statut, car ils l'ont déjà : ce sont des patriciens. La réalité de la croissance du marché du luxe repose non sur les riches mais sur les nouveaux riches, surtout ceux des pays émergents, dont la Chine fournit un exemple emblématique.

Dans ce pays, les chefs d'entreprise sont plus jeunes qu'ailleurs, et de nombreux millionnaires ont moins de 40 ans : ils veulent vivre comme leurs homologues occidentaux, bénéficier d'expressions similaires de richesse et de bonheur, par exemple la consommation de produits et de marques de luxe. Ils achètent des lofts, des appartements géants sur le Bund, à Shanghai, qu'il faut meubler. D'où le bond du marché du luxe dans toutes ses catégories (mobilier, peinture, décoration, arts de la table, etc.). L'expansion du secteur du luxe se fait après sur le haut de la classe moyenne qui souhaite imiter le style de vie de ses compatriotes riches et célèbres et des stars du monde occidental.

L'élément symbolique de ce type de comportement — et le plus facile à imiter — est la consommation de produits et de marques de luxe. Quand ces dernières ont commencé à être distribuées dans les pays émergents, le secteur du luxe y a décollé. En Chine, on dit que le marché du luxe est né avec l'inauguration à Shanghai de Plaza 66, le premier centre commercial de luxe. Le rêve devenait visible et accessible à tous ceux qui pouvaient et voulaient en payer le prix. De plus, comme le rappelait Thorstein Veblen, pour se faire admirer, être riche ne suffit pas, il faut le montrer. Avoir un yacht vous classe dans les UHNWI (Ultra High-Net-Worth Individuals), mais cela ne se voit pas, à la différence des biens dits de luxe personnel qui se portent sur soi. Le marché du luxe a donc crû du fait de la demande de biens très signifiants, voire positionnants, car ils classent hiérarchiquement leurs acheteurs. De plus, qui dit biens signifiants dit besoin de signalétique visible : d'où l'importance des logos. Nous reviendrons sur la problématique des logos et du « *show-off* » dans le chapitre 4.

Passé de 77 milliards d'euros en 1995 à 253 milliards de dollars en 2015, le marché du luxe personnel n'est manifestement plus le privilège de quelques rares personnes. La définition que le dictionnaire Webster a donnée du mot « luxe » de 1828 à 1913 rappelle de façon intéressante la façon dont le concept a changé : « tout ce qui plaît aux sens... et est également coûteux, ou difficile à obtenir ; un objet rare et cher » (voir http://www.webster-dictionary.org/definition/luxury). Certes, il ne s'est écoulé en 2015 que 7 000 Ferrari et 3 785 Rolls-Royce, mais Porsche a vendu 225 000 voitures dans le monde, et Audi 570 000 véhicules en Chine sur ses 1 741 100 ventes mondiales. Ces statistiques offrent une preuve supplémentaire que le secteur du luxe n'est plus, comme par le passé, composé que de petites entreprises de niche. Il représente un secteur macroéconomique à part entière, sous la direction de managers, avec des objectifs chiffrés considérables.

■ Rareté ou sentiment d'exclusivité ?

Contrairement aux autres secteurs économiques, cependant, la croissance y crée des problèmes, car le rêve du luxe repose en partie sur un discours de rareté et d'accès privilégié à des produits symboles d'une vie ou de moments d'exception. C'est ce que le concept du luxe évoque aujourd'hui aux yeux de ses consommateurs. Dans l'une de nos dernières études, nous avons interrogé 3 085 consommateurs jouissants de gros revenus de six grands pays (États-Unis, Chine, Japon, Brésil, Allemagne et France). Les répondants furent sélectionnés sur la base des achats qu'ils avaient déclaré avoir effectués au-dessus d'un certain montant et on leur demanda d'indiquer, sur une liste de dix attributs, ceux qui définissaient le mieux leur vision du luxe. Le tableau 1.1 révèle à la fois la convergence des définitions de ce qu'évoque le luxe pour ces clients et quelques différences idiosyncratiques entre les divers pays.

Il y a une similarité frappante entre ces résultats par pays et la définition ancienne du Webster, qui soulignait déjà l'importance du plaisir et du coût. Seuls les répondants chinois ont explicitement affirmé que le luxe évoquait à la fois le très cher et l'aspect exclusif, réservé à une minorité privilégiée de consommateurs, qui se distinguent ainsi de la masse. Il est vrai que les nouveaux riches Chinois ont voulu rattraper le temps perdu et leurs homologues occidentaux : ils entraient dans les magasins en demandant d'emblée le plus cher. Mais n'est-il pas normal quand on découvre un secteur, d'utiliser le prix comme signal de l'excellence ? Parmi les autres nationalités, les notions de rareté et d'apanage réservé à un petit nombre de privilégiés sont présentes, mais pas citées parmi les quatre premières associations ; elles sont plutôt perçues comme étant les conséquences ou les corrélats de la qualité, du prestige et du coût élevé des produits et des marques de luxe. Notons que le prestige renvoie implicitement à la marque, c'est elle qui porte le nom devenu prestigieux.

Tableau 1.1 Ce que le mot « luxe »
évoque auprès des clients du luxe de six pays (n = 3 085)

	France	États-Unis	Chine	Brésil	Allemagne	Japon
1	haute qualité	haute qualité	cher	haute qualité	haute qualité	haute qualité
2	prestige	cher	haute qualité	plaisir	cher	prestige
3	cher	prestige	mode	rêve	mode	cher
4	plaisir	plaisir	minorité	cher	rêve	intemporel

Plus le secteur du luxe se développe, plus cela menace les leviers du rêve et l'essence de ce qu'évoque le luxe (Thomas, 2008). La croissance du chiffre d'affaires se traduit par l'augmentation du nombre des clients, bien au-delà des nouveaux riches du début, comme le montrent les longues files de clients chinois patientant pour pénétrer dans le magasin Louis Vuitton des Champs-Élysées ou le magasin Gucci à Londres afin d'acheter, pour eux-mêmes ou pour leurs amis, des sacs très coûteux. Ferdinand Porsche, fils du fondateur de la maison Porsche, qui a dessiné la légendaire 911, a dit un jour qu'il s'inquiétait lorsqu'il voyait deux Porsche dans la même rue (il aurait une crise cardiaque s'il se promenait aujourd'hui dans Londres !). Une considération essentielle pour tous les patrons de marques de luxe consiste donc à conjuguer croissance et luxe. Comment une telle entreprise peut-elle grandir tout en restant fidèle à son modèle de rareté de l'offre, en complète contradiction avec la croissance ? Un dirigeant peut-il adhérer aux principes d'une véritable « stratégie du luxe » tout en assurant la croissance de son chiffre d'affaires ? Les marques mondiales du luxe sont aujourd'hui devenues *de facto* des mégamarques, alors que leur *storytelling* est celui de la marque niche.

Luxe oblige rappelle que si le luxe, en tant que concept, est très subjectif, et que si le secteur du luxe est élastique en termes de marques et d'entreprises concernées, la « stratégie du luxe » reste cependant une notion très précise et exigeante – une approche unique pour conduire les marques et les entreprises. La stratégie du luxe implique l'obligation d'enfreindre les règles du marketing classique afin de construire des marques de luxe. Nous avons identifié vingt-quatre « anti-lois » du marketing qu'il faut appliquer pour créer une marque de luxe florissante. Elles ont été développées et mises en œuvre par les marques de luxe les plus prospères. Ces anti-lois font désormais figure de références pour les entreprises et les groupes du luxe.

Le livre que vous avez sous les yeux ne vise pas à se substituer à *Luxe oblige*, il en est la suite. Il s'attaque au grand défi du secteur et des marques de luxe, au défi de la croissance.

Quel(s) avenir(s) pour le luxe ?

Quel est l'avenir du luxe ? Cette question revient souvent dans les publications et les conférences internationales. Cet avenir, on le connaît déjà en partie – non parce qu'on le devine, mais parce qu'il résulte de lois empiriques ou sociologiques. Mais peut-on parler au singulier, concernant l'avenir du luxe ?

■ L'omniprésence du luxe aujourd'hui

Par le passé, les prédictions sur la question étaient fondées sur l'intuition ou sur une sorte de sixième sens – attitude naïve, ignorant le fait que le luxe n'est pas là, de l'autre côté de la porte, à attendre que nous en découvrions les nouvelles formes. En réalité, le luxe n'est pas un concept impartial, mais un produit de son temps, de son époque et de la dynamique des classes sociales dans chaque pays : il concrétise la réalisation de certains objectifs sociaux et économiques ; il est davantage qu'un statut ou un jeu de consommation destiné à attirer l'attention. Au XVIIe siècle, le luxe participait de la splendeur du Roi-Soleil, comme il a participé à celle des Rockefeller, des Vanderbilt et des Carnegie à la fin du XIXe. Le luxe postmoderne est un hymne à la puissance médiatique des « people », autrement dit les célébrités. Plus qu'un secteur macroéconomique, le luxe est aujourd'hui au cœur de la société, un euphorisant généralisé, considéré comme une forme élaborée de production culturelle. Cette omniprésence du luxe dans les sociétés modernes est inséparable de l'hyperindustrialisation du monde, qui conduit à la saturation de la consommation.

Il existe deux manières de vaincre la saturation, comme le montrent les cas d'Uniqlo et de Louis Vuitton. Le premier propose qualité et style pour tous grâce à un *business model* low cost. Le second, au contraire, adopte une stratégie de valeur qui encourage tout le monde à acheter moins d'objets, mais extrêmement raffinés et durables. Pour assurer sa croissance, le luxe doit gérer sa propre image, à qui il devra sa légitimité au cours des années futures. En outre, comme ce secteur s'est consolidé sous l'impulsion de groupes cotés (LVMH, Richemont, Kering et Prada), la Bourse jouera un rôle dans son avenir. Elle a déjà contribué à ce que toutes ces entreprises soient désignées par le même mot-parapluie : « luxe ». Fait significatif en effet, il y a plusieurs années, chaque marque, chaque entreprise était connue pour sa propre spécialité (par exemple sellier, fabricant de malles, bottier, fourreur, etc.). Aujourd'hui, elles sont toutes présentées comme des « marques de luxe ».

Wall Street attend de LVMH une croissance permanente, et cela diffère de la façon dont les entreprises familiales ont longtemps conçu le luxe. Elles ne subissaient aucune pression en termes de croissance, elles avaient le temps. L'avenir du luxe devra aussi satisfaire la Bourse en prenant finement en compte l'évolution des paramètres politiques, sociologiques et écologiques : l'euphorie est-elle encore de mise ? Où ? Pour célébrer quoi ? Le moment ne serait-il pas venu de revenir aux fondements du luxe ? Le fait que les grandes marques de luxe fassent tout pour être perçues comme des productions culturelles le révèle. De fait le gaspillage tapageur est une impasse pour l'industrie du luxe : c'est en arborant des articles d'un goût raffiné que le client doit se faire remarquer, pas en gaspillant ; il prouvera ainsi son aptitude culturelle à sélectionner du beau compatible avec le respect de la planète. La Chine est en train d'effectuer ce virage actuellement, après une phase boulimique.

■ Les cycles de consommation du luxe

Où est l'avenir du luxe ? Après l'avènement des BRIC vinrent les MINT. La croissance du secteur étant directement corrélée à celle du PIB, son avenir réside vraisemblablement en Chine, trop vaste réservoir de nouveaux clients potentiels. L'Inde que l'on attend depuis des années tarde encore à se développer sur ce marché, faute d'infrastructures. La Russie est en recul économique, ce qui contraint à des sacrifices sur ces consommations que l'on peut reporter ou réduire en coûts. L'Afrique, elle, semble désormais prometteuse de nouveaux marchés. Beaucoup d'indicateurs permettent de penser que le processus est déjà enclenché dans les pays dotés de ressources rares indispensables à la croissance économique (Nigeria, Mozambique, Maroc et Angola). Enfin le Brésil offrira sans doute lui aussi, mais pas dans l'avenir immédiat, un vaste marché au secteur du luxe. Pour l'heure, c'est à Miami que les riches Brésiliens font leur shopping et ont leurs bases de repli et de sécurité.

La consommation de produits de luxe est également profondément liée à l'urbanisation, mouvement qui attire les gens loin de leurs maisons, villages, parents et clans. Quand ils arrivent dans des villes pour y chercher un emploi, ils se livrent à une sorte de compétition – il leur faut en effet se construire une nouvelle identité. Les marques de luxe représentent une manière facile de se parer d'un paraître, d'une identité socialement désirable. Elles peuvent également être acquises à vil prix, grâce à des produits de contrefaçon ornés de logos très voyants. Dans les pays émergents, ces derniers agissent, paradoxalement, à la manière de produits d'entrée de gamme des célèbres marques institutionnelles. La recherche académique a montré que ces articles de contrefaçon sont peut-être moins nuisibles aux marques qu'on ne l'a cru ; certains pensent même qu'ils contribuent à la diffusion de leur réputation. La multiplication de ces clients non invités peut cependant présenter certains inconvénients. Burberry a souffert de ce phénomène quand la marque fut choisie par la sous-culture britannique « *chav* », dont les jeunes représentants, issus de milieux populaires et défavorisés, arborent son code vestimentaire stéréotypé.

Concernant la Chine, il est probable que les HNWI locaux, détenteurs de grandes fortunes, vont dépasser la phase de fierté d'appartenance à cette minorité de millionnaires et d'ostentation. Alors que le pays doit désormais combattre les signes de la trop grande inégalité entre riches et pauvres (le fameux coefficient de Gini), ces HNWI vont s'éloigner des marques très visibles qui désormais s'adressent aussi au haut de la classe moyenne, et aborder d'autres consommations plus subtiles et différenciatrices socialement : dans quelle université américaine, britannique ou française envoyer les enfants ? Où acheter une villa à l'étranger ? Quels tableaux choisir ? Où faire un voyage d'œnotourisme qui soit une expérience exceptionnelle ? Où apprendre à déguster les bourgognes rares et méconnus ? À leurs yeux, la diffusion sans limite des « mega-brands » du luxe n'est donc pas positive. Pour la masse des consommateurs des classes moyennes, en revanche, il est rassurant d'acheter le même sac Louis Vuitton que tout le monde ; c'est une manière d'être sûr que l'on a fait le bon choix et de s'intégrer symboliquement dans une « classe supérieure » en arborant le logo de la marque, qui fait désormais office de symbole de l'essor économique de la Chine.

Ainsi, on peut parler de cycle de la consommation du luxe dans les pays émergents : quand la phase de découverte et d'achat boulimique des articles de luxe s'achève, les consommateurs très aisés commencent à chercher du luxe vécu, ressenti. Mais cela ne se fera pas du jour au lendemain. Dans ces pays, les acheteurs vivent encore mentalement dans un monde de pénurie matérielle : ils étaient pauvres il y a quelques décennies, ou en tout cas leurs parents l'étaient. Comme l'ont montré Chadha et Husband (2006), les nouveaux acquéreurs de produits de luxe émergeant d'un état de pauvreté et de privations aiment passer du temps dans les magasins de luxe, où on leur prodigue des marques de respect et on les traite en VIP, comme une personne et non comme un simple numéro.

En outre, ces magasins sont conçus pour ressembler aux boutiques de New York ou de Milan, distillant la même magie et offrent la possibilité de « voyager sans se déplacer ». Au cours de cette phase de découverte du luxe, le bonheur se mesure au nombre de sacs Vuitton que l'on achète. Plus tard seulement vient la réalisation que cette possession n'est pas nécessairement synonyme de bonheur. Une telle attitude est plus caractéristique des pays matures, où l'abondance matérielle est la norme, mais où le bonheur est rare. Ce type de circonstances ouvre la voie au luxe dit « expérientiel », c'est-à-dire la possibilité de savourer, n'importe où dans le monde, des moments uniques, rares, riches d'émotions et de sens. C'est la raison pour laquelle tant de nouveaux hauts lieux du tourisme de luxe assument totalement les exigences du développement durable : grâce à leurs efforts, leurs prix élevés offrent une expérience plus satisfaisante.

Dans les pays matures, comme l'avait prédit Jean Baudrillard, les consommateurs d'élite se concurrencent mutuellement à la fois sur leur fortune et sur leur goût. Ils passent d'une appropriation d'objets contagieuse et compulsive à la démonstration de leur propre appréciation de ces articles. Dès l'instant où une marque attire les nouveaux riches, les détenteurs de fortunes établies de plus longue date passent à une autre, moins visible, moins codée, dont les subtiles indications de reconnaissance révèlent l'aptitude à « comprendre » et « être dans le coup ». Baudrillard note aussi que les produits révélateurs de richesse, de bon goût et d'appartenance sociale changent constamment. À mesure qu'ils sont adoptés et consommés en tant que symboles de luxe par le haut des classes moyennes, ils ont toutes les chances de ne plus être considérés comme tels par les nouveaux riches. Les « people » en font partie : leur soif de standing les pousse à acheter des marques qu'ils considèrent comme des symboles de prestige social. Les détenteurs de fortunes plus établies éprouvent beaucoup moins le besoin d'étaler leur standing ; ils préfèrent vivre des moments privilégiés comme la visite d'un grand château du vignoble bordelais, dîner avec son propriétaire ou assister aux vendanges. Ils expriment aussi parfois leur standing par l'acquisition d'art contemporain (par conséquent devenu spéculatif), d'un bien immobilier, ou encore par l'adoption des dernières technologies numériques compatibles avec le développement durable pour leur logement, leur voiture ou leur yacht.

■ Quelle rareté demain ?

Qui assurera l'avenir des marques de luxe ? Jusqu'à présent, les grandes marques institutionnelles du luxe ont fort bien réussi à identifier les meilleurs nouveaux talents montants, à qui elles ont confié leur direction (Tom Ford, Marc Jacobs, Nicolas Ghesquière, Paul Wang, Hedi Slimane, etc.). Grâce à cette pratique, les grandes maisons redonnent un coup de jeune à des marques anciennes, préviennent leur propre décadence et, surtout, évitent l'irruption de nouveaux concurrents (que seraient sans doute devenus ces artistes s'ils avaient lancé leur propre marque en y consacrant toute leur énergie).

Cependant, comme dans tous les secteurs, la concurrence surgit souvent là où on l'attend le moins. Cela passe parfois par une nouvelle technologie. L'innovation des dosettes a ainsi créé Nespresso, le *nec plus ultra* en matière de café. En outre, cette marque a adopté une « stratégie de luxe », comme Apple d'ailleurs qui a recruté un DG de Dior et la P-DG de Burberry pour développer une vraie distribution de luxe (tandis que Samsung, lui, a opté pour une stratégie de marque premium). Les moteurs hybrides ont permis au nouveau venu, Lexus, de s'imposer comme la norme pour les voitures de luxe propres, et les batteries au lithium ont fait de Tesla la voiture « *it* » des stars de Hollywood qui préfèrent ne plus être vues au volant de Ferrari et de Lamborghini, icônes d'un rêve appartenant désormais au passé. En effet, les stars cultivent aussi leur propre marque pour rester aussi longtemps que possible sous le feu des projecteurs et conserver leur valeur financière.

Les pays émergents produiront sans doute les futures marques mondiales de luxe. La Chine commence en tout cas (voir chap. 14). À long terme ce sera normal, bien que l'on attende toujours celles du Japon. Pour ne pas attendre, Hermès a eu l'intelligence de s'assurer la majorité de Shang Xia, nouvelle marque qui revitalise les métiers d'art les plus anciens de Chine. Ce pays a en effet, sur le papier, le potentiel de produire de telles marques : il possède une longue histoire, une tradition d'excellence en art et en artisanat, de nouveaux designers à la fois désireux et capables de réussir et un État favorable à une telle évolution. Encore faut-il y croire. La créativité et l'inventivité, essentielles au développement de marques de luxe, ne sont pas historiquement valorisées par la culture asiatique, en tout cas pas encore.

En dernière analyse, le luxe ne se cantonne pas à un produit, c'est une culture de l'excellence tout au long de la chaîne de valeur, y compris les sous-traitants. En Chine, hélas, la révolution culturelle a détruit beaucoup de savoir-faire et de nombreux maîtres artisans ont disparu. Il faudra du temps pour retrouver ces savoir-faire, voire les recréer. Il en va de même en France, où nombre de métiers rares essentiels à la haute couture risquent de disparaître, faute d'enseignants et d'élèves. C'est la raison pour laquelle Chanel a décidé de racheter un certain nombre de petites entreprises, des ateliers qui possèdent ces savoir-faire si rares, dont l'avenir était menacé. Que deviendrait le rêve du luxe s'ils venaient à disparaître ? Il faut tout faire pour éviter la délocalisation des sites de production hors du pays d'origine (voir chapitre 5).

Enfin, pour certains, les marques de luxe de demain seront-elles encore matérielles ? Qu'est-ce qui sera rare, demain ? Le silence, le grand air non pollué, l'harmonie, la paix, etc. Ce sont des biens publics, difficiles à privatiser, mais certains lieux bénéficient peut-être de ces attributs rarissimes.

Abordons à présent un certain nombre de difficultés majeures menaçant potentiellement le rêve du luxe, aujourd'hui comme demain. En un sens, elles résultent de la croissance fantastique de l'industrie du luxe de par le monde et de profonds changements de son environnement, qu'ils soient de nature technologique (Internet), socio-économique, politique, écologique, ou autre. Nous reviendrons plus loin en détail sur chacune de ces questions.

Jusqu'où montent les arbres ?

Chacun connaît le proverbe selon lequel les arbres ne grimpent pas jusqu'au ciel. Or le marché mondial du luxe est désormais porté non plus par des marques de luxe, mais par de vraies mégamarques de luxe. À quoi les reconnaît-on ? Une notoriété mondiale, un logo reconnu par tous, une omniprésence dans les médias et les réseaux sociaux, des mégastores présents partout dans le monde et désormais les principaux aéroports, des produits iconiques visibles dans la rue sur de plus en plus de clients. On est donc bien passé du luxe de rareté objective à un luxe de rareté virtuelle, où la notion de priorité semble l'emporter sur la rareté elle-même. D'où la confusion avec la mode, que nous examinerons ci-dessous.

Quel est l'avenir de mégamarques qui représentent souvent à elles seules plus de 50 % des profits des groupes de luxe dont elles font partie ? Certes, ceux-ci cherchent des relais de croissance et entourent de tous leurs soins de petites marques récemment acquises, en vue du long terme. Hélas à court terme, l'équilibre financier des groupes de luxe dépend de leurs mégamarques, les analyses d'Exane BNP Paribas le montrent bien. Il leur faudra donc mettre en œuvre des tactiques de rareté abondante (chapitre 2), d'artification et patrimoinisation (voir chapitre 3) pour déplacer la perception du secteur de la rareté vers la culture. Ceci réduit en outre les éventuels sentiments de culpabilité des clients demain, et désamorce les critiques sociales latentes d'un secteur censé rester petit et qui devient omniprésent dans nos sociétés de consommation, etc.

Le succès constant du luxe est donc à la fois du pain bénit et une menace. Chaque P-DG sait bien que dans le luxe, le succès apporte de l'argent mais se paye en prestige perdu, au-delà d'un certain seuil. Pour paraphraser un dirigeant de Porsche, il vaut mieux vendre une voiture de moins que de trop. Nos analyses récentes ont validé sur un plan international la fameuse équation du rêve établie alors aux États-Unis uniquement. En France, sur la base de l'analyse de soixante marques de luxe, tous secteurs confondus, cette équation du rêve s'établit ainsi :

$$\text{Rêve} = -\,7,0 + 0,31\ \text{Notoriété} - 0,40\ \text{Achat} + 0,58\ \text{Tradition}\ (R^2 = 0,64)$$

Source : J.-N. Kapferer/P. Valette-Florence, 2016

En d'autres termes, à la différence des marques de grande consommation qui sont renforcées par toujours plus de notoriété et de diffusion, la marque de luxe gagne d'abord en puissance *via* l'acquisition de notoriété et la visibilité de ses acheteurs, dont le nombre grandit. Cependant, après un seuil, elle perd son lustre. La difficulté est que, croissance oblige, le management demande à la mégamarque de toujours accroître sa pénétration du marché (pourcentage de ménages en ayant acheté ou consommé dans l'année qui précède). Or ce lustre nourrit le rêve de marque, donc sa capacité à justifier une forte prime de prix et les marges luxueuses qui vont avec. Il faut donc étendre ce rêve de marque à toujours plus de personnes afin de maintenir la variable clé révélée par l'équation du rêve : la différence entre notoriété et pénétration. Le but du management de marque est de créer un excès de demande et de ne pas y répondre. C'est pourquoi les économistes ne comprennent pas le luxe : pour l'économie classique, l'optimum consiste à faire coïncider le niveau de l'offre et celui de la demande. Surtout pas dans le luxe ! D'où les nombreuses tactiques de rareté artificielle du luxe d'aujourd'hui.

Cela ne veut pas dire que le marché plébiscite les marques niches, inconnues... sauf pour ceux qui les connaissent et s'en prévalent. Sans notoriété de marque ni visibilité, il n'y a pas d'ostentation : or ce marché est structurellement ostentatoire, même si pour des raisons de légitimation du secteur, tous les fabricants du luxe ou les syndicats professionnels passent sous silence ce levier majeur de la valeur à travers les siècles. Car la valeur perçue de la marque de luxe est certes due aux artisans, à l'histoire, au soin de production, etc., mais est aussi construite par la demande, à condition qu'en plus de leur argent, les acheteurs apportent leur statut. C'est là que le bât blesse pour certaines mégamarques du luxe : elles ne peuvent croître qu'en élargissant la base de leur clientèle… vers le bas.

Comment faire alors ? L'équation du rêve ci-dessus indique une voie : miser sur la tradition, l'héritage, le passé. D'où une démarche volontariste de transformer les maisons de luxe en patrimoine national. Les Journées européennes du patrimoine ont cette fonction-là. En outre, il importe de créer des lieux de cet héritage, comme l'appartement de Coco Chanel, rue Cambon, érigé en musée vivant. En mai 2016, Dior a fait renaître de ses cendres à grands frais le château de la Colle noire, résidence oubliée de Christian Dior près de la Côte d'Azur. Toutes les marques de luxe ont engagé des processus de ce type. Une autre tentation est de passer de la rareté à la priorité, être le premier à acheter, c'est-à-dire glisser progressivement vers l'un des fondements du *business model* de la mode. Mais ce n'est pas non plus sans risques.

L'essor de la mode : du rêve à la contagion des désirs

Les touristes chinois qui patientent sur le trottoir du magasin amiral de Gucci à Londres savent-ils pourquoi ils le font ? Ne se contentent-ils pas en réalité d'imiter les autres ? Cela relève assurément davantage de la mode que du luxe. Qu'est-ce qui fait vendre la mode ? Être à la mode est un état éphémère et fragile qu'il faut constamment revisiter et réimaginer. Le luxe, en revanche, relève de la valeur à long terme. Quand un article est à la mode, c'est excellent pour les ventes à court terme, mais cela éloigne la marque d'un positionnement luxe et la rapproche d'une stratégie de mode. De plus, après avoir été à la mode, la marque risque d'être démodée.

Dans les pays émergents et parmi les nouveaux consommateurs, il existe un quiproquo, un malentendu : en Chine, par exemple, les clients achètent des produits de luxe pour être à la mode. Le tableau 1.1 (page 22) illustre ce phénomène : les répondants chinois définissent le luxe comme étant cher, d'excellente qualité, *à la mode* et réservé à une minorité. Comme l'a démontré l'anthropologue René Girard, le désir de mode repose sur un mécanisme qu'il nomme « triangulation du désir ». Les consommateurs ne désirent pas le produit ou la marque en soi, mais le désir d'une autre personne. C'est comme un enfant qui veut un jouet uniquement parce qu'un autre l'a ou le veut aussi. Mais dès l'instant où il est acheté ou possédé, ce jouet perd sa valeur.

La notion de luxe est liée aux rêves qu'elle vend, non aux besoins ou aux désirs. Il faut beaucoup de temps pour réaliser un produit exceptionnel (comme une montre Patek Philippe) ; cela ne s'achète pas dans la précipitation. Les rêves qu'incarne une marque de luxe sont des idéaux susceptibles de se transformer en réalité. Vous rêvez d'acheter une Porsche 911 Carrera ? L'avenir dira si (et quand) cet achat se concrétisera jamais. La réalisation de ses rêves dépend de nombreux facteurs, mais le seul fait de les caresser est agréable. Cela permet de se fixer des objectifs. Le désir au contraire, c'est la consommation, et comme un feu consume le bois, il faut donc sans cesse en renouveler l'objet.

■ La tension entre luxe et mode

Les nouveaux riches des pays émergents, souvent d'origine très défavorisée, n'ont pas encore le raffinement culturel des consommateurs dont la fortune est plus ancienne (par exemple, personne ne leur a dit ce qui fait la différence entre un bon champagne et un médiocre mousseux). Ils prennent donc leurs décisions en se fondant sur le prix et le succès du produit, sur ce qui est à la mode à ce moment-là. La définition et la consommation du luxe dans les pays matures sont très différentes. Comme l'a dit Patrick Thomas, ex-P-DG d'Hermès, « *quand un produit se vend trop bien, nous le supprimons immédiatement* ». Ceci repose sur un raisonnement simple : après la mode, vient le démodé. Le luxe ne cherche pas à battre des records de ventes en termes de volume, mais plutôt de durée. Louis Vuitton a certes fait appel à Marc Jacobs pour le lancement d'une ligne de prêt-à-porter et organiser ses défilés, mais la marque n'a pas pour autant changé son *business model* : la mode ne sert qu'à vendre le cœur de son business (le cuir). C'est un paradigme majeur de la stratégie du luxe. Elle apporte du temps court pour le « buzz » et l'animation créative, mais le profit se fait sur les produits du « temps long ».

L'une de nos études citée plus haut valide cette intuition managériale. Nous avons mesuré la perception des consommateurs de soixante marques de luxe (appartenant au Comité Colbert, à la Fondazione Altagamma et à d'autres syndicats professionnels similaires aux États-Unis, en Allemagne et au Royaume-Uni) sur six variables structurelles :

- potentiel de rêve ;
- luxe ;

- tradition ;
- mode ;
- achats antérieurs ;
- notoriété.

Les répondants sélectionnés devaient avoir déjà acheté des articles de luxe en Chine, aux États-Unis, au Brésil, au Japon, en France et en Allemagne (n = 3 085). En analysant les résultats pour les soixante marques, nous avons pu repérer les positions relatives de ces six variables structurelles (voir la figure 1.1). Pour l'interpréter, notez que si deux variables sont proches sur le diagramme, elles sont corrélées et fonctionnent donc ensemble. Ainsi, la valeur de rêve d'une marque est nourrie par son luxe perçu et la tradition, la légende, l'héritage historique sur lesquels elle repose. Le luxe représente l'avenir de la tradition. Comme le révèle le diagramme, la valeur de rêve tient également au nombre de personnes qui ont entendu parler de la marque sans pour autant en avoir acheté des produits. C'est fondamental, car pour qu'un logo fonctionne comme signal, encore faut-il que même les non-acheteurs le connaissent. Notons qu'« à la mode » se situe dans la direction opposée, ce qui signifie que cette perception freine les rêves liés au luxe. Les faits sont là : mode et luxe sont des concepts opposés. Il est peut-être à la mode de porter des vêtements de luxe, mais si une entreprise de luxe commence à se comporter à la manière d'une maison de mode, ce changement d'attitude entraînera une perte de valeur, sauf s'il existe une véritable intention de quitter le secteur du luxe pour entrer dans celui de la mode.

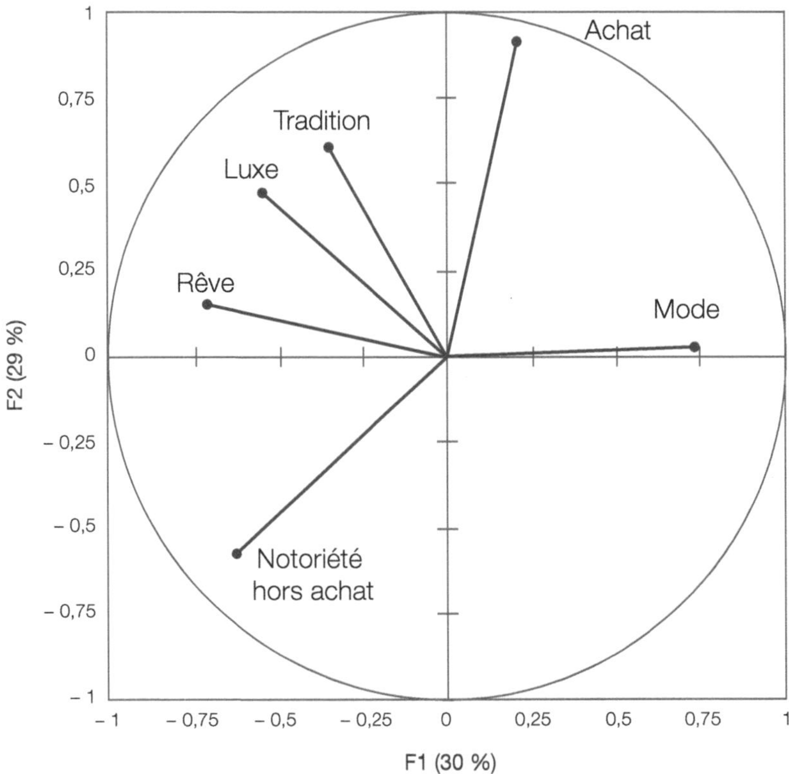

Figure 1.1 Luxe et mode, des concepts opposés
(échantillon global des répondants de Chine, des États-Unis,
du Brésil, du Japon, de France et d'Allemagne)

Source : Kapferer, Valette-Florence, 2016.

■ Un risque de confusion

Le *business model* de la mode est fondé sur la nécessité de gagner autant d'argent que possible en début de saison, avant que l'article ne se démode (voir chapitre 9). Résultat, pour augmenter la marge brute, on fait volontairement l'impasse sur tout ce qui coûte trop cher, éliminant du même coup confection raffinée, étoffes et ingrédients rares, complexité et haute qualité, ainsi que la motivation du fait ou du cousu main. La valeur repose purement sur le style, le design, le logo, le glamour et le marketing. En outre, la délocalisation de la production dans des pays à bas salaires est la norme, car cela maximise les marges en réduisant les coûts de production et des contrôles de qualité.

L'industrie du luxe doit veiller à ne pas être victime de la confusion entre luxe et mode. La croissance de la demande d'articles de luxe en Chine a reposé pour l'instant sur deux leviers, qui ne dureront pas toujours. Le premier – les cadeaux de luxe – a été condamné par les autorités qui s'efforcent de mettre fin à la corruption (les articles de luxe, communément offerts, étaient, autrement dit, des pots-de-vin). Le second est que les consommateurs chinois ne font pas la différence entre mode et luxe : les deux concepts ne font qu'un à leurs yeux. Mais si le luxe adopte le *business model* de la mode, il perdra la source de sa valeur durable, fondée sur la vente d'un rêve réalisé par des produits à temps long, et non le désir sans fin de renouvellement. Certes, les marques de luxe dans le secteur du vêtement doivent intégrer une facette mode, ce clin d'œil au temps qui passe, à l'air du temps. Mais elles ne doivent pas oublier que leur *business model* est celui du luxe, pas de la mode. Elles doivent rester marques de luxe avec une dimension créative, ce qui n'équivaut pas à marque de mode avec une touche de luxe.

Ce malentendu, cette confusion des genres entre le luxe et la mode, qui a stimulé la croissance du luxe en Chine et dans d'autres pays en développement rapide, entraîne une autre conséquence : l'absence de fidélisation des clients chinois. La mode est capricieuse. En outre, ces nouveaux consommateurs ne sont guère discriminants. Comment adhéreraient-ils aux valeurs de Gucci s'ils en ignorent tout ? Il en va de même pour Chanel et toutes les autres marques étrangères. Il faut du temps pour découvrir ce qu'une marque incarne véritablement. Pourquoi Tom Ford vaut-il si cher en réalité ? En matière de mode, en revanche, c'est beaucoup plus simple : il suffit de savoir quelle star porte quelle marque. Le luxe n'a pas nécessairement besoin de l'aval des célébrités ; c'est même l'une des principales anti-lois du marketing. Les pays matures ont mis au moins un siècle (parfois plus) pour apprendre les valeurs des différentes maisons de luxe. Comment les nouveaux consommateurs des pays à forte croissance pourraient-ils posséder ce savoir inné ? Les marques devront les former au moyen d'expositions, de création et de diffusion du contenu de la marque sur les réseaux sociaux, et le Web, de contacts directs, etc. Mais à court terme, une question stratégique clé reste posée : comment une marque de luxe peut-elle retenir ses clients (et son personnel) ?

■ Remédier à l'absence de fidélité par l'extension de marque

Une autre conséquence de cette absence de fidélisation est l'extension de marque systématique : plus aucun grand nom du luxe n'est spécialisé comme par le passé. Berluti était autrefois *le nec plus ultra* pour les chaussures d'homme, l'une des sources du rêve masculin. Pour tenter d'inciter les clients à revenir dans ses boutiques ou à acheter en ligne, la firme a fait appel au styliste de Zegna pour concurrencer ce dernier en réalisant des modèles de costumes, de chemises et d'autres vêtements. L'époque est révolue où une marque se développait *via* une spécialité exclusive qui la rendait emblématique. Pour justifier le coût élevé d'implantation de leurs magasins dans les emplacements commerciaux les plus prestigieux des quartiers les plus huppés, les marques ont pris l'habitude d'élargir leur gamme de produits, perdant du même coup ce qui les rendait uniques. Très vite, elles se mettent à vendre de tout et revendiquent le statut de marques de style de vie (*lifestyle*) : ainsi Michael Kors se veut la marque du « *jetset lifestyle* », Ralph Lauren du « *gentry lifestyle* ». Ici, c'est moins la créativité attachée au directeur artistique qui compte, que la déclinaison collection après collection du style de vie présumé du créateur de la marque.

Le risque de confusion entre mode et luxe a été ravivé en 2016 par une demande émanant des marques américaines concernant l'ordre des défilés. Celles-ci souhaitent que le premier défilé, le plus important soit ouvert au public et ne présente que des produits immédiatement disponibles en magasin. De plus, étant présentés sur les réseaux sociaux du monde entier, de Facebook à WeChat, ces défilés permettraient d'activer un bouton « *click and order* » et de recevoir presque tout de suite les produits vus et commandés, pour pouvoir les porter dès que possible. Ce n'est pas un hasard si cette demande émane des États-Unis, car ce sont en réalité des marques de *lifestyle* (voir chapitre 9). Pour se justifier, elles disent vouloir mettre le client au cœur de leurs préoccupations : dans le défilé traditionnel réservé à la profession et aux journalistes ou blogueurs, la primauté est donnée à la créativité. Les produits seront fabriqués après, *a fortiori* disponibles plus tard encore en magasin.

Cela ne créait jusqu'alors aucun problème aux acheteurs du luxe. Le temps n'est pas un problème dans le luxe, c'est au contraire un facteur créateur de valorisation. On voit bien que la motivation d'inverser l'ordre des défilés en mettant le défilé commercial en tête répond donc à d'autres raisons que celles énoncées : il s'agit pour ces marques qui misent non sur la créativité mais sur les effets de mode (imitation rapide et contagion du désir) de récolter dès que possible les fruits de leurs investissements en marketing : dans la mode, le temps est compté, car vient vite le démodé. Au contraire, dans le luxe, le temps est un conte. Programmer le défilé commercial avant le défilé créatif sépare les marques qui en réalité suivent un *business model* de mode de celles qui suivent plus un *business model* de luxe. Pour ces dernières, ce qui fonde le luxe n'est pas la demande des consommateurs qui imposerait sa pression sur le créateur, mais au contraire la vocation du créateur à guider le goût du public.

Confronté à une demande élevée, le luxe abandonne la rareté

Historiquement, les produits de luxe étaient fabriqués pour une élite peu nombreuse : c'était l'ordinaire de personnes extraordinaires. Le paysage a changé du tout au tout : aujourd'hui, le luxe est confronté à un tsunami de demande. Les voyages des touristes asiatiques visent essentiellement à acheter des produits de luxe moins chers et certifiés authentiques. Les touristes chinois n'ont même plus besoin de visa pour aller à Jeju-do, île subtropicale de Corée du Sud, devenue une destination clé du « *travel-retail* ». Cette île n'est en effet soumise à aucune taxe, et tout y est fait pour faciliter l'achat d'objets de luxe, dont l'authenticité est certaine, par des Chinois qui n'y résident que quelques jours. Paris reste cependant la destination la plus prestigieuse pour ce type d'achats ; la route de la soie se fait désormais en sens inverse. Ces visites dans les temples de la consommation et les *flagship stores* des marques de luxe tiennent incontestablement du pèlerinage, elles ont une dimension religieuse. Il s'agit d'entretenir la paroisse des croyants.

■ Répondre à l'afflux

Pour dire les choses simplement, le secteur du luxe n'était pas prêt à faire face à une telle demande. Certains se demandent même s'il doit y répondre. Cet afflux soudain a créé une tension considérable à de nombreux égards. Par exemple :

– Les processus de production étaient traditionnellement laborieux et longs, occasionnant des listes d'attente. Cette lenteur assumée renforçait encore le mythe. Mais si les rêves peuvent attendre, ce n'est pas le cas des désirs, qui exigent une consommation immédiate. Cela conduit à modifier les processus de production pour les rendre plus efficients.

– La chaîne d'approvisionnement des produits de luxe n'était traditionnellement ni fluide, ni gérée rationnellement (il n'en va pas de même pour la mode : Zara, par exemple, a fondé sa réussite sur la révolution de la chaîne d'approvisionnement). Cela cause un problème : quand les consommateurs et les magasins exigent de savoir exactement quel jour et à quelle heure tel ou tel produit sera prêt et livré et que vous ne pouvez apporter aucune réponse précise à ces questions, vous êtes confronté à de l'impatience et souvent de l'incompréhension car d'autres secteurs peuvent, eux, répondre à ces questions.

– Enfin, l'achat en magasin lui-même est censé être un grand moment de bonheur, justifiant à lui tout seul l'effort de s'y rendre. C'est pourquoi les marques de luxe doivent posséder des boutiques, jouir d'une distribution sélective, si ce n'est exclusive. Compte tenu des difficultés mentionnées plus haut, on peut se demander quel plaisir les consommateurs chinois prennent dans les temples du luxe quand ils doivent y faire de nombreux achats en un temps limité. Ces emplettes incarneront-elles le souvenir de l'accomplissement inoubliable du rêve de leur vie, ou repartiront-ils avec le sentiment d'avoir été servis rapidement et efficacement, puis raccompagnés à la porte ? Les marques de luxe ne sont pas responsables de ce problème. Il est extrêmement difficile de servir soixante clients entrant simultanément dans un magasin munis chacun de leur liste de courses avant que leur bus ne reparte à une heure fixée à l'avance. Pourrait-on, sans les froisser, créer des comptoirs réservés exclusivement aux clients chinois, qui sont les bienvenus ? N'auraient-ils pas le sentiment d'être victimes de discrimination ? Les boutiques devraient, au minimum, avoir des vendeurs parlant chinois, voire japonais et russe.

■ Une combinaison de leviers du désir

Une demande élevée se traduit par des volumes élevés. Comment incarner un rêve en sacrifiant la rareté ? Certaines marques décident de s'y refuser, de ne plaire qu'à quelques-uns. Leur *business model* restera synonyme d'une offre limitée en quantité (citons le vin Romanée-Conti, le champagne Krug, Ferrari et Lamborghini). Ces marques augmentent leurs prix ou vendent essentiellement des produits réalisés sur mesure ; elles restreignent leurs ventes (Ferrari a réduit le volume de voitures vendues en 2013 afin de raviver son image d'exclusivité). Néanmoins, la croissance du secteur du luxe, attendue par la Bourse, les capital-risqueurs et les fonds d'investissement, ne repose pas sur ces marques de niche, mais sur des marques ayant adopté le modèle de la « rareté abondante » (voir chapitre 2). Même chez Ferrari, il est question de briser les tabous et de passer à une production de 10 000 voitures par an. De fait, il est intéressant d'observer dans le tableau 1.1 que la rareté ne figure pas parmi les quatre premiers attributs définissant le luxe dans divers pays du monde. Mais les données de ce tableau proviennent des acheteurs eux-mêmes, des personnes aisées sélectionnées sur le critère d'achats réalisés au-delà d'un certain niveau de prix. Celles-ci continuent à considérer des marques comme Louis Vuitton comme appartenant au secteur du luxe et les perçoivent encore comme capables de nourrir leurs rêves, révélant ainsi que la rareté (limitation de l'offre), à elle seule, n'en est plus le premier levier, mais c'est plutôt une combinaison de sentiment de rareté, d'accès à une vie privilégiée et de qualité extrême. Les processus mentaux qui soustendent ces impressions seront analysés plus loin dans ce même chapitre.

La perception de Louis Vuitton comme luxe est très élevée et homogène à la fois dans les pays matures et émergents (voir tableau 1.2).

Tableau 1.2 Pourcentages d'acheteurs de produits de luxe qui considèrent Louis Vuitton comme une marque de luxe et une marque qui les fait rêver

	RÊVE	LUXE
France	27,0 %	60,0 %
États-Unis	22,5 %	62,0 %
Chine	23,4 %	59,4 %
Brésil	16,0 %	60,6 %
Allemagne	26,1 %	58,7 %
Japon	33,9 %	56,9 %

Source Kapferer, Valette-Florence, 2016

Les deux tiers des répondants considèrent Vuitton comme une marque de luxe malgré sa large réussite, son ubiquité : c'est donc aujourd'hui tout sauf une marque confidentielle. Quant au potentiel de rêve, il est plus faible mais homogène tout de même, atteignant son niveau le plus élevé au Japon et le plus faible au Brésil, où la marque n'a pas encore développé ses affaires ni sa distribution. Interbrand (agence internationale de communication) classe Louis Vuitton première marque de luxe au monde en termes de valeur, alors qu'elle occupe la dix-septième place tous secteurs confondus, la valeur de la marque étant estimée à 24,9 milliards de dollars. Ce chiffre indique que la marque pourra fixer ses prix comme elle le souhaite sur un grand volume de produits et durant une longue période, avec une croissance régulière dans tous les pays. En outre, ses magasins manquent rarement de clients, soit que ces derniers souhaitent se conformer à la tendance, soit qu'ils subissent une contagion, voire simplement cèdent au potentiel de rêve de la marque. Louis Vuitton apporte la démonstration que les marques puissantes ne sont pas contradictoires avec le concept du luxe, tant qu'elles respectent la stratégie du luxe, c'est-à-dire les règles de management propres au luxe. À l'inverse, la marque de maroquinerie Coach applique une stratégie masstige avec des produits moins chers fabriqués dans des pays à bas salaires : certes ses sacs à main sont les plus recherchés sur Internet, mais la marque n'est valorisée qu'à 14,6 milliards de dollars, loin derrière Louis Vuitton.

■ Au-delà de la rareté : quels leviers du désir pour la marque de luxe ?

La figure 1.2 résume la façon dont les grandes marques de luxe créent une valeur importante grâce à plusieurs leviers différents et la façon dont ces derniers se combinent pour produire la désirabilité globale du luxe aujourd'hui. Ce modèle, issu de nos recherches quantitatives menées sur les acheteurs du luxe, a été réalisé grâce à une régression PLS *(partial least square)*, analyse statistique des mesures perceptuelles de plus de soixante marques de luxe internationales et locales, présentant une large variété de situations, de prix, etc. Certaines de ces marques sont parfois regardées de haut par des experts du luxe qui ne les considèrent plus comme relevant de la catégorie luxe en raison de leur taille, d'un prix trop accessible, ou parce que leur distribution n'est pas assez sélective. Cependant ces données démontrent que malgré ces jugements (souvent défensifs), nombre de ces marques maintiennent un niveau élevé de luxe perçu et de désirabilité parmi la clientèle aisée. Ce sont les mega-marques du luxe.

Les leviers de la moitié supérieure de la figure 1.2 renvoient à la sélectivité de tout ce que fait la marque de luxe objectivement, du côté donc de sa chaîne de valeur : elle possède des éléments tangibles de rareté (à ne pas confondre avec une simple offre limitée en nombre à la Romanée-Conti) comme le savoir-faire unique, le respect de l'héritage, la sélectivité de la distribution et de la clientèle ciblée (il y a luxe s'il n'est pas accessible à tous), ainsi qu'un style pérenne qui fait que la marque reste authentiquement elle-même, très unique, etc. Bref, tout indique que la marque ne cible pas tous les consommateurs en les mettant sur un pied d'égalité. Les leviers de la moitié inférieure renvoient à la construction de la dimension rêve grâce à une communication de prestige et de glamour, à certains produits hautement symboliques qui doivent avoir un prix très élevé. Cette moitié inférieure révèle aussi qu'il n'y a pas de rêve de luxe sans puissance de la marque elle-même (notoriété, séduction, très au fait de son temps, très actuelle). Aujourd'hui, le luxe repose entièrement sur la marque qui agrège sa puissance symbolique. Les gens franchissent la porte d'une boutique Hermès ou Bottega Veneta. Par-delà la sélection des produits et des magasins, la séduction se construit autour du nom lui-même. C'est la marque qui met en valeur le produit.

Figure 1.2 Comment se construit la perception du luxe :
au-delà de la rareté, les chemins du rêve

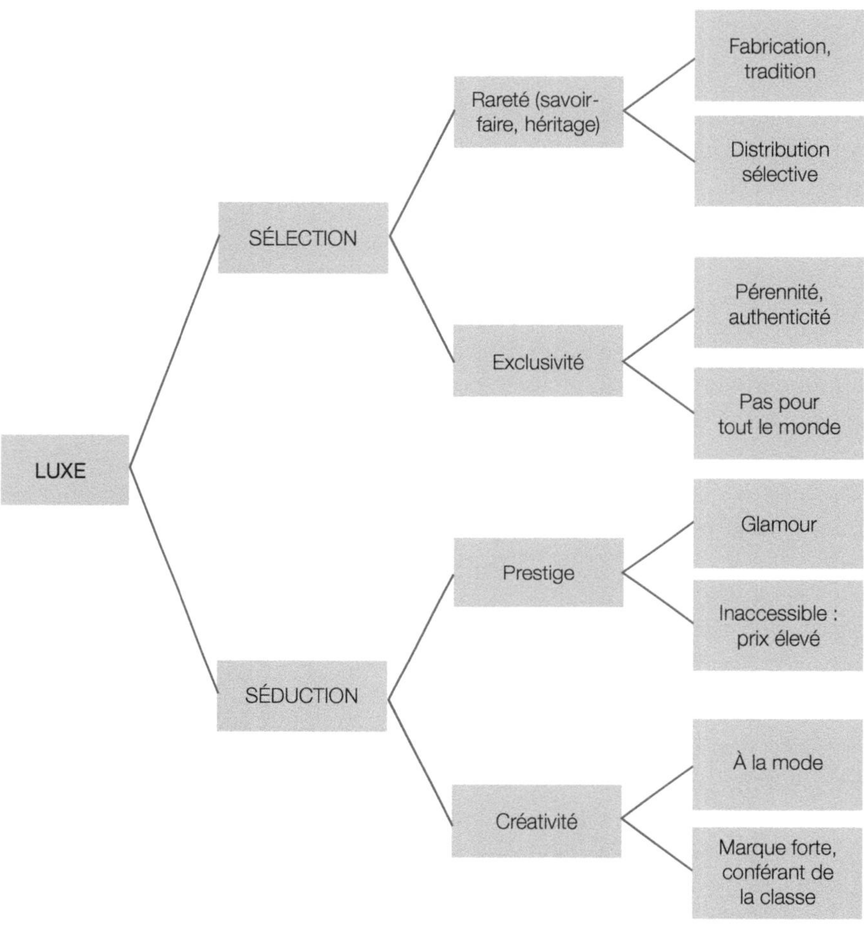

Dans la figure 1.2, le modèle exposé a une implication opérationnelle majeure : il permet d'identifier ce qui conduit les clients à considérer une marque particulière comme étant de luxe, même si ce n'est pas l'avis des experts du secteur et qu'elle n'applique pas *stricto sensu* une stratégie de luxe. C'est le cas de Ralph Lauren, dont le *business model* relève du *masstige* (voir chapitre 9) : une bonne partie de ses ventes est réalisée dans des *outlets* (magasins discount vendant les collections passées ou des produits de moindre qualité) ; la production est délocalisée dans des pays à bas salaires ; la marque organise de nombreuses ventes promotionnelles, etc. La marque Ralph Lauren est cependant perçue comme une marque de luxe par 50 % d'un échantillon français d'acheteurs aisés, 47 % d'un échantillon équivalent américain, 48 % pour les Chinois, 58 % pour les Allemands et 32 % pour les Japonais.

La comparaison des perceptions des répondants qui considèrent ou non Ralph Lauren comme une marque de luxe révèle que le principal levier de cette perception est le suivant : « Cette marque a une distribution très sélective. » Cet élément est celui qui pèse le plus pour déterminer la formation de l'impression de luxe, suivi du halo « classe et distinction » et de l'image glamour attachés à la marque. La puissance de ces perceptions l'emporte sur les effets potentiellement négatifs des ventes promotionnelles, de la vente en *outlet* et la qualité objective des produits Polo Ralph Lauren, la principale ligne de la marque. Les *flagships*, en dehors des États-Unis, sont le principal instrument de communication de la marque : ils sont conçus pour emplir le visiteur d'impressions sensorielles en l'immergeant dans un bain de prestige et de tradition (même si la marque a été inventée récemment, à partir de zéro !). Partout dans le monde, Ralph Lauren incarne aussi le rêve américain (on peut devenir riche en partant de rien).

◼ Un cheminement réussi

La croissance remarquable et continue de Louis Vuitton disqualifie cette marque aux yeux de certains experts du secteur selon lesquels la griffe ne peut plus être classée parmi les marques de luxe. Les premiers acheteurs de cette marque peut-être aussi. Cette vision est cependant réductrice, car elle confine le concept du luxe à des marques de niche, visant une clientèle triée sur le volet, autrement dit, des marques « confidentielles » dont les produits occupent effectivement une place privilégiée sur le curseur « luxe » objectif, mais beaucoup moins sur celui du rêve, suscité par la simple évocation de leur nom. Wall Street et Interbrand n'adhèrent pas à cette vision restrictive, ni d'ailleurs le public. Selon eux, Louis Vuitton est bel et bien la marque de luxe la plus puissante du monde (en termes de valorisation financière). Dans notre propre étude, 60 % des personnes aisées interviewées percevaient elles aussi Louis Vuitton comme une marque de luxe typique (voir tableau 1.2). En France, par exemple, l'analyse statistique montre que ceux qui reconnaissent Louis Vuitton comme une marque de luxe la perçoivent comme se situant plus haut sur quatre dimensions précises, que ceux qui ne lui accordent pas ce statut :

— « La marque est encore actuelle et reste très unique. »

— « Elle confère de la classe et du standing. »

— « Ses produits sont très supérieurs. »

— « Elle n'est pas destinée à tout le monde. »

Quand on applique le même type d'analyse pour distinguer les leviers du potentiel de rêve de Louis Vuitton, on voit apparaître un cheminement similaire ; ce sont les mêmes leviers, à quelques différences significatives près :

– Le premier levier qui distingue Louis Vuitton en tant que « marque de rêve » au sein du même échantillon de clients acheteurs de produits de luxe, d'un pays mature, est que les produits de la marque « semblent inaccessibles en termes de prix ».

– Deuxièmement, « ils confèrent de la classe et du standing ».

– Troisièmement, « ses produits sont très supérieurs ».

– Quatrièmement, ils sont « environnés d'un halo de glamour ».

– Enfin, ils ont un « look tendance ».

Ce dernier levier est l'écho du recrutement réussi, en 1997, de Marc Jacobs (qui a quitté LVMH en 2013) pour prendre la direction artistique de la ligne maroquinerie, introduire des lignes de prêt-à-porter et créer du buzz au sein de la communauté des artistes (voir aussi chapitre 3) et du monde de la mode, c'est-à-dire introduire un peu de « temps court » dans le rythme de la marque. Ce recrutement stratégique a atteint son objectif : il a renforcé la valeur rêve de la marque Louis Vuitton, sa puissance dans l'actualité mais il est resté sans effet sur sa perception comme marque de luxe. Cela n'est pas étonnant, compte tenu de la notion déjà mentionnée selon laquelle le luxe et la mode sont des concepts contraires en termes de *business model*, ainsi que dans les perceptions des consommateurs (voir figure 1.1).

Comment la Chine influencera-t-elle le rêve ?

D'après les estimations les plus récentes de Bain & Company (2016), les ventes de luxe en Chine continentale se situent au troisième rang mondial, juste devant l'Italie et la France, au moins en termes d'articles de luxe personnels (montres, parfums, maroquinerie, bijoux et prêt-à-porter). Mais les touristes chinois achètent aussi dans les autres pays du monde où les prix sont plus bas et où la qualité est garantie, sans parler du plaisir d'acheter sur le territoire d'origine de ces marques prestigieuses. Selon Bain & Company, les consommateurs chinois représentent 31 % de toutes les ventes de produits personnels de luxe du monde. En 2013 et 2014, les toutes nouvelles lois anticorruption ont provoqué un ralentissement du marché du luxe en Chine, révélant du même coup que la croissance du marché reposait en partie sur des pratiques illicites. Néanmoins, la seule taille de la population du pays et l'importance de sa croissance future (qui engendre des cohortes de nouveaux riches avides de jouir de leurs revenus) permettent de penser que ce sera un jour le premier marché de luxe du monde. Aujourd'hui, près d'un client sur trois des marques de luxe occidentales est chinois. Pour beaucoup de marques, le poids de la Chine va au-delà de son incidence sur les ventes. Quand un pays précis dépasse, par exemple, 40 % du chiffre d'affaires de la marque, cela ne peut qu'affecter cette dernière, son management, ses produits, sa production, sa philosophie, son style, etc. Sur un plan plus général, la Chine a transformé le bouddhisme, puis le communisme ; elle transformera sans doute aussi le luxe.

Certaines marques, qui ne relèvent pas du luxe, ont déjà transporté leur siège en Asie. Schneider Electric est désormais basé à Hongkong. Dans le monde du luxe italien, Zegna a fortement poussé sa distribution en Chine, où elle a désormais également des sites de production. Prada reconnaît que certains de ses produits sont fabriqués en Chine. Ce mouvement ira sans doute encore plus loin pour les marques qui accepteront de déroger au premier commandement d'une vraie stratégie de luxe : ne pas délocaliser la production (voir chapitre 5) sauf, bien entendu, si cela permet de bénéficier de savoir-faire locaux uniques au monde (comme les montres Chanel fabriquées dans l'usine basée en Suisse) ou d'éviter des droits de douane exorbitants. Ainsi Audi, qui produit en Chine en tant que membre du groupe VW, en tire un avantage concurrentiel sur place (elle peut être achetée par des dignitaires du Parti communiste). Et le top model masculin qui orne la couverture du catalogue Emporio Armani printemps-été 2014 est asiatique.

La principale question que pose la sinisation montante du luxe est la suivante : crée-t-elle de la valeur pour le consommateur chinois ? À l'évidence, il est toujours bon pour une marque d'être proche de ses clients. Mais le fait que les Chinois soient tombés amoureux des marques occidentales de luxe les a aidés à mieux s'intégrer au sein de l'environnement mondial. Ils peuvent désormais acheter les mêmes vêtements et marques que les « people » du monde occidental. Les symboles occidentaux du luxe ont donc été un marqueur utile de la fin de la séclusion de la Chine et du début de sa remarquable croissance économique. Louis Vuitton a eu la chance de servir d'étendard extrêmement visible de cette réussite collective. C'est la raison pour laquelle tout le monde, en Chine, veut posséder un produit de cette marque : cela fait écho à la fierté de la nation (Becker, 2014).

N'oublions pas, cependant, que Burberry a failli sombrer en 1996, après être devenu trop dépendant du seul marché japonais, au point d'avoir abandonné son stylisme au licencié local, qui avait transformé la marque au tartan célèbre en lui conférant une orientation féminine, très « girlie ». L'audacieuse stratégie de Rosemary Bravo pour redresser la marque a consisté à la rééquilibrer en style et à cibler le marché américain, qui reste encore le premier marché au monde pour le luxe. Les touristes chinois voyageant à l'étranger devraient, selon les estimations, être 100 millions en 2020. Pourquoi iraient-ils dans les magasins européens de marques dont la plupart des produits seraient fabriqués en Chine ?

Nul ne connaît exactement l'avenir de la Chine. Une statistique a récemment révélé que 1 % de la population possédait 30 % de la richesse de la nation. Combien de temps les autorités chinoises laisseront-elles durer cette inégalité croissante dans un pays dont le socialisme et le marxisme forment encore le socle de l'idéologie politique et de la gouvernance ? Les marques occidentales de luxe sont la face visible de cette inégalité flagrante. Elles serviront peut-être de boucs émissaires. Chacun sait fort bien également que l'intérêt que porte actuellement la Chine aux grandes marques occidentales (dans l'aviation, l'automobile, les produits pharmaceutiques, etc.) est à la fois politique et stratégique : il repose sur le désir d'acquérir leurs technologies de pointe et de hisser sa propre production à leur niveau. À long terme, la Chine devra prendre son indépendance et finira peut-être par abandonner carrément ces marques.

Les défis d'Internet

En Extrême-Orient, les défis que pose Internet aux marques de luxe sont très visibles. Les données sont désormais bien connues : la Chine est le laboratoire du monde en matière de rôle du digital dans la vie quotidienne, dans le e-commerce. Là-bas, tout est magasin, car le digital est omniprésent et signifie commerce (tous les réseaux sociaux proposent une fonction « commander »). C'est donc aussi un laboratoire pour les marques de luxe.

Quelques chiffres situeront les enjeux : selon China Connect, un cinquième des internautes du monde entier sont chinois, c'est-à-dire 688 millions de personnes, soit une pénétration de plus de 50 % en 2016. Les utilisateurs de téléphone mobiles sont 1,270 milliard en Chine, soit une pénétration de 90 %. L'Internet chinois tient dans la main : il est en majorité dans le mobile. On estime qu'en 2017, 65 % de la population achètera en ligne.

Le site qui a changé la vie des Chinois est Alibaba : rien que sur ses deux plateformes Taobao et Tmall, on compte 25 millions de visiteurs uniques par jour : Zara y a vendu 280 110 produits en décembre 2015 (16,5 millions d'euros), soit bien plus qu'un magasin physique. Baidu est le plus gros forum en Chine, avec 160 millions de visiteurs par jour. Le partage de la vie se vit sur WeChat, avec 650 millions de personnes qui l'utilisent au moins une fois par jour, mais dans les grandes capitales chinoises (villes de catégorie 1), c'est vingt-cinq fois par jour en moyenne.

Pour synthétiser, dans cette région, les consommateurs sont parmi les plus « connectés » du monde. Ils se sont emparés des technologies numériques qu'ils utilisent pour améliorer leur style de vie et se simplifier l'existence. En Chine, la politique de l'enfant unique a créé un fort besoin d'affiliation, ouvrant ainsi une voie royale au succès de Weibo, WeChat, Qzone et autres réseaux sociaux. Dans ces sociétés urbaines, la consommation est le premier mode de réalisation personnelle ; les expéditions dans les magasins constituent une source essentielle de distraction. Quand on vit, travaille et pratique ses activités de loisir en ville, le téléphone portable devient le centre de la vie, les gens restent connectés jour et nuit. Le mobile est la porte d'entrée de toute démarche d'achat : avant celui-ci, pendant (grâce au *social shopping*, en demandant l'avis des amis) et après l'achat. L'ensemble forme donc un parcours client totalement digitalisé avec des allers et retours entre digital et physique.

■ La relation du luxe à Internet

Les marques de luxe n'ont pas d'emblée adopté Internet. Certains y ont vu la marque de leur conservatisme, d'autres le résultat du fossé générationnel dans leur management. Cela va plus loin : dans le monde des marques de luxe, il faut faire preuve à la fois de prudence stratégique et de vision à long terme. Dans ce secteur, contrairement à d'autres, le temps est long. La plupart des consultants présentent régulièrement les mêmes marques comme benchmarks, modèles de l'avant-garde numérique du luxe (par exemple Burberry, Net-a-Porter, Yoox, Luisa Via Roma, etc.). Leurs *business models* sont pourtant plus proches de la mode que d'une stratégie du luxe.

Plusieurs livres ont été consacrés aux nombreuses facettes de la relation entre le luxe et l'Internet. Nous résumons ici l'essence des défis et des opportunités que représente l'Internet et consacrerons un chapitre entier (chapitre 6) au problème le plus important auquel les marques de luxe sont sans doute confrontées : comment transformer l'Internet pour l'adapter aux besoins de leur secteur et à sa croissance à long terme ? Une chose est certaine : l'Internet n'a pas été construit pour les marques de luxe, c'est même un médium destiné plutôt à des actions de masse personnalisables. Tout est « BIG », grand, dans la révolution numérique : il y a les *big data,* les foules de fans sur Facebook, les produits les plus recherchés sur Internet, les messages de marques les plus regardés sur YouTube ; les sites ayant le plus grand nombre de visiteurs, etc. Cette stratégie et l'objectif qu'elle incarne sont le contraire du luxe et de sa source de valeur.

L'Internet offre néanmoins de très nombreuses opportunités au luxe, en particulier aux jeunes marques. Un élément clé distingue le luxe des autres secteurs économiques : la notion qu'un surcroît d'achats dilue le rêve du luxe, alors que pour les marques de produits de consommation courante, plus le client achète, plus il est fidèle à la marque. À un moment donné, les consommateurs comprennent qu'ils ne sont pas plus heureux après avoir acheté leur quatrième ou cinquième sac Vuitton, alors que manger plus souvent du Nutella fidélise le consommateur, tant du point de vue de son comportement que du point de vue affectif. Cet effet délétère a été prouvé par « l'équation du rêve » (voir page 29), identifiée en 1995 aux États-Unis : plus de pénétration nuit au rêve de marque ; il faut donc le compenser par les autres leviers du désir (voir la figure 1.2). Cette équation a été revalidée récemment dans six pays dans le monde, de la Chine aux États-Unis. De fait, à partir de notre analyse statistique de soixante marques, nous avons pu vérifier dans tous ces pays que le potentiel de rêve de ces marques de luxe augmentait bien avec leur notoriété et la perception qu'elles incarnent un héritage ou une légende, qu'elles ont une histoire. Ce rêve est cependant dilué par le degré de pénétration de la marque (c'est-à-dire le pourcentage de personnes ayant acheté au moins un produit de cette marque). Il y a donc une limite structurelle au rêve de marque.

■ La variable clé

Le principal enseignement à tirer de « l'équation du rêve », c'est que les marques de luxe doivent être très attentives à une variable clé : la différence entre leur niveau de notoriété et leur degré de pénétration. C'est au creux de cette différence que se situe le rêve : l'objet est connu de tous, mais peu l'achètent. Dans la rue, chacun reconnaît une Lamborghini, mais moins une McLaren. Clairement, si une marque est trop peu connue, elle ne peut pas jouer le rôle de signal qualifiant l'acheteur, donc de stratifiant social et de source de fierté personnelle. C'est là qu'Internet peut avoir un rôle très utile : accroître considérablement la notoriété sans augmenter la pénétration de la marque. Son potentiel de renforcement de la marque, ainsi que le nécessaire aspect du vécu en magasin, sont des points forts importants pour les marques de luxe. Si tout le monde souligne qu'Internet est une source de ventes directes (boutiques en ligne), nous affirmons que sa principale utilité pour les marques de luxe est la communication de contenus et la création d'une « communauté de croyants », car l'adhésion aux marques de luxe est par nature quasi religieuse.

Internet influence 48 % des achats de luxe aujourd'hui selon McKinsey, parce que les gens commencent par glaner sur le Net et sur les réseaux sociaux les avis des internautes et d'autres informations (c'est le « ZMO », le *zero moment of truth* popularisé par Google), et aussi parce qu'ils veulent savoir s'il y aura des événements particuliers dans tel ou tel grand magasin de telle ou telle ville le jour où ils s'y rendront. Cela est appelé ROPO (« *Research on line, purchase off line* »). Certes, toutes les combinaisons du ROPO seront possibles, le client fait ce qu'il veut (*Research On/offline, Purchase On/off line*). La capacité d'Internet à transmettre des images est un levier essentiel pour cette industrie du rêve, car les rêves sont faits d'images. C'est la raison pour laquelle les marques de luxe sont devenues des entreprises de média qui éditent et gèrent un niveau élevé de « contenus de marque » obligatoirement d'une grande créativité et de formats bien plus longs que la publicité classique. Elles y parlent de leurs savoir-faire uniques, de la tradition de la maison, de la vie du fondateur mythique, de leurs dernières créations, etc. Sur Internet, tout doit se transformer en construction de rêve et en relations directes avec son public pour créer une expérience personnalisée de luxe.

L'Internet est également une excellente manière d'améliorer la qualité du service des marques de luxe, qui est souvent, aujourd'hui, un de leurs points faibles (avec la chaîne d'approvisionnement et le personnel). Bien entendu, les services impliquent aussi les centres d'assistance téléphonique, les concierges et la mise en contact direct avec des experts (c'est-à-dire une plateforme permettant aux consommatrices de discuter sur la façon d'utiliser une coûteuse crème antirides qu'elles viennent d'acheter, le meilleur moment pour l'appliquer, etc.). L'Internet permet aussi d'informer les clients sur les magasins ayant tel ou tel article en rayon, au moins dans la mesure où l'état de la chaîne d'approvisionnement permet de le savoir. Enfin, comme le rappelle l'étymologie, *Inter*-net est une façon pour les réseaux et les communautés de grandir et d'entrer en interaction. À ne pas confondre avec le nombre de fans qu'a une marque sur Facebook ou son équivalent en Chine. Trop de personnes ne font pas, à tort, la distinction entre le concept de « communauté » et le « social ». Les marques de luxe ne cherchent pas à accumuler des foules d'internautes cliquant sur « like », mais à construire des communautés de croyants, devenant des connaisseurs fidèles qu'elles aideront à s'engager toujours plus en créant des événements sélectifs locaux et en organisant des rencontres physiques.

■ Omniprésence en ligne ou stratégie d'absence ?

Que dire des défis créés par l'Internet ? Tout d'abord, rappelons que le secteur du luxe doit son succès au fait qu'il a inversé les lois du marketing classique. S'il recrute des managers de haut niveau formés aux biens de grande consommation pour se doter d'un niveau supplémentaire de professionnalisme quand celui-ci laisse à désirer (par exemple, pour la gestion de la chaîne d'approvisionnement, la gestion de la marque, la rationalisation des gammes de produits et la gestion de la catégorie), la survie du secteur réside dans sa différenciation par rapport aux autres. C'est particulièrement difficile quand des marques très semblables abondent, adoptent les codes apparents des marques de luxe aux yeux de consommateurs novices ou inexpérimentés. (Le chapitre 9 vise à explorer et expliquer cette confusion sur le marché.) En outre, toutes les marques dites « de luxe » n'appliquent pas une vraie stratégie de luxe. L'intérêt marketing conduit des marques comme Coach à se présenter comme « de luxe » sur le site Web, alors que le prix d'un sac est inférieur à 1 000 dollars, c'est-à-dire moins que la plupart des marques de luxe.

De la même manière, L'Oréal positionne Kiehl's dans sa « Division luxe », alors que c'est une marque de masse mais vendue de façon sélective. Par voie de conséquence, le benchmarking traditionnel avec d'autres secteurs que le luxe sur le thème d'Internet, par exemple, ne nous apprend pas grand-chose sur la façon dont le luxe devrait construire sa propre version du Web afin de conserver sa différenciation, sa raison d'être et son aptitude à fixer ses prix comme il l'entend. C'est certainement chez Amazon.com que l'on trouve aujourd'hui un niveau de service aux clients très élevé. Il faudra donc s'en méfier, car l'entreprise pourrait demander aux autorités de Bruxelles de lever les restrictions à la libre concurrence que représenterait une distribution sélective purement défensive et non apporteuse de services et images uniques pour les clients de la marque de luxe. Cela ne signifie pas que le luxe doit imiter Amazon en tout, jusqu'au fameux « ajouter au panier » pour adhérer aux normes d'excellence numérique tout en maintenant l'écart avec les autres secteurs d'activité, en particulier ceux qui vendent sur des marchés de masse.

Une présence en ligne est obligatoire, mais l'existence numérique nécessite une stratégie. Où une marque doit-elle aller ou *ne pas* aller ? En un sens, le luxe est l'art de l'absence – c'est la raison pour laquelle (comme le montre la figure 1.2) la distribution sélective joue un rôle aussi important dans le renforcement du caractère distinctif des marques de luxe (c'est le deuxième levier en importance). Il devrait en aller de même sur Internet. De la même manière, l'e-commerce devrait être traité avec soin : il aide à identifier les sites où les produits sont authentiques, exactement comme dans les magasins des marques elles-mêmes. Mais pour construire une marque, on ne peut se contenter de vendre, il faut créer une mythologie, un culte, une communauté d'adeptes, à la manière d'une religion. Cette religion, il lui faut des temples (les magasins *flagships*), où s'incarneront les dogmes de la marque et la foi qu'elle inspire à ses adeptes, qui pourront y partager une expérience vécue commune, magique. Cette expérience du luxe repose sur deux piliers.

– L'atmosphère physique multisensorielle au sein du temple (le magasin) : les outils et environnements numériques peuvent y jouer un rôle, conférant ainsi une dimension nouvelle à l'expérience (grâce à des miroirs interactifs ou des showrooms numériques, comme chez Audi) et accentuant la modernité de la marque traditionnelle.

– La sensation de puissance, d'élévation, de réussite, de bénéficier d'un privilège rare et d'un service très attentionné quand on entre dans le magasin (où l'on fait tout pour que vous ayez l'impression d'être traité en VIP). Comme le font remarquer Liu, Burns et Hou (2013), *« les consommateurs chinois ont un sentiment de prestige quand on se met en quatre pour pourvoir à leurs besoins »*. En règle générale, *« ils se sentent plus importants quand ils entrent dans un magasin de luxe et y font des achats »*.

Ces deux facettes sont impossibles à recréer sur l'écran d'une tablette ou d'un smartphone, ces médias étant incapables de faire vivre une expérience multisensorielle et, surtout, d'acquérir une dimension sacrificielle. Il n'y a pas de religion (ou de culte de la marque) sans une forme ou une autre de sacrifice – d'où l'importance de pratiquer des prix astronomiques sur une partie de la gamme, alors que l'on se bat plutôt à coups de réductions et de promotions dans la distribution des produits de grande consommation. De son côté, le client sacrifie son temps (il lui faut s'organiser pour se rendre au magasin, y aller effectivement et souvent y attendre son tour). Mais dans les magasins, contrairement à ce qui se passe sur Internet, le consommateur peut participer aux rituels de la marque et bénéficier du service particulièrement attentif qu'elle prodigue, se voir expliquer les nouveautés, la qualité rare du produit, etc.

Internet présente d'autres écueils. Nous avons déjà évoqué la préoccupation sous-jacente des « grands chiffres ». Il y a aussi le risque de *burn-out*. Il faut alimenter constamment « la bête à buzz ». Le luxe, au contraire, relève d'un monde où le temps s'écoule lentement, presque de l'intemporalité. L'Internet contraindra peut-être les marques à modifier cette essence, à devenir plus hybrides, en sacrifiant éventuellement leur spécificité sur l'autel de la mode ou de la célébrité. C'est un gigantesque marché où l'on saute, d'un clic, de Gucci à Gap, de Chanel à Michael Kors. Au risque d'une grande confusion, d'une déperdition de sens, toutes les marques devenant comparables et accessibles. Le danger est réel, à long terme, de créer la banalité en réduisant les marques à des clics, des produits et des prix. Enfin, l'arrière-plan égalitaire d'Internet et des réseaux sociaux modifie la nature de la relation entre les marques et leurs clients. Une marque copain peut-elle faire rêver?

Recréer la différence, transgresser les codes

Le mot luxe est en passe de devenir l'un des plus galvaudés du monde. Le rêve a attiré de nombreux imitateurs qui n'appartiennent pas vraiment au segment du luxe, mais tentent de brouiller les lignes, de gommer les frontières. Certains grands couturiers ou stylistes eux-mêmes contribuent à la confusion ambiante, comme Karl Lagerfeld, Stella McCartney et d'autres, qui ont créé des lignes spécifiques, à petit prix, pour H&M. Cela a certainement servi leur propre célébrité, mais en ajoutant encore à la confusion croissante. En avril 2014, le *top model* Gisele Bündchen est apparu à la fois dans une campagne publicitaire pour les produits de maquillage Chanel et dans une autre pour H&M. Dans les deux cas, on avait choisi le décor paradisiaque réservé ordinairement aux marques les plus riches et les plus prestigieuses. Pour sa part, le photographe australien Lachlan Bailey a mis son talent au service de Balmain et de la marque de prêt-à-porter Theory.

Cette confusion n'est pas nouvelle. Madonna a tourné des clips pour Versace... et pour Gap. Kate Moss a accepté de poser pour toutes sortes de marques. Ces exemples illustrent l'anti-loi numéro 16 de *Luxe oblige*: faire appel à des *top models* est un signe de faiblesse pour une marque de luxe. Il est significatif que le siège américain de la marque Chanel ait recouru à Brad Pitt pour la promotion du N° 5, icône mondiale du parfum, après le décès de Jacques Helleu, le directeur artistique de Chanel, qui décidait de tout avant.

La confusion ne cesse de s'accentuer, d'abord parce qu'il est de plus en plus onéreux de travailler avec des *top models*, ce qui élimine souvent toute forme de contrat d'exclusivité. En outre, les marchands de mode de masse (H&M, Uniqlo) empruntent les codes de communication du luxe afin de rehausser leur image tout en restant fidèles à un *business model* fondé sur la production de masse dans les pays à bas salaires. Leurs magasins contribuent eux aussi à la confusion : ceux de Zara, situés dans les mêmes rues que les marques de luxe, n'ont rien du discount ; de même, Uniqlo a un magasin sur Nanjin Road, l'artère la plus prestigieuse de Shanghai. Pour maintenir la différenciation avec les suiveurs et les imitateurs, la seule solution consiste à transgresser les codes de communication qu'ils imitent. C'est la raison pour laquelle l'essentiel de la communication des marques de luxe est réalisé en interne, sous la supervision du directeur de la création.

Dans le secteur du luxe, la norme n'est pas de faire appel à une agence de publicité pour créer sa communication mais plutôt à des individus ou à des artistes qui, les premiers temps, auront beaucoup d'idées et réussiront à transgresser les codes (ces derniers se transforment vite en habitudes dans les maisons de luxe et sont rapidement imités), mais que l'on abandonnera ensuite en les sacrifiant sur l'autel de la singularité. La publicité du monde du luxe n'a pas pour but de vendre, c'est ce qui rend cette transgression possible. C'est une autre anti-loi du marketing du luxe. Dans le secteur du luxe, même une campagne médiocre participe au « buzz », renforce la réputation et la notoriété de la marque. Les publicités doivent sortir délibérément des sentiers battus. Les marques de luxe redoutent les grandes agences, trop axées sur les process, qui leur font d'interminables briefings, formatés par Procter & Gamble, car bien adaptés au marketing de masse. Dans le secteur du luxe, tout est dans la qualité de l'exécution. Les marques les plus prestigieuses font généralement appel à de petites agences qui comprennent leur culture et mesurent la rigueur dont elles devront faire preuve tout au long du processus de production. Il y a également moins de conflits entre le directeur artistique de ces agences et celui de la marque.

Paradoxalement, pour les mêmes motifs – c'est la qualité de l'exécution qui fait la différence – les agences Web choisies sont rarement de brillants nouveaux venus. En fait, les marques de luxe ont besoin d'une exécution technique parfaite, d'une présence technologique de pointe et d'un partenaire durable. Le Web est une autre manière de vendre la marque et ses produits. L'utilisation d'une technologie un peu ancienne risque d'affecter négativement le ressenti du client et de susciter son mécontentement, voire un « buzz » négatif. Quand les clients traitent sur le Web avec des marques de luxe, ils s'attendent non seulement à une exécution irréprochable, mais aussi à de divines surprises. Les partenaires choisis doivent donc eux-mêmes soumettre leurs savoir-faire et leurs produits à un benchmarking mondial ; être à l'extrême pointe de l'avant-garde, écumer tous les salons professionnels pour y détecter la prochaine tendance de l'innovation et former régulièrement leur personnel pour améliorer constamment leurs prestations. La tendance mondiale est à un professionnalisme accru de l'industrie du luxe sous le signe de l'excellence, de la créativité et de l'identité distinctive toujours renouvelée de chaque marque.

Développement durable : rêver le luxe de demain

■ Une sensibilisation qui s'accélère

En novembre 2012, les autorités de Bruxelles ont laissé courir une rumeur selon laquelle le parfum N° 5 de Chanel, le plus iconique du monde, l'épitomé du savoir-faire et du glamour occidental, contenait des ingrédients allergisants. La nouvelle s'est répandue comme une traînée de poudre, avec l'immédiateté de l'Internet, surtout en Chine où les produits coûteux venus d'Occident doivent être au-dessus de tout soupçon. Cela a conduit l'ensemble de la compagnie Chanel à reconsidérer ses activités sous l'angle du développement durable ; de telles considérations ne pouvaient plus être remises à plus tard, cela devenait une priorité stratégique. En juin 2015, poussée par une campagne de l'organisation PETA (People for the Ethical Treatment of Animals) sur les réseaux sociaux, Jane Birkin demanda à Hermès que le fameux sac éponyme en alligator ne porte plus son nom.

Aucune des grandes entreprises responsables du secteur du luxe n'a d'ailleurs attendu pour inscrire le développement durable parmi ses objectifs. Kering a même une avance stratégique sur le sujet. Toutes ses marques soumettent désormais la totalité de leur chaîne de valeur à un audit, qui est publié. Ce processus s'applique également à leurs sous-traitants, à qui l'on demande de respecter les nouvelles directives s'ils ne veulent pas perdre leur contrat. Par exemple, les imprimeurs d'ouvrages et de brochures destinés aux marques de luxe sont soumis à un audit concernant les encres utilisées, les processus d'impression, etc.

La sensibilisation aux questions de développement durable semble s'être accélérée non pas tant au niveau du consommateur lui-même qu'à celui de l'État et des ONG, ainsi que des militants et des lanceurs d'alerte sur Internet. Selon nos recherches (voir ci-dessous) on peut estimer à moins de 10 % le nombre de clients vraiment sensibles au développement durable lorsqu'ils doivent acheter un produit de luxe. Dans toutes les marques de luxe, les produits les plus estampillés « durables » ne sont jamais les best-sellers. Même chez Stella McCartney, il n'y a pas que des fans du développement durable, loin de là : beaucoup de ses clientes l'aiment comme designer de mode essentiellement, auréolée de son nom mythique. Ses vendeurs en magasin ne mettent pas un point d'honneur à rappeler aux clientes que telle ou telle paire de bottes au prix élevé n'est en réalité pas en cuir. L'enjeu du luxe durable est d'abord d'être perçu comme du luxe, puis d'être très respectueux du développement durable.

D'un point de vue managérial, le développement durable n'est plus une question aujourd'hui : non du fait de la demande pressante des clients eux-mêmes (au maximum estimée à 10 %), mais parce que l'écosystème l'exige : les politiques, les milieux économiques et sociaux locaux, les ONG, les journalistes et les blogueurs des réseaux sociaux qui font le « buzz ». Il est significatif que l'Autorité chinoise pour l'industrie et le commerce ait demandé aux annonceurs des métiers du luxe de cesser de promouvoir leurs produits dans les médias avec des mots comme « luxe », « classe » et « royal ». Cela revenait à rendre un culte aux produits étrangers, or il faut maintenir l'harmonie sociale en Chine, en particulier dans les classes moyennes. De la même manière, les autorités ont demandé à Louis Vuitton de détruire un attaché-case géant qu'il avait installé dans la rue, juste en face du centre commercial de luxe Plaza 66, à Shanghai. Sans oublier la récente « politique de frugalité » mise en place par Xi Jinping dans le cadre de la lutte contre la corruption, sachant que les produits de luxe (en particulier les montres et les spiritueux) constituent des cadeaux bien pratiques pour obtenir toutes sortes de faveurs, en Chine.

■ « Flamber vert »

Nos recherches montrent que les acheteurs disposant de revenus élevés (principale cible des marques de luxe) ne se préoccupent guère des problèmes de développement durable lorsqu'ils achètent des produits de luxe. Deux principaux facteurs expliquent cette attitude :

– Acheter un objet de luxe est une parenthèse de plaisir. Personne n'a envie de faire planer la moindre ombre sur ce moment privilégié, et certainement pas de se livrer à des considérations rationnelles ou négatives sur l'avenir de la planète, la souffrance des animaux, le travail des enfants dans les usines ou le gaspillage excessif. Pour protéger leur plaisir, les clients *choisissent délibérément l'ignorance*, en tout cas au moment de l'achat, qui doit rester une expérience de fête.

– Les produits de luxe sont tellement chers que leurs acheteurs sont en droit de penser que les marques ont déjà pris tous ces problèmes en compte et que la législation, dans les pays occidentaux, prohibe les comportements répréhensibles eu égard à la protection de l'environnement.

Les recherches récentes montrent que les clients du luxe du monde entier sont de plus en plus conscients des menaces sur l'environnement, et estiment que les marques de luxe ont le devoir de les prendre en compte. Ils comptent sur elles pour y veiller, de façon à ne pas avoir à s'en préoccuper eux-mêmes. Mais s'il apparaissait que ce n'était pas le cas, cela entraînerait des réactions violentes sur les réseaux sociaux et des boycotts (voir tableau 1.3). On est donc passé non pas à des demandes explicites (moins de 10 % des clients), mais à un présupposé implicite que les marques de luxe font ce qu'il y a de plus vertueux.

Tableau 1.3. Importance du développement durable dans l'achat des clients du luxe (Moyenne des réponses des clients sur une échelle de 1 = « Pas du tout d'accord » à 10 = « Absolument d'accord »)

	France	États-Unis	Chine	Brésil	Allemagne	Japon
Je cesserais sans doute d'acheter une marque de luxe si j'apprenais qu'elle ne respecte pas les impératifs du développement durable	6,3	6,7	7,4	7,2	6,9	5,9
Par définition, une marque de luxe est exemplaire dans tout ce qu'elle fait, en particulier en termes de développement durable	6	6,7	7,4	6,9	6,4	6,2
Je choisis de préférence des marques de luxe respectueuses du développement durable	6,3	6,7	7,6	7,3	6,6	6

Il est intéressant de noter que les deux pays dont les répondants sont le plus sensibilisés aux problèmes du développement durable sont la Chine et le Brésil, tous deux relativement nouveaux venus dans le secteur du luxe, dont ils représentent cependant l'avenir. De fait, nos interactions avec les nouveaux entrepreneurs chinois du secteur, à l'occasion du séminaire que nous organisons à l'université Tsinghua (Pékin), révèlent qu'ils ont bénéficié d'une formation intellectuelle très poussée et ne souhaitent pas recréer des entreprises comparables à celles de la génération de leurs parents. Ils savent que la Chine est trop polluée et veulent y remédier. C'est la raison pour laquelle les problèmes d'environnement sont désormais intégrés dès le départ − la tendance est évidente dans le *business model* de nombreuses start-up relevant du secteur du luxe.

Cela ne signifie pas que ces entrepreneurs veulent positionner leur marque dans la mode écolo ou le luxe écolo, mais leur réflexion a bel et bien un temps d'avance sur leurs concurrents occidentaux, au moins pour ces critères. Et cela crée un risque : ils pourraient former une masse critique de nouveaux venus du luxe, leurs exigences en matière de respect de l'environnement établissant une nouvelle norme et disqualifiant du même coup la concurrence des marques traditionnelles. Cela rappelle la déclaration du patron de Lexus aux États-Unis : « *Une qualité remarquable qui pollue, ce n'est pas de la qualité.* » La réussite initiale de Lexus en Californie est d'ailleurs beaucoup due au rejet des marques allemandes par les nouvelles élites locales, les nouveaux riches qui pouvaient désormais s'offrir une coûteuse voiture de rêve (silencieuse et confortable, avec un service exceptionnel et au moteur propre). Mais ce rêve sur roues communiquait aussi un message clair au reste du monde : son propriétaire est un pionnier, l'avenir de la planète lui tient à cœur, et il est prêt à payer le prix pour le préserver. On pourrait dire qu'il « flambe vert ». C'est un levier majeur de la réussite des automobiles Tesla aussi : très belles, très chères et électriques, elles attirent les célébrités, les leaders d'opinion, les clients soucieux de manager leur propre image de pionnier. C'est l'« écolo-ostentation ».

Le challenge est grand pour les maisons de luxe déjà existantes, car transformer toute leur chaîne de valeur en fonction du développement durable, c'est mettre leur maison en péril, compte tenu des coûts et des risques qu'il y a à bousculer des processus de production éprouvés depuis des décennies sur des matériaux précieux et fragiles. En revanche, lancer des séries focalisées sur le développement durable constitue une première étape, plus aisée à mettre en œuvre afin d'enclencher un processus vertueux qui ensuite ne s'arrêtera pas, forçant l'entreprise à innover, à trouver d'autres façons de produire. Le développement durable vécu comme une contrainte au début peut se transformer en source d'innovation. Pionnier en la matière, Kering en a fait un axe stratégique : le groupe publie un bilan détaillé des progrès du développement durable à côté du rapport financier annuel.

L'enjeu des services et de l'expérience client

■ Le service, une priorité

Lorsque l'on demande aux clients quels attributs définissent le luxe, le mot service est rarement prononcé parmi les six premiers attributs, voire n'est pas du tout cité. Mais, paradoxe, lorsque l'on cherche à identifier le *noyau dur* du concept de luxe, il en va autrement : pour cela, nous posons une question très différente, visant à cerner si l'*absence* de tel ou tel attribut serait rédhibitoire. De fait, personne ne peut imaginer un luxe sans un haut service, très personnalisé, traitant chacun comme un VIP. Pourtant, c'est au niveau du service que le luxe pèche, toutes les enquêtes le montrent.

Cette défaillance a des racines profondes. D'origine européenne, comme son nom latin le rappelle, le luxe des objets personnels évoque d'abord un produit exceptionnel, enrobé d'une histoire, d'une culture et d'une marque qui le qualifient comme hors du commun. C'est ainsi que l'Italie et la France ont conquis le monde, *via* leurs objets et marques de luxe. Mais en latin, l'esclave s'appelait *servus*. Être au service des autres serait-il alors un péché originel, celui de la servitude ? Cela différencie les pays latins des pays anglo-saxons : chaque Français remarque et apprécie aux États-Unis la simplicité des mots d'accueil et des gestes dans n'importe quel magasin ou restaurant.

Le service est devenu prioritaire pour tous les P-DG du luxe, bien au-delà du seul secteur de l'hospitalité (restaurants, hôtels, spas, voyages, etc.). D'abord, car il est insatisfaisant, ensuite car les grands du service aujourd'hui sont les *pure players* d'Internet, Amazon en tête. Ce sont eux qui forgent les normes et les standards de chacun, sur la base desquels toute marque de luxe sera aussi jugée. Amazon travaille déjà sur la livraison par drone dans les zones difficiles d'accès, faute d'infrastructures adéquates au sol. En Chine, compte tenu des coûts bas, la livraison est quasi gratuite, tout le monde le fait, et les plateformes d'e-commerce doivent largement leur croissance exceptionnelle à cette facilité apportée aux clients connectés.

■ Les trois phases du service

Le développement du service passe par trois phases : diminuer la peine, créer de la satisfaction et augmenter l'émotion ressentie. Toutes les marques ne sont pas à ce troisième niveau, loin de là, surtout dans le luxe. La magnificence du produit et de la marque ont longtemps créé une attitude de suffisance et de ce fait freiné la nécessaire humilité et écoute du client, préalables à toute démarche de luxe.

Le service a d'abord consisté à décharger le client de ses peines : lui ouvrir la porte, transporter ses achats pour lui, aller chercher son automobile à son domicile pour la réparer afin de lui éviter de venir lui-même. L'analyse fine du « parcours client » permet d'identifier ainsi les *moments de peine* qui fournissent une occasion de la prendre en charge, de la supprimer. La deuxième étape est celle de la *réduction des insatisfactions*, d'où l'arrivée des enquêtes de satisfaction client et la multiplication des clients mystères qui auditent incognito l'expérience client sur Internet et en magasin. La troisième phase est celle, actuelle, de *l'enchantement client*, en créant de la valeur ajoutée émotionnelle, rendant l'ordinaire extraordinaire, avec vraie signature de service propre à la marque.

On ne passe pas d'une phase à l'autre par l'incantation ou encore par de simples réunions de motivation ou de transformation de l'entreprise. La satisfaction du client se gagne en faisant la chasse au service irrégulier et à la non-conformité. Il n'y a pas de miracles : il faut mettre en œuvre des process pour cela. Certes, un jour prochain, toutes les marques de luxe (et non-luxe) auront mis en œuvre ces process et ceux-ci ne créeront plus de différence. En attendant, inutile de mettre des fleurs partout dans la chambre si l'on doit attendre une demi-heure pour se faire apporter le petit déjeuner le matin. Chaque phase de service en son temps, l'enchantement en dernier. En outre, il faut anticiper les moments d'insatisfaction qui vont nécessairement survenir : que dire à un client de la classe affaires entre Paris et Los Angeles lorsque les vidéos ne démarrent pas, ou si, ayant été servi le dernier dans l'allée de l'avion, le plat qu'il souhaitait prendre n'est plus disponible ?

Cette dernière étape ne se fait pas par philanthropie : les marques de luxe ont appris qu'elles pouvaient fidéliser après le premier achat, à condition que celui-ci soit accompagné et suivi d'une réelle expérience forte, faite de services et d'attentions personnalisées post-achat. D'où l'importance majeure du CRM qui permet une personnalisation fine, non obtrusive.

■ Une reconquête nécessaire

Parmi les mythes entretenus, il y a celui de la baisse de la fidélité aux marques. Certes les chiffres baissent, mais cela signifie-t-il que les clients ne *veulent plus* être fidèles ? La raison principale de la non-fidélité aux marques automobiles est le changement survenu dans le cycle de vie du client qui commande de changer de modèle et parfois donc de marque. Mais rien ne prouve que les clients ne veulent pas être fidèles aux marques, sauf peut-être en Chine actuellement. En effet les clients chinois sont nouvellement entrés dans le marché du luxe, et découvrant les grands magasins et centres commerciaux du luxe, ils veulent tout essayer. Mais ne maîtrisant pas encore les critères de discrimination, ils se fondent sur le qu'en-dira-t-on, le que-font-les-autres-autour-de-moi ; d'où l'importance considérable des réseaux sociaux en Chine et des phénomènes d'imitation, en bref de la mode dans le domaine du luxe dans ce pays.

La théorie des comportements des consommateurs nous apprend que lors de chaque projet d'achat – surtout exceptionnel comme dans le luxe –, ces derniers évaluent les alternatives en présence dans le marché, prennent une décision, achètent, puis font ou non l'objet d'écoute de la part de la marque. Mais l'analyse fine des données issues du *big data* montre que certains clients ne redistribuent pas les cartes à chaque achat et que cela arrive lorsqu'ils ont eu une grande expérience à l'achat et *aussi post-achat*. En communiquant bien avec les clients *dès le premier achat* et en restant en contact avec eux après, on obtient que le client ne réévalue pas les alternatives lors de l'achat suivant. C'est ce que Nespresso pratique avec art. Cette marque, trop accessible à tous pour être de luxe, n'en suit pas moins une « stratégie de luxe », *via* des services exceptionnels (*online* ou *off line*) qui font de chacun un VIP, ainsi que la création d'un univers qui élève le client, le distingue.

Cela dit, où sont alors les difficultés qui empêchent chaque marque de suivre cet exemple ? Dans un déficit de management lui-même. Empruntons à Lionel Meyer, animateur du pôle luxe de l'INSEEC et coauteur de *Luxury Attitude*, une illustration parlante. Dans un palace comme Le Meurice ou le Plaza Athénée, on attend l'incroyable, l'émotionnel, le jamais-vu ou ressenti. Imaginons qu'un membre du personnel observe que le lacet d'une chaussure d'un client est abîmé au risque de se déchirer bientôt : changer le lacet sans attendre constituerait ce detail d'ultra-luxe qui fait toute la différence. Mais ce simple geste pose d'emblée trois questions : l'employé en a-t-il la capacité, le pouvoir et l'envie ? Ces trois questions relèvent du management des services : donner les moyens, donner envie à chaque employé. C'est ainsi que l'on peut passer par les trois phases du service pour atteindre l'enchantement du client.

On comprend pourquoi la Chine pose un problème aux marques de luxe, en dehors du secteur de l'hôtellerie semble-t-il, où la tradition asiatique fait merveille. Les grandes marques de luxe souffrent en effet d'un fort taux de turnover du personnel en magasin. Comment créer une expérience émotionnelle rare en magasin avec un personnel peu qualifié, qui va très vite chercher à se vendre plus cher ailleurs ? Cela conduit aussi au paradoxe que les responsables de magasin en Chine n'ont pas la compétence attendue au vu de leur titre. En effet, ce sont souvent des employés qui, étant restés dans le magasin, sont montés très rapidement dans la hiérarchie, prenant la place laissée vacante par un démissionnaire. Or la fonction des responsables de magasin est aussi d'animer des équipes, de les former, de les motiver, pas de se comporter comme un tyran local, ce qui ne fait qu'accroître le taux de turnover. D'où le besoin d'instituts de formation comme LBI (Luxury Business Institute, développé en Chine et en Corée), spécialisés dans le luxe, pour subvenir aux nécessités de la montée du niveau du service dans les magasins des marques de luxe.

Le digital va peser énormément dans la reconquête de l'excellence des services, et l'enchantement du client. Nous en abordons des facettes au chapitre 6. Le digital oblige à redéfinir le rôle de l'humain. À quoi sert un « vendeur » dans le magasin, qu'il s'agisse de Saint Laurent, Porsche ou DS, vu que les clients qui y entrent en savent déjà beaucoup sur la marque et les modèles qui les ont attirés sur le Net. Hier, dans l'automobile, l'exclusivité était liée au produit ; demain elle sera liée à l'expérience unique de marque, post-achat. Pour ce qui est d'un magasin de luxe personnel (à porter), rien ne remplacera la fonction « conseil », à condition qu'elle soit réelle. Les vendeurs doivent comprendre leur client, leur style de vie et en devenir le curateur de goût. En effet, l'argent survient plus vite que le goût : les nouveaux riches ont besoin de pouvoir s'appuyer sur de vrais consultants du goût.

Au-delà du digital, il convient de se souvenir que la percée aux États-Unis de la marque japonaise Lexus a reposé à la fois sur les nouvelles technologies hybrides développées en exclusivité par le Groupe Toyota et un niveau de service inconnu jusqu'alors là-bas et *a fortiori* en Europe. En effet, les marques allemandes premium, trop fières de leurs produits, n'y excellaient pas. Depuis lors, Lexus continue de caracoler en tête de tous les classements du service comparant les marques automobiles. Le service ne se dit pas, mais se vit et suscite un enchantement du client qui devient l'ambassadeur de la marque sur tous les réseaux sociaux. Les nouvelles technologies lui font aussi faire un bond expérientiel.

Chapitre 2

La rareté abondante[1]

Secret de la croissance du secteur du luxe

Si l'économie occidentale n'est pas complètement sortie de la crise financière de 2008, le secteur du luxe est à nouveau en pleine croissance, et en particulier ses représentants les plus prestigieux. Dans les pays émergents, cette croissance est à deux chiffres, même si la Chine est revenue à des taux plus normaux compte tenu de la lutte gouvernementale contre la corruption, ce qui affecte, par exemple, les ventes de montres et spiritueux de grand luxe. L'augmentation de leur taux de pénétration dans la population des pays n'a pas fait décliner le prestige de marques comme Louis Vuitton ou Prada, car il l'a étendu à de nouvelles couches de population. Cela semble *a priori* contradictoire avec le fait que le concept du luxe soit lié à la rareté et à l'exclusivité.

Comment concilier ces faits et la théorie? Nous commencerons par rappeler que le mot « luxe » a plusieurs sens. Nous verrons ensuite que pour satisfaire une demande grandissante, émanant non seulement de la classe des nouveaux riches dotés de revenus exceptionnels mais aussi de consommateurs plus ordinaires tout aussi soucieux de marquer leur différence, de nombreuses marques appliquent des tactiques de rareté virtuelle, érigent leur création en art et adoptent le *business model* de la mode. Elles cessent alors de mettre l'accent sur la qualité exceptionnelle du produit ou sur son pays d'origine. La rareté des ingrédients, des

---

1. Ce chapitre a initialement été publié sous forme d'article dans la revue américaine *Business Horizons*, 55 (5), pp. 453-462, septembre-octobre 2012.

matières utilisées ou des savoir-faire mis en œuvre a ainsi été remplacée par la rareté qualitative. Le culte du créateur est un autre outil puissant pour créer des liens émotionnels avec un grand nombre de clients. Aujourd'hui, les marques du secteur du luxe vendent en fait aux clients du haut de la classe moyenne des produits et services dotés d'un pouvoir symbolique et magique qui les élève. Enfin, il existe un fossé culturel entre l'Asie et l'Occident. Les consommateurs asiatiques sont rassurés d'acheter des marques occidentales fortes et prestigieuses connues de tous leurs proches. Les entrepreneurs qui envisagent de lancer une marque de luxe ont tout intérêt à tenir compte de ces observations.

Le luxe aujourd'hui : un rêve financier

Bernard Arnault n'en fait pas mystère : « *Le luxe est le seul secteur qui fournisse des marges luxueuses.* » En 2015, le chiffre d'affaires du groupe LVMH a atteint 35,67 milliards d'euros, avec un résultat opérationnel de 18,50 % en moyenne, ce qui laisse augurer celui de la marque phare de ce groupe, Louis Vuitton. Après les années de ralentissement dû à la crise, les clients les plus fortunés mais surtout les nouveaux riches du monde entier, heureux de jouir de ce que l'argent peut acheter, alimentent à nouveau la croissance de ce secteur. Il est difficile de repousser indéfiniment le désir d'acheter un produit de luxe, certes superflu, mais extrêmement tentant et dont on a rêvé.

Au sortir de la crise on a constaté que ce sont les produits les plus haut de gamme, ultra-qualitatifs, pas trop tape-à-l'œil, mais à un prix exorbitant, qui se sont le mieux vendus (*New York Times,* 2011). Un effet de la crise économique de 2008 a été le recentrage des achats des consommateurs les plus aisés − les 20 % qui représentent à eux seuls 60 % du marché − sur les vraies valeurs et les grands classiques. Et ils n'hésitent pas à y mettre le prix. Signe que le secteur connaissait à nouveau une croissance explosive, surtout en Asie, 2011 a été marquée par une série de nouvelles acquisitions de firmes et de marques de luxe par des fonds d'investissement d'Asie et du Moyen-Orient, ainsi que par des groupes de luxe (LVMH, Kering, Richemont). Prada a été introduit en Bourse sur la place de Hongkong en juin 2011. Les multiples élevés (autour de 20) mesurant la valorisation de ces entreprises démontrent que les investisseurs, convaincus que les perspectives de croissance du secteur sont énormes, partagent le rêve du luxe. Ils ont raison : l'avenir est radieux, surtout dans les pays émergents, dont la croissance forte nourrit l'inégalité sociale, caractérisée par une classe de très riches, novices, qui découvrent les plaisirs du pouvoir et de l'argent.

Dans tous ces pays, la croissance du PIB est élevée, perspective prometteuse puisque les analystes de Bernstein Research ont montré que la croissance du marché du luxe était strictement corrélée à celle du PIB. Outre les nouveaux riches, cette croissance crée une classe moyenne, autre source d'optimisme. Contrairement aux Européens, les consommateurs de ces pays n'épargnent pas en vue de leur retraite, mais préfèrent dépenser leur argent pour remplir leurs villas, leurs appartements en acquérant les meilleurs produits qui leur sont désormais offerts, surtout si ces derniers peuvent leur conférer du plaisir, du standing et symboliser leur réussite. Dans les pays émergents, le milieu de gamme n'existe pas. Les consommateurs trouvent des marques locales ou internationales de produits de grande consommation pour satisfaire les besoins de leur vie quotidienne et les marques étrangères de luxe pour se faire plaisir. Comme la société de consommation s'y est développée tardivement, ils progressent à grandes enjambées et revendiquent leur droit au luxe, le même que celui de leurs équivalents occidentaux. Parcourir les centres commerciaux flambant neufs est une de leurs activités de loisir préférées. Ces lieux, autrefois apanage des États-Unis (*The Malling of America*, 2002) où ils étaient déjà considérés comme le paradis du consommateur, se sont multipliés en Asie et dans le reste du monde, fusionnant la vente et la distraction (*retail* et *entertainment*) pour permettre à de superbes magasins de luxe d'offrir du « *retailtainment* ».

Pour satisfaire la demande grandissante de produits de luxe dans des métropoles régionales, les grands noms du luxe y ont engagé une stratégie très dynamique d'expansion de leurs magasins. En 2012, Louis Vuitton a ainsi annoncé son intention de s'implanter dans les villes de troisième rang chinoises (plus de 2 millions d'habitants), essentiellement des capitales provinciales. Cette année-là, la marque possédait trente-sept magasins répartis dans vingt-neuf villes chinoises, entraînant d'autres marques dans son sillage, comme Gucci, Zegna, Coach ou Burberry.

Cette stratégie d'expansion rapide ne serait positive pour le secteur du luxe que si elle pouvait infléchir l'équation fondamentale luxe = rareté, qui permet de prévoir (figure 2.1, A) que la perception « luxe » d'un produit (élément crucial si l'on veut le vendre cher et accroître les marges) se dilue quand son taux de pénétration augmente, car ses possesseurs sont désormais trop nombreux pour qu'il soit perçu comme un plaisir exclusif, voire réservé à une élite. Une prédiction moins sévère affirme que l'augmentation de la pénétration commence par hausser le statut luxe du produit (la marque est en effet plus forte, car connue même par ceux qui ne peuvent l'acheter, ce qui crée de la valeur), sachant que la courbe atteint un point d'inflexion, puis s'inverse, après quoi le statut luxe se délite (figure 2.1, B). Les villes chinoises de troisième catégorie, dites « C », représentent de grands nombres démographiquement parlant, mais en y entrant, les marques de luxe prennent le risque de devenir elles-mêmes provinciales.

Les marques comme Louis Vuitton ont, jusqu'à présent, réussi à repousser le point d'inflexion. La moitié des femmes actives de Tokyo posséderait un sac Vuitton, ce qui n'empêche pas, à en croire les données Ipsos (2011), les consommateurs japonais de continuer à considérer cette marque comme la plus luxueuse. L'industrie du luxe serait-elle en train d'inventer le cas de figure C (voir figure 2.1), où le statut luxe, loin d'être dilué, est en fait renforcé par une pénétration accrue ? Tout dépend cependant de la nature des gens auprès desquels on mesure cette perception de luxe : en effet, la pénétration accrue fait fuir les personnes très aisées – acheteurs de la première heure et connaisseurs –, remplacées par les nouveaux riches, qui aiment dépenser et que cela se voie, eux-mêmes un jour remplacés par le haut de la classe moyenne, bien plus nombreuse et suiveuse.

Figure 2.1. Les rapports entre luxe et rareté

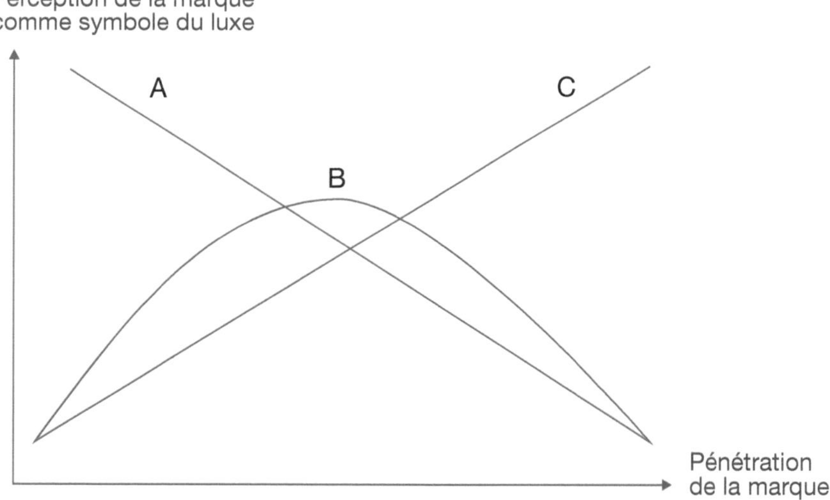

Les nombreux sens du mot luxe

Au vu de la croissance continue des mégamarques du luxe, pourquoi n'y a-t-il *apparemment* pas de contradiction entre leur pénétration élevée et la résilience de leur perception comme étant « de luxe » ? Cela pourrait résulter des nombreux sens du mot luxe lui-même. Il faut en effet distinguer clairement entre *le luxe, un luxe, mon luxe,* le *secteur du luxe* et le *business model du luxe.*

■ Le luxe comme concept absolu

Il évoque typiquement des images de la vie des riches et des puissants de ce monde, « l'ordinaire des gens extraordinaires ». Il n'est donc pas surprenant, comme le rappelait Jean Castarède, que l'on trouve les gènes du luxe dans l'histoire des élites de la société. Au départ, le luxe était réservé aux lieux de culte (temples, églises, pagodes) et aux sépultures (pyramides et tombes égyptiennes). C'était un hommage à un dieu tout-puissant et une tentative d'acheter sa pitié en sacrifiant sa fortune. Plus tard, le luxe est devenu la marque du rang dans toutes les sociétés aristocratiques. Comme l'a expliqué Georges Bataille, les grands de ce monde étaient capables de sacrifier des ressources productives pour acheter des objets non productifs ; c'est ainsi qu'ils démontraient leur rang, par la dépense de magnificence.

Dans le passé, le luxe était donc la conséquence de la stratification sociale. Mais on a assisté récemment à un changement de paradigme : désormais, c'est le luxe qui crée de la stratification sociale dans les pays où il n'y en avait pas auparavant. Comme l'a dit dans un *focus group* un Chinois détenteur d'une fortune fraîchement acquise : *« Ce que j'aime dans le luxe, c'est que c'est cher »* ou encore *« Sans le luxe, on ne peut se comparer les uns aux autres ».* Il exprimait ainsi le ressort le plus profond du luxe, son rôle sociologique latent, quels que soient les alibis de façade, le *storytelling* des marques ou les beaux raisonnements qu'évoquent les clients à qui les enquêteurs demandent pourquoi ils s'achètent des articles de luxe.

Lorsqu'on leur demande quels articles de luxe leur viennent spontanément à l'esprit, les réponses dépendent des pays. Dans les contrées matures, les enquêtes de l'Institut Ipsos, très intéressantes, montrent que « le luxe » renvoie à des produits ou à des éléments inaccessibles du style de vie des très riches (voitures, haute joaillerie, jets privés, œuvres d'art, villas dans les meilleurs endroits, voyages exceptionnels, etc.). Ces réponses permettent de penser que le luxe, vu comme concept absolu dans les pays matures, n'a pas besoin de marques. En revanche, en Chine, par exemple, « le luxe » évoque voitures, bijoux, sacs, vêtements, montres, et même parfums, c'est-à-dire ce que les marques occidentales « dites de luxe » présentes là-bas offrent à la vue de tous, dans leurs magasins fastueux, agissant comme des académies ouvertes sur rue.

Mais si on leur demande « quelles *marques* vous viennent à l'esprit quand vous entendez le mot "luxe" ? » les réponses changent et renvoient à des produits ou services dont la liste est plus ou moins la même partout dans le monde : les mégamarques Louis Vuitton, Chanel, Gucci, Rolex, Ferrari, Dior, Prada, Bulgari, Ritz-Carlton, etc. Notons que ces marques sont plus accessibles que ce que les réponses à la première question laissaient à penser. Elles communiquent également beaucoup dans les médias et par le truchement de leurs nombreux magasins. Cette pression publicitaire contribue à rendre les marques saillantes.

■ Mon luxe/Mon luxe à moi

Ce sens renvoie la plupart du temps à autre chose qu'un achat : un moment rare que l'on aimerait s'offrir sans le pouvoir (passer du temps avec ses enfants, aller pêcher au milieu de la Dordogne, etc.). Sinon ce peut être un petit achat personnel, par exemple un rouge à lèvres Dior (24 euros). L'expression « l'effet rouge à lèvres » est attribuée à Estée Lauder, fondatrice de la marque éponyme, qui avait été surprise de l'augmentation des ventes de ce produit pendant la Grande Dépression. Autre exemple de ce phénomène bien connu, après un stress psychologique, les femmes se tournent vers des luxes abordables, succédanés d'articles plus coûteux. Elles s'offrent un luxe : leur petit privilège.

Mon luxe/Mon luxe à moi est clairement une rupture de la vie ordinaire et de ses nombreuses contraintes, une évasion dans un monde idéal de beauté, de plaisir, où l'on se chouchoute, c'est un petit coin d'éternité. On achète compulsivement ce que l'on ne devrait pas acheter, un produit ou service dont on n'a pas besoin, à un prix très supérieur à celui de sa valeur fonctionnelle. On achète ce produit extrêmement qualitatif, avec un excès de petits détails, pour se dorloter, s'offrir un cadeau, une récompense. Il faut cependant que la marque soit prestigieuse : la magie de l'automédication n'opère qu'avec de grands noms. C'est exactement comme l'effet placebo qui fait disparaître les maladies parce que le patient croit prendre un vrai médicament, d'une marque célèbre. L'effet rouge à lèvres ne marche qu'avec des marques dont le nom évoque la vie idéalisée des stars. Il exige aussi un sacrifice financier. Comme l'a montré l'anthropologue Marcel Mauss, un prix élevé est la condition pour que le produit revête un caractère sacré et confère sa bénédiction à l'acheteur.

■ Un secteur économique prospère

C'est en ce sens que l'on parle de croissance du luxe. Bain & Company en publie régulièrement les prévisions de ventes. Comment les génère-t-il ? Ses analystes compilent des chiffres fournis par les entreprises considérées par les syndicats professionnels comme faisant partie du secteur du luxe. En Italie, en France, en Allemagne et au Royaume-Uni, ces syndicats représentent les intérêts collectifs des entreprises du secteur (les maisons dites « de luxe » qui appartiennent au syndicat). En Italie, le syndicat s'appelle Altagamma, en France, c'est le Comité Colbert, dont les adhérents réalisent le quart du chiffre d'affaires mondial du luxe, deux fois plus qu'Altagamma. Ces syndicats ne sont pas indépendants des entreprises elles-mêmes ; ils fonctionnent à la manière d'un club. Tout nouveau membre doit être coopté et, pour être admis, respecter un certain nombre de critères et de valeurs.

Toutes les marques ne sont cependant pas largement perçues comme de luxe. Ainsi, en France, pratiquement personne ne considère un polo Lacoste comme un produit de luxe, mais la société Lacoste faisant partie du Comité Colbert, son chiffre d'affaires est donc pris en compte dans le calcul des prévisions du secteur français du luxe. De la même manière, illycaffè fait partie d'Altagamma, alors que Corneliani, une vraie marque italienne de prêt-à-porter masculin de luxe originaire de Mantoue, dont les magasins font face à ceux de Zegna dans le carré d'or à Milan, ne l'était pas jusqu'en 2015. Les ventes de Corneliani n'étaient donc pas comptabilisées avec les données du secteur italien du luxe.

Les prévisions de Bain n'incluent ni l'automobile, ni les grands hôtels, ni les stations de vacances… Elles se concentrent sur le luxe dit « personnel » fait d'articles de mode, maroquinerie, montres, produits de beauté, parfums, bijoux, chaussures, etc. Afin de s'assurer une croissance continue, ces firmes ont décidé, à l'instar de LVMH, de ne pas viser les seuls clients extraordinaires, mais aussi ceux plus ordinaires de la classe moyenne, et les « excursionnistes » qui achètent de temps en temps des bribes de style de vie aisé. Ce secteur veut aussi capturer l'énorme demande des pays émergents dont les nouveaux (très) riches, suivis des classes moyennes, en plein essor, sont avides de reconnaissance, de standing et de plaisir. Pour ce faire, de nombreuses marques de luxe (considérées comme telles par leurs propres syndicats professionnels) se sont éloignées du *business model* très exigeant du luxe, de deux manières.

D'une part, de nombreuses firmes fondent désormais leurs profits sur des accessoires ornés de logos ou sur de nouvelles lignes de produits, fabriqués en plus grandes séries et vendus comme des objets de mode, de telle sorte que les consommateurs doivent en acheter un nouveau à chaque saison, comme le dicte le système de la mode (par exemple le célèbre *it bag*). La mode repose sur une contagion du désir. Le nombre de clients achetant le même produit à la mode n'est dès lors plus un problème, surtout en Asie, où les règles confucéennes interdisent de faire preuve de trop d'originalité. Au Japon, contrairement à ce qui se passe dans nos sociétés occidentales individualistes, porter le même sac Vuitton que tout le monde renforce le sentiment d'appartenance au groupe, qui y est très important dans ce pays qui érige la conformité en valeur. En fait, en Asie, le luxe et ses mégamarques permettent à la fois de se distinguer de la masse et de s'intégrer au groupe.

D'autre part, de nombreuses entreprises du luxe ont abandonné une obligation essentielle de son *business model* (voir ci-dessous), qui interdit en principe toute délocalisation. En manufacturant certains de ses produits en Chine, Prada a réduit ses coûts de production et renforcé ses marges brutes grâce à une main-d'œuvre à bas salaires ; l'entreprise a ainsi paru plus attirante encore aux investisseurs asiatiques qui peuvent acheter des actions à la Bourse de Hongkong depuis juin 2011. Quant à Coach, marque d'origine new-yorkaise, elle a délocalisé sa production depuis longtemps. Grâce aux économies réalisées sur les coûts de production, la marque investit davantage en communication afin de construire le rêve auquel l'associent les consommatrices. Il en est de même pour Michael Kors, « *la marque de luxe à la croissance la plus fulgurante* » pour reprendre les mots de son P-DG, John Idol, qui promeut dans ses publicités un rêve de jet-set mais fait produire là où les coûts sont bas. Cette marque crée de la valeur en réduisant les coûts, et non par le haut.

■ Un *business model* original

Ce *business model* est très précis. Il a été peaufiné très empiriquement au fil du temps par les marques qui en dominent le panthéon mondial : Louis Vuitton, Chanel, Gucci, Hermès, Ferrari et Rolex. Ces firmes, dont beaucoup sont encore familiales, ont élaboré ce *business model* commun unique, pilier de leur résilience et de leur capacité à générer des profits. Il est contraire à la plupart de ceux des autres secteurs d'activité et repose sur des principes stricts qui préservent le caractère unique du luxe et la non-comparabilité des marques qui y adhèrent. En voici quelques exemples, dont certains ont été appelés les « anti-lois du marketing » tant ils obligent à oublier les lois classiques nées dans la grande consommation :

– Ne pas délocaliser la production : le luxe est l'ambassadeur de la culture locale et d'un art de vivre raffiné. Le luxe vend le mythe de l'espace, du terroir incomparable car prédestiné, le savoir-faire exclusif des artisans du pays d'origine.

– Ne pas faire de la publicité visant à vendre : le luxe communique pour construire le rêve et pour le recréer. Cela ne se mesure pas à l'aune des augmentations à court terme du chiffre d'affaires car, contrairement aux produits de grande consommation, la possession d'un article de luxe dilue le rêve qui dominait avant son achat.

– Communiquer en direction d'un public extérieur à votre cœur de cible : la valeur de posséder un produit de luxe tient en partie à la qualité rare de sa fabrication, mais il faut également faire en sorte que ceux qui ne le possèdent pas le reconnaissent, en sachent le prix, donc la valeur des clients. C'est la raison pour laquelle Aston Martin, une très petite marque, bénéficia du placement de produit dans les films James Bond ; il fallait que tout le monde reconnaisse une Aston Martin dans la rue, auréolant ainsi d'admiration son conducteur. Ce qui n'est pas encore le cas d'une McLaren.

– Contrôler strictement l'intégralité de la chaîne de valeur, de la recherche des ingrédients et matières premières au service en magasin – une marque ne peut être sûre de la qualité de ses produits et services que si elle les contrôle à 100 %.

– Contrôler l'intégralité de la distribution : le service et toutes les interactions doivent être individualisés. Le client doit vivre une expérience exclusive.

– Ne jamais accorder de licences, car elles impliquent une perte de contrôle et augmentent le risque que les consommateurs soient déçus. Le luxe promet une qualité et une expérience exceptionnelles, mais les titulaires de licences doivent gagner leur vie même après avoir payé des royalties élevées. Ce n'est possible qu'en réduisant la qualité des produits eux-mêmes ou de leur distribution. Le licencié est focalisé sur son résultat à court terme, alors que la marque de luxe intègre le long terme. C'est la raison pour laquelle, entre 1998 et 2008, le chiffre d'affaires sous licence de Ralph Lauren est passé de 60 % à 35 % : la marque américaine a racheté beaucoup de ses licences, dans le monde entier.

– Augmenter toujours le prix de vente moyen : puisque les classes moyennes s'enrichissent, une marque de luxe qui veut continuer à les faire rêver doit s'interdire de descendre en gamme ou de baisser ses prix. Si elle crée des lignes de produits plus abordables, elle doit le faire à une échelle limitée et compenser par une montée en gamme systématique et des produits hors de prix qui redonnent du prestige. Quand Jaguar était géré par Ford, tous les nouveaux modèles ont été conçus pour rendre la marque plus accessible. Le constructeur n'a jamais créé, à l'instar de Mercedes, sa « Classe S » ou une nouvelle Type E tirant le rêve vers le haut.

– Développer avec les clients des relations directes, en *one-to-one*. Le luxe suppose de les traiter tous en VIP. Il faut passer du vieux CRM à l'EPL, l'Expérience Personnalisée de Luxe. Cela nécessite des interactions directes, individuelles et personnalisées, idéalement dans des magasins exclusifs qui représentent le rêve en 3D, ainsi que sur le Net.

Ce *business model* très strict du luxe peut s'appliquer à des entreprises relevant d'autres secteurs d'activité. Apple, MINI et Nespresso en sont des exemples typiques, sans parler de L'Occitane en Provence pour les Asiatiques : ils ne sont pas considérés comme appartenant au secteur du luxe, car trop facilement accessibles à tout un chacun. Mais ils en appliquent néanmoins le *business model* décrit ci-dessus. Les marques haut de gamme peuvent en adopter deux autres : le *business model* de la mode ou premium. La principale caractéristique du premier, c'est qu'il vend le temps présent et rien d'autre : il doit alors délocaliser la production afin de réduire le coût de la main-d'œuvre. Contrairement au luxe, la mode ne vend pas l'intemporalité. Dès la fin de la saison, on a recours aux soldes et aux super-soldes, aux ventes en outlets qui rognent les marges pour éliminer le stock. Contrairement au luxe, la mode ne vénère pas la qualité, mais la saison.

Selon le *business model* du luxe, les prix moyens devraient toujours augmenter (ce qui n'empêche pas d'avoir quelques prix abordables) : cela décourage les suiveurs de la classe moyenne, donc préserve le sentiment d'exclusivité cher aux clients détenant des fortunes fraîchement acquises qui, s'ils sont suffisamment nombreux, permettent de justifier cette stratégie. Quand elles ne font plus rêver ces clients aisés, beaucoup de marques de luxe préfèrent une expansion vers le bas : elles vendent à davantage de personnes, grâce à des accessoires très rentables dont le prix est plus accessible, produits en plus grande quantité dans des pays à bas salaires. Les clients renouvellent souvent ce type d'achats, signe que la marque de luxe est passée au *business model* de la mode, qui valorise l'originalité et le changement, et non plus la rareté et l'intemporalité.

Le *business model* du premium ou super-premium repose sur la volonté de créer un produit qui soit objectivement « le meilleur ». La vodka super-premium Grey Goose se présente, dans ses publicités, comme ayant « le meilleur goût du monde » ; elle a d'ailleurs reçu de nombreuses récompenses de jurys de connaisseurs. Contrairement au luxe, qui refuse toute comparaison et crée de la non-comparabilité, les marques super-premium en sont friandes et en font leur miel, car cela leur permet de se faire une réputation. C'est une stratégie pour de nouveaux entrants à qui l'Histoire fait défaut : ainsi, les vins du Nouveau Monde mettent l'accent sur la technologie comme source de progrès, et se présentent à tous les concours pour gagner des notes élevées, signe de reconnaissance par les experts. C'est aussi la stratégie de la marque Audi.

Comment la rareté crée de la valeur

Une loi élémentaire de l'économie affirme que lorsque la demande est plus élevée que l'offre, le prix du produit ou service concerné augmente. Au cours d'une expérience comportementale de 1975, les spécialistes en psychologie sociale Worchel, Lee et Adewole avaient fait en sorte que certains biscuits deviennent soudain totalement indisponibles pour un groupe de personnes, tandis qu'un autre groupe pouvait continuer à en acheter. Les mesures post-expérimentales montrèrent que leur valeur perçue était plus élevée dans le premier groupe que dans le second. Apple capitalise sur cet effet en créant une disette, une rareté artificielle à chaque lancement de nouveau produit : les clients font la queue toute la nuit devant ses magasins ; ils sont prêts à payer le nouveau produit n'importe quel prix, même s'ils ne le connaissent pratiquement pas.

On observe le même effet dans les services : quand il faut retenir plusieurs jours à l'avance pour être sûr d'avoir sa table au restaurant, c'est bon signe. Le chef devrait-il alors augmenter le nombre de couverts pour faire chaque jour plus de chiffre d'affaires ? Non, bien sûr ! Cela réduirait la queue et diluerait l'effet rareté et, du même coup, l'attractivité et la marge de manœuvre en termes de prix. Souvenez-vous du restaurant El Bulli, en Espagne, longtemps considéré comme le meilleur du monde. Pour retenir une table, il fallait s'y prendre plus d'un an à l'avance. N'aurait-il pas mieux valu créer un certain nombre de « seconds » restaurants dont les prix auraient été plus accessibles, situés dans des endroits à la mode, mais où les clients auraient tout de même encore fait la queue ? C'est ce que font la plupart des chefs triplement étoilés par le guide Michelin. Leurs seconds restaurants renforcent la notoriété de leur marque et le restaurant trois étoiles conserve la flamme pour les rares privilégiés qui peuvent se l'offrir, après une longue attente et un important sacrifice financier qui signale leur capacité à valoriser le beau, l'exceptionnel. Pour avoir valeur de signal, il faut être cher.

De la pénurie à la rareté qualitative

Les vignobles Romanée-Conti ne produisent que quelques milliers de bouteilles par an. C'est le propre des grands vins de Bourgogne, limités par leurs clos. Ferrari, lui aussi, restreint sa production, à l'instar de Patek Philippe. Les sacs Hermès Kelly sont limités par l'extrême rareté des peaux de crocodile exemptes de tout défaut et le fait que les artisans capables de la réaliser ne sont pas légion. Ces exemples célèbres entretiennent le mythe du luxe, synonyme de rareté. Mais la rareté physique (créée par la pénurie en amont) n'est pas bien vue par les actionnaires des groupes cotés, car elle fait obstacle à une croissance rapide. Même si certaines marques, comme Hermès, tiennent à cette rareté objective, le secteur du luxe doit sa croissance au fait qu'il est passé à ce que l'on peut appeler la rareté virtuelle – tout ce qui donne un *sentiment* de privilège et d'exclusivité. De fait les mégamarques du luxe sont passées maîtres dans l'art de la rareté virtuelle.

En fait, la rareté objective est assez monotone. Elle n'est pas convaincante si les ingrédients ne sont pas perçus comme nobles. C'est la raison pour laquelle le luxe durable et la croissance sont difficilement conciliables. Stella McCartney refuse, par conviction personnelle, d'utiliser le cuir dans ses collections et accessoires de mode. Ses artisans utilisent donc des matières alternatives, dont aucune n'est considérée comme noble. Il est dur d'acheter des bottes à plus de 10 000 euros faites avec des matériaux recyclés. Comme le montre l'analyse netnographique des forums et communautés, l'engouement pour le sac Falabella malgré son prix relève d'abord du désir d'être à la mode, habillée par Stella, une icône en soi, adulée pour ses valeurs et sa personnalité. Il manque cependant à la marque des facteurs de rêve qui vont normalement de pair avec le luxe.

Il est temps de reconnaître que le luxe moderne joue désormais sur la rareté qualitative. Celle-ci incarne une qualité superlative, qui va à l'encontre de toutes les tendances banalisantes de la production industrialisée moderne et défie toutes les lois de l'analyse de la valeur – la méthode consistant à réduire les coûts associés aux caractéristiques d'un produit ou service tout en maintenant la valeur cible pour le consommateur.

Cette rareté qualitative passe parfois par le processus de production, si par exemple il implique de nouer à la main un joli ruban rouge sur chaque flacon de parfum Chloé ou d'apposer un sceau sur chaque bouteille en porcelaine du whisky Royal Salute. La non-délocalisation fait aussi partie de cette construction de valeur, au même titre que la culture nationale ou une référence historique faisant partie intégrante du produit.

Introduire la rareté virtuelle

Une rareté peut aussi être créée artificiellement. C'est la manière d'entretenir le désir utilisée par les marques qui poursuivent une stratégie de pénétration continue et qui de ce fait fabriquent en séries plus longues avec une production plus importante : il leur faut lancer régulièrement des éditions limitées. Vous attirez ainsi l'attention des médias et cette « rareté éphémère » entretient la désirabilité de la marque. Un autre levier essentiel pour créer un halo de privilège est la distribution sélective, sinon exclusive. La rareté du luxe se concrétise au stade de la vente en magasin, lieu où l'image de marque est vécue dans toutes ses dimensions sensorielles, ainsi que le service qui va avec. Ainsi, il n'existe pas (encore ?) de parfum Louis Vuitton, car la marque refuse de vendre ses produits ailleurs que dans ses propres magasins. Mais la plupart des marques de mode ont choisi de vendre leurs parfums (levier essentiel pour leur notoriété, leur image et leurs profits) au moyen d'une distribution non exclusive mais sélective : grands magasins haut de gamme, ainsi que les chaînes de parfumeries de prestige de masse comme Sephora, Nocibé, etc.

Cette distribution restreinte confère à ces marques un halo de glamour et aux clientes un sentiment de privilège associés au service et à la renommée du point de vente. Au rayon maquillage Chanel d'un grand magasin, n'importe quelle femme — jeune ou pas — peut être traitée en VIP, ne serait-ce que quelques minutes. Enfin, la communication aussi participe de la rareté virtuelle. Pour construire le rêve, le luxe doit communiquer bien au-delà de sa véritable cible. La marque, ses produits et ses prix doivent être connus du plus grand nombre, même si, en réalité, les acheteurs seront peu nombreux. Le luxe crée de la valeur par le regard des autres. C'est la raison aussi pour laquelle Chanel fait de la publicité dans la presse magazine pour ses lignes de bijoux les plus prestigieuses et non pour les plus abordables. Les marques de luxe capitalisent sur quelques célébrités, voire sur une seule ambassadrice de la marque qui symbolise son caractère unique. L'organisation d'événements vise systématiquement à démontrer le caractère sélectif de la marque, qui n'invite pas n'importe qui. La presse révélera cette sélectivité d'une marque qui trie ses clients : il ne suffit pas d'être *people* pour y être admis.

De l'artisanat à l'art : l'élitisme pour tous

Un changement immense est en cours : la *starification* des créateurs, des directeurs artistiques dans les maisons de luxe. On leur voue désormais un véritable culte. Contrairement à l'artisan, célèbre pour son savoir-faire, sa capacité à reproduire un modèle, mais qui reste dans l'ombre sauf pendant les Journées européennes du patrimoine où les portes des maisons s'ouvrent, le designer demande à être reconnu en tant qu'artiste créatif à part entière. Certains, comme Karl Lagerfeld, ne cachent pas qu'ils ont d'autres talents, comme la photographie ou le cinéma, ce qui en fait des artistes complets. John Galliano se présentait lui-même comme un objet d'art : il se mettait en scène dans le rôle de l'artiste romantique. Louis Vuitton, aiguillonné par Marc Jacobs, a appris à collaborer avec des artistes d'avant-garde comme Stephen Sprouse et Takashi Murakami. Le musée des Arts Décoratifs de Paris a présenté en 2011 dix-sept voitures anciennes exceptionnelles de la collection Ralph Lauren. Pour conforter sa prestigieuse image, Cartier a installé en 2009 un musée temporaire dans la Cité Interdite à Pékin. À Séoul, le Prada Transformer est un bâti-ment frappant, en forme de tétraèdre, capable de changer de forme et de fonction. En 2014, l'immeuble à dessein imposant de la Fondation Louis Vuitton à Paris a consacré le statut de la marque.

Le luxe aime être associé à l'art, car il veut lui aussi être perçu comme un intemporel surtout culturel. Les diamants sont éternels, de même que l'on ne se lasse pas du design intemporel de la Porsche 911. Cette proximité recherchée entre l'art et les affaires du luxe a un autre but : positionner les produits en authentiques objets d'art contemporain, dont chacun a reçu l'onction magique de la main du créateur. Ce faisant, les marques de luxe réduisent l'importance de l'artisanat, qui exige beaucoup de temps et d'efforts et est de moins en moins compatible avec les gros volumes. L'art favorise aussi l'extension de la marque au-delà de son cœur de produit, jusqu'à présent limitée par la spécialité d'origine de la marque (malletier, chausseur, joaillier, sellier, etc.).

La transformation recherchée des stylistes, grands couturiers et autres créateurs en icônes de l'art est une conséquence de la quête de croissance par toujours plus de pénétration, d'extension du nombre de clients, et du désir de luxe. Les marques recherchent en général des stylistes dotés d'une forte personnalité, capables de susciter l'enthousiasme indéfectible de leurs fans et de tisser des liens émotionnels avec un large public. Ils doivent être d'avant-garde, et même polarisants, s'efforcer de ne pas plaire à tout le monde, de façon à créer une élite culturelle d'adeptes, riches ou moins riches. Ils capitalisent sur une segmentation culturelle, leurs inconditionnels aimant à se considérer comme l'élite créative. Le charisme de ces icônes culturelles – rang auquel les médias et les réseaux sociaux les érigent – est une source d'autorité et d'aura, cette dernière rejaillissant sur les clients qui achètent leurs produits. Quand vous commandez un article sur l'e-boutique de Marc Jacobs (par exemple, un porte-monnaie Rubix Coin à 18 dollars ou des bottes néon à 28 dollars), vous avez vraiment le sentiment que ces objets ont été conçus par Marc Jacobs lui-même. Ce sentiment d'objet extraordinaire, en dépit de son prix modeste, est renforcé par le fait que, conformément au *business model* du luxe, ce produit se trouve exclusivement dans les magasins Marc Jacobs ou sur son site Web. Enfin, cet achat révèle un goût avant-gardiste et fonctionne comme un marqueur culturel et social. Art et culture créent donc un élitisme pour tous, que l'on peut exploiter en vendant davantage de produits à davantage de personnes, sans en diluer la séduction, car ils sont considérés comme des objets d'art et non des produits commerciaux.

La publicité fournit un bon exemple de ce désir d'apparaître non commercial, mais comme faisant partie intégrante du monde de l'art. Dans le monde du luxe, elle ne doit jamais obéir aux règles classiques édictées par Procter & Gamble : moins elle est explicite et compréhensible, mieux c'est. On cherche à créer une distance et, si possible, on tente aussi de communiquer avec le plus grand nombre. Cette construction sociale de la publicité érigée en art considère la communication comme un « produit » à part entière de la marque créative. Les publicités de Dior doivent être traitées comme ses sacs à main ou ses robes. C'est la raison pour laquelle les marques de luxe n'ont pas de directeur de la communication : le directeur artistique lui-même impose sa vision à toutes les productions de la marque, depuis les vitrines jusqu'aux publicités et aux défilés. Ainsi voit-on certaines marques de luxe annoncer dans les médias qu'elles lanceront bientôt une nouvelle publicité en précisant quel célèbre metteur en scène elles ont recruté pour la créer, les *top models* qui y participent, le lieu extraordinaire où a été tourné le clip, etc. De la même manière, elles mettent des vidéos sur YouTube et d'autres sites médias pour montrer le *making of* de leurs publicités télévisées. Et comme la publicité, par essence, n'est pas crédible, en mettant l'accent sur la qualité artistique de son élaboration, la marque en réduit l'aspect commercial à dessein.

La nouvelle réalité de l'Asie, un luxe égalitaire?

La plupart des dogmes qui président à la gestion des marques de luxe ont été inventés en Occident. Ils reflètent la sociologie des sociétés occidentales et sont dominés par des concepts comme la distinction, la différenciation de classe et une culture élitiste. Dans un tel contexte, augmenter la pénétration d'une marque de luxe dilue le sentiment de privilège ressenti par les acheteurs. Ainsi, les snobs acceptent de payer plus cher pas tant pour accéder à plus de qualité, mais pour empêcher d'autres clients potentiels moins fortunés d'acheter les mêmes produits qu'eux. L'équation du rêve le confirme : la désirabilité d'une marque de luxe est corrélée à la différence entre la notoriété de la marque et sa pénétration dans la population. Les marques inconnues ne créent ni désir ni magnétisme. Mais quand les marques de luxe s'adonnent trop au marketing de masse en visant indistinctement tous les types de consommateurs, cette « démocratisation du luxe » leur fait perdre leur spécificité. Elles ne sont plus suffisamment distinctives. C'est un fait établi dans les pays occidentaux et désormais aussi en Chine, au Japon, etc. : l'équation du rêve se vérifie partout. En France par exemple, rappelons-le, elle est la suivante :

$$\text{Rêve de marque} = -7{,}0 + 0{,}312\ \text{Notoriété} - 0{,}405\ \text{Achat} + 0{,}583\ \text{Tradition}$$
$$(R^2 = 0{,}64)$$

Comme on le voit, pas de rêve sans notoriété de marque : c'est elle qui agrège le mythe, la légende, la désirabilité, qui sacre le produit comme étant du luxe. Mais vendre plus en augmentant la pénétration du marché réduit l'exclusivité perçue, donc détruit de la valeur, et surtout de la marge, etc. Enfin, a-t-on jamais vu une marque de luxe parler du futur? Le rêve de luxe se nourrit d'un passé qu'il réinvente en permanence.

Le marché du luxe croît en surfant sur l'avènement de sa consommation dans de nouveaux pays. En 1980, le Japon était la mine d'or du secteur du luxe. Après que la Russie a déçu les espérances et las d'attendre l'Inde, le secteur voit en la Chine son nouvel eldorado : elle sera bientôt son plus grand marché.

Si le Japon a une culture très égalitaire, c'est pourtant ce pays qui a fait de Louis Vuitton la première marque de luxe du monde. Ce paradoxe apparent n'en est pas un. Lorsqu'il a été pénétré par les marques de luxe, le Japon avait la classe moyenne la plus nombreuse de tous les pays développés, avec un revenu moyen par foyer très élevé (plus de 60 000 dollars). Par ailleurs, dans la société nipponne, le groupe est plus important que la personne. Enfin, le Japon est très hiérarchique. Les marques occidentales de luxe ont apporté aux Japonais la possibilité de se faire plaisir, et de se comporter conformément à leur rang au sein de la société sans déranger l'ordre social (qui repose sur le conformisme). Posséder un objet de luxe d'une marque inconnue, c'est prendre un risque. La célébrité et la distribution d'immenses marques comme Louis Vuitton sont très rassurantes, quand on sait à quel point il est important de ne jamais perdre la face. En outre, ces marques proposaient un vaste choix de produits, depuis les simples accessoires, à prix abordable, jusqu'aux articles à prix exorbitant. L'employée de bureau et son P-DG pouvaient donc acheter la même marque dans le même magasin, même si les produits choisis étaient bien sûr très différents. Le prix crée donc des niveaux relatifs de rareté. Il existe un prix pour la foule et un autre pour les privilégiés. Mais le prix le plus bas doit cependant lui aussi imposer un sacrifice perçu à son acquéreur, faute de quoi la magie du luxe ne fonctionnera pas, comme nous allons le voir au chapitre 7.

Le même processus se déroule aujourd'hui en Chine, où des millions de consommateurs ont à cœur d'afficher leur réussite tout en étant novices en termes de savoir ce qui est, ou non, un produit de luxe. Les consommateurs chinois adorent les marques leaders. C'est clairement un avantage pour celles qui disposent d'une grande notoriété et d'un réseau de magasins dans toutes les grandes capitales, et désormais dans les capitales régionales. Pour un consommateur chinois de province, acheter un produit de luxe est une façon de participer au festin de la consommation mondiale. C'est donc aussi égalitaire. Si les nouveaux riches, très aisés, ont entre-temps opté pour d'autres marques dans leur escalade des signes de leur supériorité financière, voire culturelle (effet de la perte de rêve due à l'excès de pénétration, telle que révélée par l'équation du rêve ci-dessus), le gros des clients, ceux issus de la classe moyenne, continue à vibrer, à rêver, etc. Ils veulent être uniques, comme tout le monde.

Le culte du luxe est-il d'ordre religieux ?

Un phénomène quasi religieux semble à l'œuvre dans le monde du luxe. En Asie, il existe littéralement un « culte du luxe », qui concerne même les adolescents au Japon. En Occident aussi, les jeunes ont adopté les marques de luxe, qu'ils mélangent avec des vêtements décontractés. Pourquoi le luxe s'est-il étendu si loin de ses frontières naturelles ?

Si Francis Fukuyama a raison, depuis l'effondrement du communisme, il n'y a plus d'idéologies, aucune en tout cas qui promette le paradis sur terre. Il ne reste que la consommation, et dans sa forme la plus élevée : les produits de luxe, qui incarnent à la fois un héritage et une grande créativité. Très qualitatifs, hédonistes, les produits concernés revendiquent une fabrication particulièrement soignée, un symbolisme fort, du glamour et même la transgression (par le biais de leur prix exorbitant).

Le luxe est un processus de spiritualisation et de sacralisation d'objets fabriqués par l'homme. C'est la raison pour laquelle le prix joue un rôle aussi important, de même que l'exemple des élites culturelles et des puissants constitue une sorte de bénédiction. Un prix excessif donne la mesure du désir de l'acquéreur potentiel, et donc de la désirabilité de l'objet, fondée sur des valeurs qui n'ont rien à voir avec leur praticité matérielle. En sacrifiant une partie importante de son salaire pour l'achat d'un sac à main de luxe, l'employée de bureau de Tokyo construit elle-même la nature sacrée de l'objet (l'étymologie du mot « *sacrifice* » est « rendre sacré »). Les similarités avec un culte au sens propre sont nombreuses et vont au-delà de la métaphore qui fait plaisir. Nous avons déjà analysé la façon dont, pour entretenir ce culte, les marques semblent s'adonner à un marketing de l'adoration, à commencer par celle du créateur révéré comme s'il était lui-même révélé, jusqu'aux lieux de pèlerinage eux-mêmes, et aux produits dits iconiques. Cette iconisation est lourde de sens. C'est par ce biais que le luxe compense la perte d'aura qui résulte de la reproduction technique à grande échelle de ses produits. Les objets concernés se veulent mythiques et sont conçus pour paraître intemporels, presque éternels.

Deux méthodes concourent à ce résultat : pour commencer, leur présence au catalogue est permanente, comme la Porsche 911, le N° 5 de Chanel, ou encore la célèbre montre Reverso de Jaeger-LeCoultre. On leur confère également ce caractère intemporel en établissant leur lien avec un moment particulièrement important de la vie du fondateur de la marque. L'esprit attaché à ce moment et l'anecdote qui l'accompagne restituent au produit une partie de l'aura que la production en grande série avait détruite. Le produit iconique devient un objet du culte. Il faut en posséder au moins un, une fois dans sa vie. Les marques de luxe cultivent aussi l'histoire mythique de leur fondation et maintiennent farouchement le secret sur les données sensibles (concernant les sites de production, les quantités concernées, les données financières). Leurs magasins amiraux, magnifiques œuvres d'art urbain conçues par de célèbres architectes, ont été comparés à des cathédrales des temps modernes, lieux où se renforce la foi en impressionnant le croyant. Chaque produit y est aussi disposé sur un piédestal, comme une statue ou une icône révérée. Comme dans les sanctuaires fermés, il y règne un ordre subtil et secret et l'on vous y introduit sélectivement, d'où les files d'attente à l'extérieur. Les clients vont de rayon en rayon par petits groupes, comme en pèlerinage, et tiennent à participer aux rites délivrés individuellement (accueil, services, façon de s'adresser à eux, démonstration de chaque article, explication de son caractère exceptionnel, etc.). Cette comparaison avec la religion est extrêmement révélatrice : le luxe aime à se présenter comme une force culturelle qui élève. Il dit se situer au sommet de la pyramide de Maslow, le niveau de la réalisation de soi. Les religions aiment les grands nombres, les vastes communautés, sauf bien entendu quand elles souhaitent rester une petite secte.

La comparaison avec la religion a cependant ses limites ; on peut alors parler de *magie*. Comme l'indique la racine latine du mot, les religions unissent les individus dans leur croyance commune en un Dieu qui est au ciel. La magie, elle, invoque des forces supranaturelles en action sur terre grâce à la médiation d'objets, d'icônes et de chamans. Comme l'écrivait l'anthropologue Éric Arnould, *« leur possession crée un lien entre le possesseur ou le détenteur et des puissances immanentes pour accomplir certaines fins »* (1999).

Il y a quelque chose de magique dans la possession d'articles de luxe. Ils confèrent à leur propriétaire la possibilité de devenir instantanément une autre personne, uniquement en portant un vêtement, un bijou ou un accessoire sacré. La *starification* des créateurs de mode est une condition essentielle si les marques de luxe veulent séduire un public plus nombreux. Ce ne sont plus de simples êtres humains, ils guident leurs adeptes dans le monde de l'art, de la culture créative, du goût et d'expériences sensorielles naguère exclusivement réservées à l'élite. La magie opère par contagion, du créateur à l'utilisateur final. Il n'est dès lors plus besoin de lier le luxe à la rareté ou à un nombre fini de clients. Mais comme le rappelle l'équation du rêve ci-dessus, plus les clients sont nombreux (d'où un taux de pénétration élevé), plus la marque doit être célèbre pour que le rêve perdure et plus aussi elle doit cultiver le mythe de son passé.

Alimenter le pouvoir symbolique de la marque de luxe

Le pouvoir symbolique ne repose plus sur la rareté réelle, mais sur la mise en scène de la rareté qualitative. Contrairement aux marques de produits de grande consommation, qui ont un seul logo (par exemple le « swoosh » de Nike), les marques de luxe développent un arsenal de symboles qu'elles déclinent dans des combinaisons infinies. Ainsi, Chanel a un nombre magique (l'adresse de la première boutique à Paris, rue Cambon), ainsi que le camélia, le monogramme... Le pouvoir symbolique est également renforcé par la visibilité du créateur, très singulier, et la communication hautement créative de la marque. D'où l'importance des défilés, que l'on pourrait comparer aux joutes médiévales, dont le vainqueur était le chevalier le plus brave. À chaque défilé, les créateurs acceptent de se soumettre à la concurrence devant les caméras du monde entier. C'est la condition pour conserver leur célébrité.

Les circuits de formule 1 jouent un rôle similaire pour Ferrari ou Mercedes. Notons au passage que donner aux écuries concurrentes de la F1 des noms relevant du marketing de masse, au lieu du nom du constructeur, détruit une partie de la mystique : on n'entend plus parler de Mercedes, mais de l'équipe Red Bull. L'extension de la communication des marques de luxe, qui ne se cantonnent plus aux pages sur papier glacé des magazines classiques, relève également de ce phénomène, ainsi que leur entrée tardive, mais fracassante, sur Internet et les médias sociaux. En 2011, Louis Vuitton a créé sa propre agence numérique en interne, qui emploie 400 personnes dans le monde entier. Sa mission ? Diffuser partout en ligne des contenus relatifs à la marque : son histoire, son héritage, ses savoir-faire, les événements qu'elle organise, des interviews des créateurs, ses défilés de mode, ses éditions limitées et même des guides de voyage sur le thème de la créativité. Si la marque veut rester au-dessus de la mêlée de ses nombreux concurrents et imitateurs en vendant exclusivement une image du luxe, elle doit captiver l'attention sur Internet et y révéler sa profondeur et son infinie créativité.

Une politique à court ou à long terme ?

Le but d'une politique de luxe est d'acquérir la maîtrise de ses prix, de faire en sorte que les clients deviennent adeptes de la marque au point de ne plus faire attention au prix. Poussées par leurs actionnaires, qui réclament toujours plus de croissance, certaines marques ont décidé d'augmenter leur pénétration tout en tentant de maintenir des prix élevés. Au passage, elles ont supprimé plusieurs contraintes du *business model* du luxe, comme la rareté objective ou une règle tacite interdisant la délocalisation. À la place, elles ont adopté un modèle religieux communautaire – l'adoration de personnages iconiques, la distribution sélective et une communication extrêmement visible jouant un rôle essentiel pour conforter la foi des masses et le pouvoir symbolique de la marque. Mais il y a un danger : le long terme risque en effet d'être sacrifié au court terme.

Sachant que l'on peut définir le luxe comme « l'ordinaire d'individus extraordinaires et l'extraordinaire des personnes ordinaires », la question devient : combien de temps ce genre de marque fera-t-elle encore rêver les premiers ? Question d'autant plus importante que leur rôle, crucial, consiste à être le groupe de référence pour la masse des autres, les suiveurs. Amaldoss et Jain (2008) ont démontré qu'ils étaient prêts à payer plus afin de réduire le nombre de ces derniers, les suiveurs. Pour les fidéliser, les marques produisent des produits, des services et des événements de *supra*-luxe. Mais ces produits et services hyper haut de gamme suffiront-ils à maintenir l'illusion de la rareté et le sentiment de privilège de ceux auxquels ils sont destinés ? Y a-t-il un point au-delà duquel Louis Vuitton aura été trop loin en termes de pénétration et de diffusion, devenant alors une mégamarque haut de gamme ? La marque a en effet décidé d'ouvrir des magasins dans les villes chinoises de troisième catégorie. Quantitativement, elles sont plus peuplées que beaucoup de capitales du monde occidental. Pourquoi, dès lors, ne pas y créer un marché du luxe ? Mais du point de vue des élites modernes de Shanghai ou de Pékin, comment comprendre que la marque s'enfonce plus profondément dans les provinces chinoises ?

Si, pour entretenir le rêve, le luxe a besoin d'être toujours perçu comme allant plus loin et plus haut, comment cette stratégie de distribution pourrait-elle maintenir l'aura de Louis Vuitton ? La stratification annoncée entre les divers magasins de la marque, avec une hiérarchie claire distinguant les quelques *flagships* dans les capitales, offrant aux clients une expérience d'achat exceptionnelle, suffira-t-elle ? On sait que la marque développe aussi ce que l'on pourrait appeler le « luxe invisible », autrement dit des services très privés, réservés à l'élite de l'élite, sur une base exclusive, par exemple en offrant à ses membres la possibilité de recevoir leurs amis dans l'un des appartements privés aménagés au sein de la nouvelle House of Vuitton, construite à Londres. Ce *luxe invisible* est conçu pour que les clients extraordinaires continuent à se sentir privilégiés. Quant à la hiérarchie des magasins, elle vise à faire en sorte que le client provincial d'une ville de troisième catégorie continue à rêver d'avoir accès au magasin de l'échelon immédiatement supérieur quand il se rendra dans une ville plus importante. Cela entraîne clairement un risque à long terme.

Conseils aux entrepreneurs du luxe de demain

De futures marques de luxe sont en gestation. Partout dans le monde, mus par une vision, une obsession du beau, des entrepreneurs créeront des produits de luxe et espéreront parvenir à imposer leur propre marque. Ils ont manifestement compris qu'ils devaient, dès le départ, se positionner en tant qu'art bien plus qu'artisanat. Il faut du temps pour construire une marque de luxe. Elle ne se lance pas comme une marque de produits de grande consommation, avec un jour J signalant le début d'un grand plan d'action marketing. Ces entrepreneurs créatifs doivent communiquer par le biais de leur directeur de la création et tisser des liens étroits avec les élites et les lieux culturels et artistiques, avec une forte préférence pour l'avant-garde, surtout s'ils veulent représenter l'avenir. Ils doivent également comprendre que les distinctions traditionnelles entre les produits et la communication sont dénuées de sens dans le monde du luxe.

Les produits sont de la communication, et la communication doit être entreprise avec la même exigence exceptionnelle en termes de style et de détails ultra-qualitatifs que les produits eux-mêmes. Il est également important de mettre en place une rareté qualitative, au-delà de la rareté objective : même les nouvelles marques doivent communiquer sur leur héritage, leur inspiration, leurs références culturelles, en se présentant comme l'ambassadeur de l'excellence de leur culture nationale. Ralph Lauren a remarquablement montré la voie. Mais d'autres exemples récents fournissent des benchmarks intéressants : Bell & Ross, marque d'horlogerie qui fait désormais partie du groupe Chanel, n'a que vingt-quatre ans, mais semble exister depuis la Seconde Guerre mondiale. Partout, sur Internet, dans les magasins, sur son packaging, elle reprend l'hymne de l'étoffe des héros, ces pilotes qui ont repoussé les limites de la vitesse dans les premiers jets supersoniques. C'est ainsi que les nouvelles marques de luxe acquièrent de la profondeur et du contenu, aiguillonnant ainsi le désir d'acquérir leurs produits symboliques, leviers d'accès à un rêve de marque.

Chapitre 3

L'artification du luxe[1]

Des artisans aux artistes

La croissance est le plus grand défi pour une marque de luxe, dont le cachet est atténué lorsque le volume des ventes dilue le nécessaire sentiment d'exclusivité qui accompagne le rêve de luxe. En outre, ce volume viole le *credo* de la rareté, sur lequel repose à l'origine l'ensemble du secteur. Ce chapitre révèle que les marques leaders, les mégamarques du luxe, s'efforcent actuellement de résoudre ce problème lié au volume par le haut, grâce à l'« artification », c'est-à-dire un processus de transformation du non-art en art. Cette transformation demande du temps et des investissements considérables. Elle exige aussi la collaboration active, la caution des institutions officielles et d'artistes de renom. Mais l'objectif est très ambitieux, puisqu'il s'agit de transformer le statut de la marque, de son fondateur et de ses produits et, ce faisant, de se positionner comme absolument supérieur à l'ordinaire, ce que reflètent les prix pratiqués et le pouvoir symbolique incontesté de la marque. La démarche est également stratégique en termes de mondialisation : l'art est en effet universel.

---

1. Ce chapitre a initialement été publié sous forme d'article par la revue américaine *Business Horizons*, 57 (3/*), pp. 371-380, mai-juin 2014.

Le défi de la croissance pour les entreprises du luxe

■ Un mot à la mode

La croissance est le plus grand défi pour une marque de luxe. Cela ne la condamne pas à refuser de grandir, mais conjuguer croissance et luxe présente de réelles difficultés au-delà d'un certain seuil. Cette affirmation peut surprendre, puisque les gros titres de la presse s'émerveillent régulièrement de l'histoire économique du secteur du luxe qui, malgré la récession mondiale commencée en 2008, a poursuivi sa croissance, dépassant 1 014 milliards d'euros de chiffre d'affaires en 2015, toutes catégories confondues. Cependant, cette manière de voir le secteur présuppose qu'il ne comprend que les marques de luxe, alors que le « secteur du luxe » est en réalité une entité macroéconomique composée d'entreprises et de produits hétérogènes, dont quelques-unes seulement appliquent une vraie « stratégie de luxe ». Comme le mot « luxe » est devenu à la mode, beaucoup d'entreprises en revendiquent l'usage même si elles relèvent en fait de la mode ou du premium. En outre ces trois mots – luxe, mode et premium – ne sont pas substituables : ils renvoient en fait à trois façons totalement différentes de gérer une entreprise. La popularisation et l'usage excessif du mot « luxe » effacent les distinctions et créent une confusion managériale. Le vocable « luxe accessible » a été inventé par les marques du masstige pour pouvoir elles aussi bénéficier de l'aura liée au mot luxe en extrémisant le luxe, le vrai, sous la terminologie « hyperluxe ». Le café Starbucks lui-même a été décrit avec les mots « romance, relaxation et luxe ». On ne voit guère où le luxe se niche dans un Starbucks : il serait plus exact de parler de « gourmet » ou de « petites indulgences » ou encore de recourir à la hiérarchie « bon/meilleur/le meilleur » pour décrire ses produits et n'utiliser le mot « luxe » qu'au sens strict du terme.

Pour une marque premium ou de mode, la croissance ne crée pas de difficulté : plus il y a d'acheteurs, mieux c'est. C'est aussi le cas des marques de masstige, comme Ralph Lauren qui fait confectionner en Chine des vêtements de bonne qualité en très grande quantité, aux coûts de production les plus bas, car sa marge est construite en baissant les coûts. En l'occurrence, sa valeur perçue est créée par les magasins prestigieux, conçus et agencés pour ressembler à une très belle demeure familiale, matérialisant le rêve américain, celui du succès par l'argent. Pour accéder à ce rêve, la marque offre, par exemple, une panoplie de vêtements inspirés par le film *Gatsby le magnifique,* tourné à Hollywood, qui évoque les familles patriciennes de la côte Est, elles-mêmes inspirées par l'aristocratie anglaise. Le volume n'est pas un problème, car le masstige ne vend pas de l'exclusivité, mais un style de vie imaginaire.

Le problème de la croissance pour les marques de luxe, c'est que l'offre devrait toujours y être très inférieure à la demande ; elles recherchent donc la croissance, mais avec prudence. Cet objectif est particulièrement saillant en ce début de XXIe siècle, car les marques de luxe sont confrontées à des vagues de demandes liées à l'émergence des nouveaux riches dans les pays en développement : après la Russie, vient la Chine, en attendant, un jour, l'Inde et le Brésil. Satisfaire une telle demande pourrait se traduire par la banalisation, la perte de lustre et d'exclusivité, ce qui présagerait à l'impossibilité de continuer à pratiquer des prix premium. Or le *business model* du luxe a pour finalité la marge, obtenue non en réduisant les coûts, mais en créant de la valeur renforcée par ses prix hauts. Si trop peu de volume ne crée pas assez d'externalités positives (liées au nombre de clients fameux et visibles), passé un seuil, les externalités deviennent négatives : le logo de la marque se voit trop, et sur tout un chacun.

■ Un processus d'artification

Pour atténuer ce risque, certaines marques de luxe limitent le volume de leurs ventes. Par exemple, Rolls-Royce a indiqué qu'en 2013, il ambitionnait de vendre une seule voiture de plus qu'en 2012, décision emblématique d'une stratégie qui se concentre sur la multiplication des produits customisés. Chez Hermès, la règle de la suppression d'un article qui se vend trop s'applique apparemment aux sacs et aux carrés de soie, mais pas aux montres et aux parfums, vendus par l'intermédiaire de circuits de gros à des boutiques multimarques. Voir le même motif de carré Hermès ou de cravate sur trop de clients, c'est déclasser les porteurs.

Ce chapitre analyse une transformation du luxe qui vise à résoudre le dilemme de la croissance : grandir en appliquant une stratégie du luxe, tout en satisfaisant une demande croissante, susceptible d'attirer de nouveaux concurrents. Cette transformation est également motivée par la nécessité de renforcer la légitimité de l'ensemble du secteur du luxe. Tous les secteurs doivent défendre leur droit à l'existence ; il n'est jamais donné *a priori*. Depuis que le luxe existe, il a suscité des critiques morales en raison de ses excès et de sa culture de l'inégalité. Ces critiques latentes ont repris de plus belle en raison de son omniprésence dans la société d'aujourd'hui. Le luxe semble pour certains être devenu l'euphorisant de notre société de consommation.

À nos yeux, la multiplication croissante d'associations des grandes marques de luxe avec des artistes, des galeries et des musées ne doit rien au hasard. Les marques de luxe ont entrepris un processus subtil d'« artification », la transformation du non-art en art. L'industrie du luxe ambitionne d'être perçue comme une activité créative, artistique au sens plein, et pas uniquement une industrie liée aux métiers d'art.

Nous commencerons donc par diagnostiquer les problèmes créés par la croissance du luxe, avant d'analyser comment et pourquoi l'art peut contribuer à les résoudre. Nous explorerons ensuite le concept d'artification, le processus qui consiste à transformer une marque en un exemple d'art, et son créateur comme l'égal des grands artistes de son temps. Enfin, nous montrerons comment plusieurs grandes marques de luxe ont appliqué cette stratégie.

La transformation radicale du luxe aujourd'hui

Depuis que le luxe est à la mode, son statut dans la société a changé du tout au tout. Étymologiquement, le mot *luxe* signifie « surabondance, excès, superflu ». Des siècles durant, le luxe a été réservé à une élite restreinte. Il caractérisait exclusivement le train de vie des détenteurs du pouvoir : pharaons, rois et reines, ainsi que leurs courtisans, puis marchands et grands industriels. Il était censé exprimer leur goût raffiné et impressionner les foules par la magnificence des palais, des carrosses, des robes, des bijoux, etc. Son origine a laissé des traces latentes dans la psychologie des clients : si on demande aux clients occidentaux quels produits évoque pour eux le mot *luxe,* ils ne parlent ni de montres ni de sacs à main, mais de yachts, d'hélicoptères, d'îles privées et de voitures extraordinaires – autrement dit, une vie idéalisée accessible uniquement aux plus fortunés. Ce luxe très spécifique – « *l'überluxury* » – existe effectivement, mais est confiné à une poignée de clients. Notons que pour les nouveaux venus au luxe, les pays émergents, ce sont au contraire les automobiles, bijoux, montres, sacs à main ou même parfums qui viennent à l'esprit des clients à l'écoute du mot « luxe », comme le révèlent les études menées par Ipsos. C'est normal : ce sont les marques de ces produits qui ont introduit le luxe dans ces pays émergents, donc qui y ont donné un sens concret au mot.

Ce secteur microéconomique s'est développé depuis le milieu des années 1990 en étendant lentement sa base de clientèle au-delà des *happy few* pour en faire bénéficier les *happy many*, c'est-à-dire les classes moyennes, en particulier la frange supérieure en termes de revenus. C'est la raison pour laquelle ce secteur connaît une croissance rapide et captive tant l'attention des entreprises et des médias. Rien qu'en Chine, on estime les effectifs de la classe moyenne la plus nombreuse du monde – dont les revenus oscillent entre 10 000 et 60 000 dollars – à plus de 300 millions de personnes. Le problème, pour les marques de luxe, consiste à déterminer l'attitude à prendre face à ce tsunami de demandes.

En Asie, où la croissance de ce marché est la plus remarquable, une transformation radicale s'est produite : paradoxalement, le luxe n'est plus du luxe, à en juger par les files de touristes chinois qui battent le pavé devant les magasins Louis Vuitton ou Gucci de beaucoup de grandes villes ; c'est, semble-t-il, devenu une nécessité. De nombreuses raisons expliquent cette transformation profonde, qui représente non pas une démocratisation du luxe (car les prix ne sont pas plus abordables), mais plutôt une démocratisation du désir d'objets de luxe à un prix exorbitant.

– Dans les pays émergents, la croissance s'accompagne de l'urbanisation, qui crée un contexte de concurrence acharnée. Chacun doit redéfinir son identité, à ses propres yeux et à ceux des autres, une identité désirable, séduisante, compétitive. Or l'habit est un véhicule visible de l'identité que l'on souhaite se donner, surtout s'il est de marque connue.

– Dans les économies florissantes, on assiste au développement de la méritocratie et de la stratification sociales. Les gens ont besoin de hiérarchies claires afin de savoir jusqu'où ils ont réussi à se hisser, à quel niveau ils veulent être perçus. Ces hiérarchies reposent non seulement sur leurs possessions, leur capital accumulé, mais aussi sur leur consommation visible, associée à des marques de prestige, portées comme autant de trophées.

– Contrairement aux consommateurs occidentaux, les Asiatiques achètent des produits de luxe non pour se différencier eux-mêmes, mais par peur d'être considérés comme inférieurs aux autres. Le Japon, la Corée et la Chine sont des économies compétitives, tant au niveau macroéconomique qu'individuel. Chacun se sent obligé de réussir afin de s'assurer l'estime des autres et cela affecte les choix économiques, y compris l'éducation des enfants. La réussite doit être visible, ses marqueurs sans ambiguïté et respectés. Pour les consommateurs asiatiques, porter un costume, une montre ou un accessoire de maroquinerie de luxe est une nécessité pour ne pas perdre la face. C'est comme un visa social universel. Cette caractéristique explique également la montée en puissance de l'économie des contrefaçons, qui sont le luxe des pauvres, leur manière d'adhérer à la norme. Les faux sont une étape qu'ils franchissent avant de pouvoir s'offrir les produits authentiques. En arborant le logo, ils évitent le déclassement.

Les deux grands problèmes pour la croissance des marques de luxe

La croissance est une bénédiction pour toutes les marques, si elles sont rentables. Ce n'est pas tout à fait aussi simple dans le cas des marques de luxe. Ce n'est pas un problème pour les marques premium ou super-premium (par exemple les grands noms de l'automobile allemande), qui en principe, ne s'imposent pas de limites en termes de volume, mais cherchent à conquérir des parts de marché et de nouveaux clients en améliorant sans relâche les performances de leurs produits et les services qui les accompagnent. De la même manière, les marques de mode étendent leur distribution pour capter les sources de croissance et de volume, en magasin ou en ligne.

Les marques de luxe, pour leur part, représentent bien plus que des produits, quelle que soit leur performance. Elles reflètent le goût des élites. En passant des *happy few* aux *happy many*, elles ont mué de l'ordinaire de personnes extraordinaires à l'extraordinaire des gens ordinaires. Le premier problème que cela entraîne consiste à continuer à séduire les consommateurs extraordinaires, ceux qui assurent la désirabilité à long terme de la marque.

Pour conserver les clients les plus fortunés tout en étendant leur base de clientèle, les marques de luxe augmentent en permanence le niveau de leur prix moyen. Elles restreignent aussi le nombre d'articles abordables, destinés aux « badauds », qui n'achètent normalement pas d'articles de luxe, mais, à l'occasion, font une folie. Une autre possibilité consiste à proposer deux lignes de produits, vendues dans des magasins différents – une gamme extrêmement chère, hautement sélective, l'autre plus abordable (par exemple Armani Privè et Emporio Armani, Ralph Lauren Black et Polo Ralph Lauren). Ces marques sélectives continuent à développer des produits rares et sophistiqués, des éditions limitées et des commandes spéciales. Les marques proposent aussi des services hypersélectifs comme la Maison Louis Vuitton de Londres, mentionnée plus haut.

La croissance crée un autre problème pour les marques de luxe. La demande explosive de produits chers, de grande qualité, attire de nombreux nouveaux concurrents, avec des *business models* innovants qui défient les marques classiques. Par exemple, Coach s'attaque à Chanel et à Louis Vuitton, avec des produits fabriqués en Chine. La situation est plus préoccupante dans les pays en développement, où les nouveaux consommateurs ne connaissent pas encore la hiérarchie des marques. Dans ces pays, les consommateurs n'y sont pas fidélisés, car ils ne savent pas pourquoi ils devraient continuer à acheter des produits de la marque A plutôt que de passer à ceux de la marque B, en dehors des effets de mode qui poussent vers l'une plutôt que l'autre. Les différences entre ces produits ne sont pas évidentes, pas plus qu'entre leurs messages publicitaires ou le service prodigué dans leurs magasins respectifs. Par exemple, on peut lire la déclaration suivante sur le site Web de Coach : « Artisans et innovateurs, nous raffinons et perfectionnons continuellement notre collection pour créer des sacs à main qui figurent parmi les plus luxueux du monde. » Chanel, Prada ou Bottega Veneta n'écriraient pas autre chose. Sur Internet, tout se ressemble.

Comment, dès lors, les grands noms du luxe peuvent-ils marquer leur distance et recréer l'écart entre le luxe et le masstige ? Car l'étymologie de luxe commande de faire le grand écart. Les nouvelles marques qui imitent les codes du luxe posent aussi un challenge de différenciation aux marques établies. Par exemple, dans le marché du champagne, Armand de Brignac, la marque du rappeur Jay Z, et Angel, celle de la chanteuse Mariah Carey, ont conquis une notoriété immédiate dans la communauté afro-américaine, grâce à la présence très active de ces deux stars américaines dans les médias et sur les réseaux sociaux. C'est une pierre dans le jardin du champagne Veuve Clicquot, qui visait depuis longtemps cette cible de jeunes consommateurs actifs. Ces nouvelles marques attirent de nouveaux consommateurs qui, soit ignorent la culture traditionnelle, soit connaissent les marques classiques, mais ont envie de changer.

La difficulté, pour les marques de luxe, est de recréer une distance entre elles-mêmes et ces fringants nouveaux venus. Contrairement à ce qui se passe dans le cadre d'une stratégie premium, la différence ne repose pas sur des preuves tangibles mais sur des convictions, sur l'adhésion et la foi. Les preuves supposent des comparaisons directes entre produits et concurrents les apporter supposerait de descendre de son piédestal et de mettre la marque de luxe au niveau de la marque premium, qui elle se bat par les preuves. Les marques de luxe préfèrent se battre sur l'intangible : elles doivent donc éduquer leurs consommateurs afin de retrouver leur autorité symbolique incontestée, qui justifie les prix pratiqués.

Cela suppose de rappeler leurs racines légendaires, l'histoire mythique qui les distingue du reste du monde et qui fonde un projet démesuré, authentique, celui de l'excellence auquel tout est sacrifié : c'est donc par la garantie de moyens et sa vision que la marque de luxe s'affirme. Si les « people » sont une forme de mode, le luxe lui ne saurait être éphémère. Il permet de jeter une passerelle entre le passé et l'avenir.

La croissance du luxe
et la question de la légitimité

Le luxe a toujours été plus ou moins condamné moralement. Par Aristote, par exemple, qui l'associait même au vice. Plusieurs siècles plus tard, Sénèque et Cicéron y virent le signe précurseur de la décadence de Rome. Aujourd'hui, ces critiques existent encore, latentes ou, parfois, explicites. Les acheteurs eux-mêmes sont parfois mal à l'aise. L'enquête Ipsos World Luxury Tracking (WLT), étude du marché du luxe à l'échelle mondiale conduite par cet institut de recherche d'opinion bien connu, limite l'échantillon des répondants aux personnes qui peuvent se permettre d'acheter des produits de luxe (c'est-à-dire 2 % de la population en Chine, 50 % en Europe ou aux États-Unis). Plus de 60 % des répondants issus de tous les pays se sont déclarés d'accord avec la phrase suivante : « Vivre dans le luxe, c'est vivre une vie superficielle. » Si les gens aiment le luxe et parfois même l'adorent, la plupart d'entre eux ressentent ce conflit.

Dans la Grèce ancienne, la condamnation morale du luxe émanait des philosophes. Aujourd'hui, elle provient d'autres sources : moralistes, politiciens et ONG, défenseurs du développement durable. Comme le luxe est un secteur économique, avec des entreprises cotées en Bourse, il est soumis à l'obligation de la croissance permanente (sachant que les entreprises familiales subissent moins fortement cette pression). Aussi le luxe semble-t-il aujourd'hui omniprésent dans nos sociétés : il est dans les magazines, les aéroports et les artères commerçantes de toutes les capitales et grandes cités régionales.

Cette expansion peut paraître choquante dans les pays émergents, dont la majorité de la population vit encore dans la pauvreté tandis qu'une minorité exhibe sa réussite en consommant de façon très ostentatoire des produits et des marques de luxe. Au Nigeria, où 63 % de la population vit avec moins de 1 dollar par jour, les chiffres d'Euromonitor (2012) révèlent le taux d'augmentation de consommation de champagne le plus rapide du monde, ce pays est désormais le second consommateur au monde après la

France, devançant plusieurs membres des BRIC et des marchés matures comme les États-Unis.

En 2012, la Chine a interdit les publicités pour des produits de luxe dans Pékin, dont les rues disparaissaient sous les affiches des marques les plus prestigieuses. À en croire les autorités, ces publicités créaient un climat politiquement malsain. Non seulement elles étaient ostentatoires, mais elles rappelaient douloureusement le gouffre qui sépare les riches des pauvres. Ces publicités, et les produits dont elles assuraient la promotion, représentaient, aux yeux de nombreuses personnes, une mauvaise utilisation de l'argent public, des valeurs incorrectes et une éthique sociale inacceptable. Cette interdiction a poussé les marques de luxe à se tourner davantage vers les médias numériques et les réseaux sociaux comme Weibo ou WeChat. C'est ainsi que les sites Web de marques proposant des vidéos de distraction et d'information se sont multipliés. Cette critique de la visibilité excessive du luxe a été suivie par une mise en cause de la corruption qui a fait le lit des taux de croissance trop élevés du luxe en Chine pendant des années.

Dans cette controverse, si le luxe est la fumée, l'inégalité sociale est l'incendie. De fait, la croissance économique très rapide des pays émergents s'accompagne hélas de la croissance du coefficient de Gini. Le luxe, secteur économique visible, doit donc gérer son image collective et sa légitimité perçue, comme tous les secteurs économiques doivent gérer leur réputation, car elle détermine leur droit à opérer librement. Si vous perdez votre bonne réputation, vos affaires sont en péril.

L'art : pourquoi maintenant ?

Si le luxe ressent un désir grandissant d'être considéré comme un art, ce n'est pas parce que *c'est* de l'art (qu'est-ce que l'art, après tout ? La question reste ouverte), mais parce qu'il en a besoin, plus que jamais. Pourquoi ? Les problèmes que nous avons déjà identifiés constituent une partie de la réponse. En outre, le luxe a évolué, l'affaire de famille idéalisée est devenue une filiale de groupes, dans une industrie concentrée, extrêmement rentable.

Jusqu'à présent, le secteur du luxe s'était largement drapé dans une belle histoire, fondée sur ses métiers, la rareté, le caractère unique de ses produits ; il a joué avec succès sur la personnalisation poussée à l'extrême, l'exclusivité, le sentiment de privilège ressenti par les clients dans ses somptueuses boutiques. Mais le personnage central de cette histoire, c'est l'artisan. Si, dans la Grèce antique, il n'y avait aucune différence entre les artistes et les artisans, depuis le XVIe siècle, les artistes sont considérés comme affranchis de toute contrainte (contrairement aux arts appliqués) : ils créent pour l'amour de l'art, en quête d'une Beauté idéalisée reflétant l'émotion. Les artisans maîtrisent la *teknè*, l'art de la reproduction manuelle de beaux objets conformément à un savoir-faire spécifique, en restant fidèles à leur modèle. En revanche, ils doivent faire preuve de créativité lorsqu'ils réalisent des commandes particulières – ils doivent alors conférer un caractère esthétique et unique à des produits fonctionnels destinés à un seul client.

L'image iconique de l'artisan peut-elle survivre à la réalité d'aujourd'hui ? Non. Le luxe est une industrie, et l'industrie est affaire de reproduction. En 2009, Louis Vuitton a lancé une campagne de publicité mondiale intitulée « savoir-faire » pour mettre l'accent sur la qualité du travail de ses artisans. Cette campagne était indispensable pour contrebalancer une image grandissante de mégamarque d'articles de luxe produits en masse. La marque en a tant fait que l'Advertising Standards Agency, organisme britannique, lui a interdit d'utiliser deux de ses publicités, alléguant que ces images pouvaient induire les consommateurs à croire que les produits étaient faits totalement à la main... alors que l'immense majorité des sacs, portefeuilles et autres accessoires qui ont fait la célébrité de Louis Vuitton sont fabriqués à l'aide de machines. Les allusions à l'artisanat peuvent donc se retourner contre leur auteur.

Par le passé, les firmes de luxe étaient des entreprises familiales, essentiellement locales, focalisées sur leur produit vedette. Aujourd'hui, le luxe est géré par des groupes, totalement internationaux. Focalisés sur la vente, ils ambitionnent d'étendre les gammes de produits et de se diversifier, abandonnant ainsi la rareté et parfois même délocalisant la production. Ainsi Zegna a-t-il des usines en Espagne, en Suisse, au Mexique, en Turquie et maintenant en Chine ; Prada produit lui aussi en Chine, perdant ainsi la magie du « made in Italy » figurant sur les étiquettes. Le processus d'artification arrive donc à point nommé pour un secteur de moins en moins artisanal.

Brève histoire des rapports entre l'art et le luxe

Les rapports entre l'art et le luxe, qui remontent à l'Antiquité, sont passés d'une intime proximité à une opposition frontale et, aujourd'hui, à une collaboration renouvelée. Historiquement, il n'y avait pas d'art sans le soutien et la protection de puissantes élites : des siècles durant, dans la civilisation occidentale, la peinture a été exclusivement religieuse, sa mission étant de diffuser les messages du catholicisme sur les murs des cathédrales et des églises. L'immense majorité des fidèles étant illettrés, ces images étaient donc essentielles à la célébration de Dieu et des saints. Plus tard, lors du mouvement de la Renaissance, la famille Medicis, à Florence, a stimulé le renouveau des arts en les distanciant des motifs religieux. Séduit par l'Italie, le roi François Ier y a recruté des artistes pour décorer ses palais et ses châteaux. Nombre d'aristocrates ont alors souhaité rehausser leur réputation et leur prestige par le truchement de l'art.

Le XIXe siècle a marqué une rupture abrupte : l'avènement d'une nouvelle conception de l'art, nommée « l'art pour l'art », sans aucun objectif commercial, mais animé d'un désir évident d'être iconoclaste et de remettre en question les formes académiques. Le mouvement a commencé avec la provocante *Olympia*, de Manet, puis s'est poursuivi et amplifié avec les tableaux cubistes de Picasso et d'autres artistes contemporains non figuratifs. Le personnage de l'artiste changeait lui aussi : Van Gogh fut le symbole de l'artiste damné, vivant dans la misère, refusant le monde de l'argent et rejetant le système conventionnel.

Depuis lors, l'art et l'argent ont nourri des liens complexes, par exemple quand des marchands visionnaires collectionnaient des toiles que les critiques reconnurent plus tard comme de grandes œuvres d'art, poussant ainsi les collectionneurs privés et les musées à se disputer la possession de ces pièces uniques. Il est significatif que les musées soient devenus des lieux de culture de masse ; c'est « l'église du dimanche après-midi », où le grand public vient communier dans l'art. Ce changement révèle que le statut de l'art lui-même a énormément changé au sein de la société, de sorte que la création est désormais auréolée de prestige.

L'incarnation la plus emblématique du changement des rapports entre l'art et l'argent est sans doute la vie d'Andy Warhol. Ce dernier appelait son studio l'Andy Warhol *Factory* (usine), signifiant ainsi que la reproduction technique d'une œuvre restait à ses yeux une œuvre d'art. Il a également été le premier à identifier le processus d'artification quand une galerie a exposé sa peinture d'une simple boîte de Brillo (un produit d'entretien), lui conférant ainsi le statut d'œuvre d'art. Les marques de luxe ont retenu la leçon : l'Art, c'est ce qui est consacré par les institutions artistiques. Une citation de Warhol spécifie même la fin de l'opposition entre art et argent : *« On sait que c'est de l'art quand le chèque est honoré »*, autrement dit qu'il y a quelqu'un pour le payer. Des superstars comme Jeff Koons, Damien Hirst ou Stephen Sprouse ont continué, par la suite, à brouiller les frontières entre l'art et le business. Ils ont décidé de faire partie intégrante du système, prêtant leur propre célébrité aux marques de luxe.

Que peut apporter l'art au luxe ?

L'industrie du luxe ayant généreusement subventionné l'art et aidé beaucoup d'artistes à travailler, il lui semble raisonnable d'attendre quelque chose en retour. L'art peut apporter au luxe une caution morale et esthétique dont il a bien besoin, ainsi que des connotations non commerciales et une légitimation paradoxale du prix élevé de ses produits. L'artification permet de relativiser la motivation purement liée à la stratification sociale et d'encourager des motivations plus humanistes, hissant le client à un niveau supérieur — les objets achetés condensant à la fois le travail d'artistes extrêmement talentueux, la tradition et la culture, l'intemporalité, l'art et la créativité. Ces motivations justifient le désir de posséder ces objets : leurs acquéreurs veulent accéder à la beauté et à la profondeur, et cette justification convient fort bien à l'industrie du luxe. L'art étant le sommet de l'activité humaine, le fait de s'y associer peut aider les marques de luxe à maintenir l'écart avec leurs nouveaux concurrents ou les nouvelles marques qui imitent les codes du luxe. L'art renforce leur autorité symbolique.

En pratique, l'art et le luxe ont plusieurs caractéristiques communes. Ce sont, dans les deux cas, des créations coûteuses, visant la même cible (l'élite culturelle). Le luxe, comme l'art, vise l'immortalité, ou au moins l'intemporalité. Citons Oscar Wilde : *« La vie est courte, l'art dure. »* La valeur des objets d'art augmente avec le temps (comme le prix des Ferrari de collection). Comment l'art accomplit-il cet exploit ? En étant totalement indépendant de la fonction. Une toile n'a aucune fonction au sens littéral du terme, de sorte qu'elle peut endurer les effets du temps. La fonction crée la temporalité et une obsolescence qui font partie intégrante du produit ; par exemple, les premières versions de l'iPhone n'ont plus aucune valeur commerciale. Le même effet s'applique à la mode, invariablement de son temps et mortelle. C'est la raison pour laquelle le luxe doit rester hors de la sphère de la mode. Comme l'a fait l'art, le luxe doit découpler le prix et la fonction. Si un sac à main reste un sac, en tant qu'œuvre d'art son prix doit être totalement indépendant de sa fonction. La distance entre art et fonction facilite l'extensibilité de la marque et son entrée dans de nouvelles catégories, nouveaux territoires, entrée jusque-là limitée par des associations de la marque à son savoir-faire spécifique d'origine.

Comme l'essentiel de la croissance économique est créé par de nouvelles entreprises et leurs nouveaux entrepreneurs, la croissance du luxe repose forcément sur les achats de ces clients, détenteurs de fortunes récentes, souvent appelés « nouveaux riches ». Ils ont faim de reconnaissance et de plaisirs à la hauteur de leur gloire récente. Cependant, les marques doivent anticiper l'évolution rapide de ces clients. Après la phase de boulimie bien naturelle, et de générosité sans limites pour acquérir le respect, ils vont chercher à passer à une consommation ayant plus de sens, qui les classe comme esthètes, pas uniquement riches. En outre, le fait pour une marque de luxe d'être associée à une consommation bling-bling aliène l'élite créative, les clients influents, ceux qui façonnent l'avenir. Il est important de démontrer que la marque ne segmente pas uniquement sur la base de l'argent, mais aussi de la culture, de l'intelligence et de l'aptitude à apprécier le travail d'un artiste.

Comment les marques de luxe peuvent-elles s'assurer la fidélité de leurs clients extraordinaires ? La meilleure réponse est de leur donner la possibilité de se distinguer des autres clients de la marque en démontrant leur capacité à apprécier des objets esthétiques, culturels, anoblissant ainsi leur argent. Ces *happy few* progressent rapidement vers le luxe post-matérialiste. Ils possèdent déjà des Ferrari, des dizaines de sacs Hermès, une Rolex Oyster Perpetual, des yachts, et n'ont donc plus grand-chose à prouver. Ils souhaitent désormais vivre des moments extraordinaires (voyages, services) qui les élèvent, qui aient du sens ; la culture, si elle est réellement rare, peut aussi prendre de la valeur. L'art élève l'humanité et rend unique l'espèce humaine, il ne peut pas être critiqué. L'art ne vise pas une classe considérée comme l'élite en raison de sa fortune, mais ce qu'il y a d'élite en chacun de nous, la sensibilité grâce à laquelle chacun, quelle que soit sa fortune, peut revendiquer l'appartenance à l'élite. Enfin, l'art hisse le public à un niveau supérieur en termes de sens.

Ces attributs expliquent les raisons pour lesquelles le luxe a besoin de l'art. Par le biais de l'art et la signature d'artistes, le luxe — que l'on accuse d'être devenu la science de la rareté artificielle – transforme les éditions limitées en authentiques œuvres d'art et non en simples techniques pour créer de la demande. Quand Louis Vuitton crée un collier d'un million d'euros pour sa nouvelle collection de haute joaillerie, la valeur n'est pas dans le nombre de diamants – médiocre mesure de la valeur – mais dans la créativité requise pour concevoir, dessiner et créer cette œuvre d'art sous la direction artistique de Lorenz Bäumer, l'un des premiers créateurs de joaillerie au monde, qui dirige aujourd'hui la haute joaillerie Louis Vuitton. L'artiste confère à l'objet son intemporalité, sa substance, et son épaisseur temporelle et culturelle. Une telle situation est idéale pour la communication du luxe – et elle est beaucoup moins superficielle que le recours aux « people ».

En dernière analyse, l'art est universel. C'est un langage élitiste qui franchit toutes les frontières. Les sections suivantes explorent d'ailleurs l'importance de cette universalité quand une marque de luxe prépare son implantation dans un nouveau pays.

Pénétrer de nouveaux pays grâce à l'art

Comment les marques de luxe doivent-elles préparer leur entrée dans de nouveaux marchés prometteurs comme la Chine et l'Inde ?

■ La culture pour trait d'union

Elles avaient autrefois recours à une solution immédiate : elles engageaient un agent local pour importer et distribuer leurs produits. Mais aujourd'hui, elles ont besoin d'une vision à plus long terme. Le problème ne se cantonne pas à la pénétration, il faut aussi mettre la barre très haut, établir la non-comparabilité de la marque et acquérir du prestige auprès de clients potentiels influents. Dans cette perspective, une exposition d'art peut se révéler plus efficace que des publicités pour démontrer les valeurs de la marque ou créer des liens avec les élites culturelles locales et les leaders d'opinion. Les premières impressions créées parmi ces derniers sont celles qui durent. Hermès souhaite arriver dans un pays comme « un invité, pas un conquérant » et a développé une approche spécifique pour être perçu comme tel. La marque s'efforce d'éviter l'image du prédateur qui ne cherche qu'à gagner de l'argent en vendant des articles très coûteux (trop, diraient certains). Elle rend hommage à la culture du pays. Par exemple, Hermès est entré en Chine en organisant une exposition intitulée « Heavenly Horses » (« Chevaux célestes ») à la Cité interdite, qui célébrait la culture ancienne des chevaux en Chine. Le fait qu'à l'origine Hermès soit un sellier et son logo une calèche a contribué à établir un lien. L'exposition a attiré plus d'un million de visiteurs et lui a permis de lancer une passerelle entre sa marque et l'une des traditions les plus anciennes de Chine, séduisant du même coup l'élite politique, culturelle et artistique. Cartier a utilisé une approche similaire en Inde : la marque a rendu hommage à une vénérable tradition de l'aristocratie indienne : jouer au polo à dos d'éléphant.

La culture sert également de trait d'union entre les nations. Les marques de luxe ambitionnent d'être reconnues non comme des fabricants de produits, mais comme les éléments actifs de la culture de leur pays et les ambassadeurs de son art. L'art permet la collaboration avec des artistes étrangers. Ainsi Ding Yi, célèbre peintre de Shanghai, a-t-il été invité à créer un motif spécifique lors de l'exposition « Tale of Silk » organisée par Hermès à Pékin en 2008.

■ Un pionnier de l'artification : Louis Vuitton au Japon

Si, en 2014, la Chine était perçue comme l'épicentre de la croissance de Louis Vuitton, les consommateurs chinois n'en sont encore qu'à découvrir ce que les cols blancs, au Japon, connaissent depuis une trentaine d'années, époque à laquelle leur pays était le principal marché du luxe. L'expérience japonaise de Louis Vuitton résume à la fois ses réussites passées et les difficultés qui l'attendent. À mesure que la marque devenait largement accessible au consommateur, par le biais d'un réseau de magasins exploités directement en expansion constante et de corners dans d'autres surfaces de vente, les produits Louis Vuitton ont pu perdre leur charme aux yeux de certains consommateurs japonais. Dans un pays aussi développé que le Japon, perdre le soutien de l'élite locale, des personnes qui forment le goût de leurs concitoyens, est une catastrophe. Dans le luxe, la réussite a un coût : la surdiffusion et la surpénétration. Dès 2000, Louis Vuitton a identifié une solution pour son marché japonais : lancer une stratégie fondée sur l'art.

Comment l'art peut-il renforcer l'aura de la marque et contribuer à renouveler sa base de clientèle ? Si aucune donnée chiffrée ne permet d'avoir une idée précise du retour sur investissement des efforts déjà réalisés, l'artification peut créer de la valeur de quatre façons différentes.

– En produisant une image à la fois contemporaine et constamment renouvelée d'une marque fière de son héritage.

– En présentant la marque comme l'ambassadeur de la culture de son pays et non comme un agent commercial.

– En réduisant l'obligation de rareté dans le domaine des œuvres d'art reproductibles.

– En créant une barrière à l'entrée à l'encontre des nouveaux arrivants comme des marques créatives sous la houlette de créateurs plus jeunes.

Dans les années 2000, Louis Vuitton, Hermès et Chanel ont mis au point une stratégie proactive. Ces trois marques ont décidé de construire de superbes magasins amiraux spectaculaires à Tokyo et d'y dédier des espaces aux expositions. La Maison Hermès Ginza, conçue par l'architecte Renzo Piano et ouverte en 2001, organise des expositions d'art contemporain renouvelées deux à cinq fois par an. Louis Vuitton, pour sa part, a ouvert en 2002 son propre magasin *flagship*. Chanel leur a emboîté le pas en 2004, inaugurant à son tour son magasin amiral à Ginza, consacrant lui aussi un étage entier à des activités culturelles comme des concerts de musique classique et des expositions d'art. En se substi tuant à des institutions respectées (les musées), ces marques sont devenues des références culturelles. L'image espérée est celle d'une marque qui apporte une culture artistique aux élites japonaises, rappelant au passage que l'art et le pouvoir marchent de conserve.

■ Quand la fondatrice est érigée au rang d'artiste : la « chanelisation » de Coco Chanel

L'artification d'une maison de luxe peut aussi passer par celle rétroactive de son fondateur ou de sa fondatrice. Si l'on peut démontrer qu'il, ou elle, était un ou une artiste, on en déduira que toutes ses œuvres sont des œuvres d'art et non de simples produits. C'est la stratégie que semble suivre Chanel.

Du 5 mai au 5 juin 2013, une exposition s'est tenue au Palais de Tokyo, musée d'Art moderne de Paris, intitulée « N° 5 culture Chanel ». Il s'agissait de présenter ce parfum mythique dans le contexte du mouvement artistique d'avant-garde, en 1922, l'année où il fut conçu et créé. Ce n'était pas un cas isolé. En novembre 2011, au National Art Museum of China, au centre de Pékin, une autre exposition, « Culture Chanel », explorait les racines de l'inspiration de Gabrielle (Coco) Chanel et de sa vie personnelle, à commencer par son enfance. Ces expositions ont proposé une image exclusive, riche d'informations, qui alimente la stratégie de contenu de la marque. Le public du monde entier a pu également voir des images de l'exposition sur Internet et les médias sociaux.

Chanel avait également prévu une tournée des capitales avec une exposition itinérante unique, « The Mobile Art Chanel Contemporary Art Container », présentée dans une structure conçue par l'architecte Zaha Hadid (projet remis à plus tard en raison de la crise économique). Plaçant ainsi la marque Chanel au centre de Paris, au cœur de la Chine et au sommet de l'art contemporain, ces manifestations extérieures concrétisent une seule ambition : conférer à Coco Chanel le statut d'icône culturelle.

Le processus d'artification repose non sur l'information, mais sur la célébration. Pour citer Marshall McLuhan : *« The medium is the message »* (« Le médium, c'est le message »). Pour avoir une crédibilité créative et fondée sur l'héritage, la marque doit impérativement être présentée dans un cadre non commercial ; les musées nationaux permettent cette consécration. Dans le cas de Coco Chanel, le personnage historique lui-même n'a pas d'importance — même si des historiens ont révélé des aspects positifs et négatifs de sa vie, car la réalité ne séduit pas autant que la légende. Le but de l'entreprise, c'était la sanctification de la personne, préambule nécessaire pour encourager le public à voir les produits qu'a créés Chanel comme des objets d'art (y compris le N° 5), bien au-delà des produits purement commerciaux des autres marques du marché. Ces grandes expositions de Paris et de Pékin ont été conçues pour créer l'incomparabilité et la suprématie, pour représenter Chanel comme relevant d'une catégorie différente de tous ses imitateurs. L'objectif n'est pas de se battre sur la base du produit lui-même, mais d'accumuler un capital symbolique. Pour devenir une marque culte, la marque de luxe a besoin d'un saint ou d'une sainte. Ses produits sont alors auréolés de magie — quel que soit le nombre d'articles vendus, ils affranchissent la marque de la contrainte créée par le principe de rareté qui bride la croissance des marques de luxe.

Comme il a été très justement remarqué, le processus de la transformation posthume est une prophétie qui se réalise d'elle-même, puisqu'elle produit ce qu'elle dit saluer. Autrement dit, si une personne est célébrée, c'est forcément qu'elle le mérite. Coco Chanel est un personnage extraordinaire parce qu'elle est admirée et non l'inverse. La question n'est pas de savoir qui elle a véritablement été. La longueur des files d'attente, devant les musées, doit refléter la grandeur du personnage.

Coco Chanel est donc « chanelisée ». En visitant l'exposition de Pékin, j'ai été moi-même frappé par sa mise en scène — salles immenses, tendues de noir, servant d'écrin à des objets si peu nombreux que le plus trivial revêtait une immense importance — tels des reliques dans une église silencieuse. La photographie du vitrail d'une chapelle révélait que Chanel avait fréquenté une école catholique et suggérait même une inspiration divine. Les motifs entrelacés sont presque immédiatement reconnaissables : ce sont les C du monogramme devenu le logo de la marque. Faut-il y voir un mystère, ou le signe d'une sorte de prédestination ? Dans une autre salle, un livre décoré du visage de Chanel était présenté sur une étagère intitulée « *Reines de France* », qui l'identifiait ainsi comme une aristocrate du goût moderne.

Hier à Paris, demain dans une autre capitale, l'exposition « N° 5 Culture Chanel » ouvre des perspectives différentes, montrant par exemple tous les grands artistes que Coco Chanel a eu l'occasion de rencontrer. Par osmose, c'est donc que Mademoiselle Chanel était aussi une artiste, au même titre que ceux-ci. Rétroactivement, ces sculpteurs, peintres et musiciens semblent l'avoir anoblie en l'admettant dans leur cercle le plus intime, transformant ainsi son statut de couturière en celui de créatrice — non pas de robes, mais d'objets d'art. L'objectif de la marque est de conférer une essence non commerciale à ses best-sellers — dans le cas présent le parfum Chanel N° 5.

L'artification implique toutes les institutions artistiques

Pour être crédible, le processus d'artification doit impliquer des acteurs institutionnels du monde de l'art. Par leur légitimité et leur crédibilité, ils sont nécessaires et deviennent les ambassadeurs des marques de luxe, dans ce processus. En attestent les exemples suivants.

— Les expositions d'art contemporain, comme la FIAC à Paris et BASEL à Bâle et à Miami, organisent souvent des collaborations, par exemple quand la FIAC a demandé à dix-huit créateurs de mode de collaborer avec dix-huit artistes pour créer un défilé lors de la cérémonie d'ouverture (1983).

— Les galeries d'art louent leurs locaux aux marques de luxe pendant les *fashion weeks* de New York, Paris, Londres et d'autres villes.

— Les salles de vente appartiennent désormais à des groupes du luxe. Par exemple, Bernard Arnault a acheté Tajan et Phillips en 1999 et François-Henri Pinault, fondateur de Kering (Gucci), a acheté Christie's en 1998.

– Les musées se sont transformés en boutiques de luxe. Ainsi le musée Guggenheim, qui avait reçu en 1999 un don de 15 millions de dollars de Giorgio Armani, a organisé en 2000 une exposition Armani intitulée « *Exploration of Seminal Designer's Vision, with More than 400 Objects* ».

– De même, dans un mouvement symétrique, les boutiques se transforment en musées ou en galeries d'art. Leurs vitrines sont décorées par des artistes et la construction des *flagship stores* est souvent confiée à de célèbres architectes internationaux qui réalisent des magasins audacieux, visibles de tous, à l'instar des cathédrales et des musées de naguère.

– Ces magasins emblématiques accueillent des expositions artistiques. Les marques de luxe ont également développé des boutiques éphémères dans des lieux inattendus et des musées itinérants pour accueillir et présenter des interprétations artistiques de certains de leurs produits phares. Citons le Prada Transformer et le Chanel Mobile Art Container.

Impliquer aussi les artistes à tous les niveaux de la chaîne de valeur

L'artification n'est pas un vernis. C'est une démarche volontariste, une transformation stratégique, de l'extérieur vers l'intérieur, rendue possible par l'exploitation de liens intimes qu'a noués la marque avec certains artistes qu'elle a pu intégrer dans sa chaîne de valeur. Depuis longtemps les artistes ont collaboré avec les maisons de luxe, en général de façon sporadique. La plus grande rivale de Coco Chanel, la visionnaire Elsa Schiaparelli, créatrice de mode de la fin des années 1920 au milieu des années 1950, avait été influencée par ses amis Salvador Dalí, Man Ray et Marcel Duchamp. À son tour, elle avait influencé Yves Saint Laurent et John Galliano (Dior), qui a introduit dans ses collections du papier journal et des drapés en trompe-l'œil. En 1965, Saint Laurent a présenté une collection Mondrian, puis Pop Art l'année suivante.

Pour diffuser une culture de l'art au sein de leur organisation et de leur entreprise, les groupes de luxe ont créé des fondations et des collections spéciales. Par exemple, Cartier a créé en 1984 la Fondation Cartier pour l'Art contemporain. En 2005, François Pinault a établi sa Fondation François Pinault pour l'Art moderne et contemporain à Venise. Enfin, le 27 octobre 2014, LVMH a ouvert sa Fondation Louis Vuitton pour la création, dont il a confié l'architecture à Frank Gehry. Ces formes classiques de mécénat sont des investissements importants qui permettent aux entreprises d'encourager les arts tout en préservant l'indépendance des artistes (voir figure 3.1). En outre, de tels actes dopent la valeur symbolique de la marque, la situant dans un ailleurs, loin du commerce.

Aujourd'hui, la collaboration avec des artistes, essentiellement des stars de l'avant-garde, est plus intime encore. Les marques de luxe ont initié des partenariats — les artistes étant eux-mêmes considérés comme des marques de sorte que l'on aboutit à du cobranding. Ainsi, dès 2004, Takashi Murakami collaborait avec Louis Vuitton, la marque introduisant ses motifs sur une série limitée de sacs en cuir ; en 2008, elle demandait à Stephen Sprouse d'en tagger une autre collection limitée. Il existe des collaborations similaires entre Yohji Yamamoto et Comme des Garçons, Robert Combas et Jean-Charles de Castelbajac, ou encore Keith Haring et Vivienne Westwood, pour n'en citer que quelques-unes.

Ces exemples ne doivent pas être interprétés comme de simples événements de relations publiques conçus par les marques pour faire le « buzz » ou continuer à séduire leurs clients les plus fortunés et compenser l'augmentation du nombre de nouveaux acheteurs qui pourraient les faire fuir. L'artification est un changement beaucoup plus profond et plus significatif, qui transforme le non-art en art et permet au passage aux mégamarques du luxe qui ne cessent de s'étendre de gagner en profondeur, en élévation et en valeur. De plus l'artification projette ces marques anciennes dans l'avenir, ce qui permet de conserver le respect de l'élite créative, si ce n'est de s'assurer un statut iconique. Ce concept d'artification permet de comprendre la raison pour laquelle de nombreuses marques se battent pour s'attacher les services des artistes les plus audacieux.

En cohérence parfaite avec sa culture discrète, la maison Hermès a préféré créer une « Résidence d'artistes » proche de ses ateliers. Elle espère ainsi influencer ses artisans et encourager les fertilisations croisées. Ici, le héros n'est pas l'artiste, mais bien le produit.

Au stade le plus élevé de la collaboration, les artistes apportent leurs conseils et interviennent à tous les niveaux de la création de valeur : en amont, au moment de la conception des produits, de la production et du savoir-faire et, en aval, pour tout ce qui concerne l'architecture et l'agencement du magasin, la décoration des vitrines, l'emballage des produits, le merchandising et la communication. Chacun des actes d'une marque de luxe doit être créatif et raffiné, c'est ainsi qu'elles maintiennent un écart suffisant avec la concurrence ne relevant pas du luxe.

Figure 3.1 L'échelle de l'artification

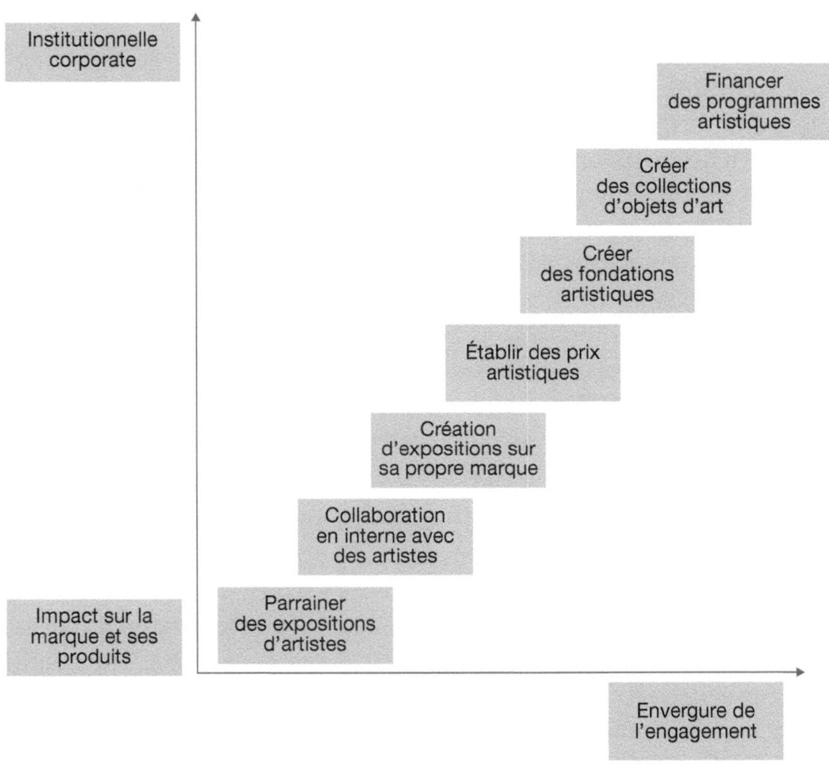

Certaines marques s'inspirent même directement de l'art lui-même. Ainsi, la publicité du parfum Jardin Secret, de Dior, transposition du célèbre tableau d'Édouard Manet, *Le Déjeuner sur l'herbe,* ou le clip de lancement du parfum Manifesto, d'Yves Saint Laurent, qui reprenait la technique, développée par Yves Klein, consistant à utiliser le corps féminin comme un pinceau vivant. Ces références artistiques sont explicites et font partie de la transformation du luxe en art. En outre, les marques de luxe ont récemment fait appel à de célèbres metteurs en scène du septième art pour réaliser leurs publicités télévisées (David Lynch pour Lady Dior, Martin Scorcese pour le parfum Chanel Bleu 2).

Les multiples médias de l'artification

L'artification peut passer par d'autres médias que ceux que nous avons mentionnés ci-dessus. Les magasins peuvent servir de cadre à l'expérience artistique. Les magasins de luxe ne sont pas uniquement des chefs-d'œuvre d'architecture, ils doivent aussi être conçus pour vivre une expérience artistique en quatre dimensions, à l'intérieur et à l'extérieur du magasin. Aujourd'hui, Internet et les réseaux sociaux sont d'une importance primordiale. Si les marques doivent commencer par s'assurer l'adhésion des personnalités influentes, elles doivent aussi s'assurer le respect du grand public. À l'instar des conservateurs de musée, les marques de luxe veillent à la préservation de leur contenu. Former les nouvelles générations de clients suppose de leur inculquer l'univers et la culture de la marque. Mais le processus de l'artification ne se cantonne pas, loin s'en faut, à poster un contenu riche et exclusif sur les nombreux sites Web ou réseaux sociaux qui attirent ces nouveaux clients.

Les événements sont aussi un médium essentiel, sachant qu'ils doivent être conçus comme un geste artistique et culturel et non une exhibition de relations publiques. Pour les défilés Chanel, sous la direction de Karl Lagerfeld, le défi consiste — et la maison y met le prix qu'il faut — à produire de l'art au plus haut niveau. Cette expérience sensorielle quadridimensionnelle n'est pas réservée exclusivement aux quelques privilégiés qui ont la chance d'être invités — elle est immédiatement relayée sur les plateformes des médias sociaux, dans le monde entier. Autrement dit, la publicité par le biais des médias est une partie indispensable du processus d'artification.

Les livres aussi peuvent y jouer un rôle. Cartier consacre un budget illimité à la publication des siens. Même dans le monde numérique, il semble impossible de vendre des chefs-d'œuvre sans les accompagner d'un livre, que ce dernier porte sur l'objet lui-même ou sur la légende de la marque, pour commémorer cet achat d'exception. La qualité de ces ouvrages garantit qu'ils ne seront pas jetés, mais resteront des sources durables d'art.

Une vision ambitieuse pour le luxe?

L'art est devenu une manière de mettre le luxe au premier plan de la contemporanéité, exploit remarquable pour des marques qui assurent du même coup la promotion de leur passé. Les marques de luxe ont été élevées au rang de « passeurs » culturels. En recrutant des étoiles montantes ou confirmées issues du monde de l'art, elles se fécondent d'un flux d'inspiration. À un niveau plus profond, elles apportent ainsi au luxe la nécessaire transcendance dont le secteur a besoin pour surmonter les écueils créés par son irrésistible croissance.

Dès lors, la question se pose: cette stratégie positionne-t-elle effectivement le luxe comme le parangon du travail humain? Cela pourrait être son objectif tacite, accessible à la condition d'exploiter trois faiblesses de l'art contemporain. Premièrement, ce dernier néglige le travail pour s'attacher essentiellement à faire vivre des expériences à son public. Par le passé, les artistes devaient commencer par être d'excellents artisans, maîtriser la technique et consacrer du temps à chaque œuvre d'art. Si l'art abandonne le travail, les marques de luxe peuvent capitaliser sur ce concept: elles y gagneraient considérablement en légitimité sociale. Deuxièmement, l'art contemporain joue sur la provocation, poussant ainsi les élites à s'en détourner, ce qui offre une autre porte d'entrée possible aux marques de luxe. Troisièmement, beaucoup d'artistes contemporains refusent d'anoblir les ingrédients et créent leurs œuvres à partir de déchets et autres matériaux de récupération. Les marques de luxe pourraient se singulariser en proposant la seule et unique forme de travail humain combinant la créativité, l'art, la patience de l'artisan et la noblesse des matières.

Partie II

Problèmes et défis spécifiques

Chapitre 4

Le luxe après la crise : no logo ou pro logo ?[1]

La récession économique de 2008 a touché le luxe, comme la plupart des autres secteurs d'activité. De nombreuses marques ont souffert du manque de clients et d'argent. Depuis lors, beaucoup d'experts ont prédit que le luxe d'après-crise serait radicalement différent. C'était la fin du luxe tel que nous le connaissions, la fin du bling-bling, des logos bien visibles et des excès en matière de prix. Les médias allaient répétant que le nouveau luxe devrait être modeste, discret. Ce serait la fin de la consommation ostentatoire. Il serait aussi temps de mettre du « sens » dans le luxe. Nous affirmons, pour notre part, que les grandes maisons de luxe auraient fort intérêt à ne pas prendre cette opinion unanime et à la mode pour argent comptant, d'autant qu'elle s'appuie sur des enquêtes par sondage, dont les répondants donnent le plus souvent des réponses socialement acceptables.

Nous avons en réalité affaire à une rumeur qui s'auto-alimente dans le milieu du luxe. Mais si l'on se fonde sur une compréhension profonde de la dynamique du luxe et sur des études réalisées dans le monde entier, une chose est certaine : le luxe est par nature ostentatoire et le restera, avec bien sûr des différences entre ses divers marchés et clientèles. La valeur d'une marque de luxe est créée non seulement par sa propre chaîne de valeur, mais – et c'est là une spécificité du luxe – aussi par la nature de la demande, en nombre et en qualité. Il est fondamental que les clients du luxe jouent bien leur rôle dans la construction de valeur de la marque,

---

1. Ce chapitre a initialement été publié sous forme d'article par la revue *European Business Review*, septembre-octobre 2010, pp. 42-46.

via leur propre visibilité. Il faut en effet faire savoir qui achète : c'est ainsi que la marque de luxe bénéficiera d'externalités positives : la construction de valeur d'une marque de luxe a besoin de « show off ». Certes, il faut trouver un équilibre entre le trop et le trop peu, car ce dernier nuit aussi à la construction de valeur : ainsi rien ne serait plus dommageable à Lamborghini que si ses acheteurs n'utilisaient leur voiture que de temps en temps uniquement. Sans multiplication des points de contact avec un public élargi, il ne peut y avoir de culte. L'avenir appartient donc aux marques qui ne suivront pas les sirènes, comprenant les ressorts profonds du luxe et adoptant une véritable stratégie, très différente de la stratégie premium. Ceux qui l'ont déjà fait ont conservé une croissance rentable durant la crise de 2008 et ensuite.

Du luxe absolu au luxe relatif

Caractérisé par la capacité de dépenser des sommes immensément supérieures à la valeur fonctionnelle des produits concernés, le luxe a toujours suscité une critique moralisatrice. Durant la période de crise économique qui a commencé en 2008, le mot « honte » a souvent été prononcé dans les capitales occidentales. Une preuve anecdotique en fait foi : les clients des boutiques de luxe demandaient que leurs achats soient déposés dans des sacs totalement neutres afin d'éviter les remarques désobligeantes. Depuis 2014, la Chine fait la chasse à la corruption endémique, donc aux signes de celle-ci : les cadeaux de luxe donnés pour acheter les faveurs de ceux ayant un pouvoir. C'est pourquoi les montres de luxe ou les spiritueux rares y connaissent un déclin. La croissance du marché du luxe en Chine est redevenue « normale », c'est-à-dire fondée sur des bases saines, morales, non honteuses.

■ La reconnaissance de la marque

Dans un monde rationnel, où la valeur des choses serait liée uniquement à leur utilité fonctionnelle, il n'y aurait aucune place pour le luxe. Mais ce monde serait aussi asocial. Le luxe est intimement lié à la dynamique du vivre ensemble, au besoin de se comparer aux autres et à la compétition entre les personnes qui est au cœur du développement économique dans le capitalisme moderne, dans le monde entier. C'est la raison pour laquelle le désir de se faire remarquer fait partie intégrante du comportement de l'acheteur de produits de luxe. Le marché du luxe est celui de l'indulgence (luxe pour soi-même) et de l'apparence (luxe pour les autres). Cependant, toujours en raison de la dynamique de la compétition sociale, certains groupes en ont plus besoin que d'autres, : c'est le cas des nouveaux riches (sans aucune connotation péjorative) qui sont légion dans les pays émergents : partis de rien, ils ont créé des empires et des emplois et veulent tirer de leur argent des avantages tangibles (confort, plaisir, propriétés de rêve, tableaux d'art, éducation de leurs enfants, etc.) et symboliques aux yeux de tous (la reconnaissance). D'autres groupes souhaitent se différencier le plus de l'homme de la rue et aussi de ces nouveaux riches : ils réclament des formes très subtiles et discrètes de « reconnaissance de la marque », que distingueront uniquement les propres membres de cette élite (signe ultime de leur raffinement, culture et supériorité). Ainsi ces élites-là n'ont pas besoin de logo pour identifier un sac en cuir de Bottega Veneta sans signature. Une marque comme Maison Martin Margiela exploite cette attitude : ses produits ne sont pas du tout signés, comble de l'ostentation subtile, à même de distinguer ceux qui savent la reconnaître sans logo.

Si certains critiques réclament un luxe sans logos ou en prédisent l'avènement comme une conséquence certaine de la crise économique, cela révèle que la fonction cruciale du luxe est encore largement incomprise. Il n'y a pas une et une seule définition du luxe. La plupart d'entre elles évoquent des objets créatifs, esthétiques et hédonistes, de qualité exceptionnelle, réalisés avec le plus grand soin, souvent à la main, porteurs d'une tradition, et au prix excessif. Ils sont vendus dans des magasins exclusifs prodiguant un service attentif et un rituel, où le client vit un moment unique, la plupart du temps sous une marque fière de son histoire et de son héritage, qui lui offre ainsi un rare sentiment d'exclusivité. Mais cela est plus une description de ce que les gens voient et ressentent qu'une véritable compréhension du phénomène. Elle renvoie en fait à une vision de producteur, et correspond sous une forme qualitative à ce que l'on appelle, en stratégie, la chaîne de valeur, le processus d'accumulation de la valeur depuis les matières premières, la fabrication jusqu'à la distribution. Cette approche ne dit pourtant rien de la différence entre des produits premium, voire super-premium et ceux du luxe. En effet, pour comprendre la valeur si forte du luxe, il faut intégrer la demande elle-même, concept étranger à la notion de chaîne de valeur. Dans le luxe, c'est la nature et le nombre de ceux qui achètent qui créent de la valeur : encore faut-il les choisir avec précaution. C'est là un rôle majeur du management du luxe que de choisir ses acheteurs : comme dans le luxe, la demande est bien supérieure à l'offre, cela est possible.

La différence majeure entre le premium et le luxe se trouve dans la fonction sociale du luxe. Il est lié à la stratification sociale : dans nos démocraties et prétendues « *classless societies* » (sociétés où les classes sociales n'existeraient plus), c'est au luxe de recréer la stratification. Comme l'a dit un entrepreneur chinois : « *Sans le luxe, on ne peut plus se comparer les uns aux autres.* » Les articles premium sont simplement meilleurs que les autres : c'est l'examen de leurs performances comparatives qui le dit et permet de les considérer comme les premiers de la classe. Le luxe est ailleurs. Pas de comparaison, ici : il construit une hiérarchie symbolique, incomparable et incontestable, car non fondée sur la preuve mais sur la foi, l'adhésion à un univers. Peut-on réduire un grand cru classé, un Château Pape Clément à la note donnée par Parker ou à son cépage ? Pas plus que le goût individuel de chacun ne suffit pas à qualifier un vin de luxe. Le luxe dans le vin suppose une démarche initiatique de la part des novices par laquelle ils accèdent à la vérité profonde et magique du vin, du bordeaux, et de ce vin en particulier, et ainsi deviennent sachants, signe de leur aptitude à s'élever eux-mêmes, à se cultiver, à se distinguer de la masse, du goût populaire.

■ L'origine du statut

Par le passé, le luxe était le privilège et le signe de reconnaissance des puissants (dieux, demi-dieux, rois, nobles, aristocrates, etc.) : ils avaient accès à l'or, aux châteaux, aux plaisirs royaux et ne travaillaient pas. Ils chassaient et guerroyaient. Le luxe mesurait le rang, lui-même hérité. La Révolution française et la révolution industrielle ont, en théorie, ouvert à tout le monde la possibilité d'accéder au pouvoir et de s'assurer ainsi les avantages de la fortune et d'une vie hédoniste, entouré des produits les plus raffinés provenant du monde entier. Au début du XXe siècle, les signes extérieurs du luxe étaient d'habiter une belle demeure dotée de tout le confort moderne, d'avoir une voiture, d'aller faire du ski à la montagne ou encore de posséder un yacht. Aucune marque n'était nécessaire, à l'époque : ce luxe absolu était, par nature, à la fois voyant et visible de tous, par exemple dans les rues de New York, de Londres ou de Paris.

Aujourd'hui, pour stimuler la croissance économique, on a donné libre cours aux forces de l'imitation et de l'autoélévation. Tout le monde désormais peut espérer s'offrir au moins une parcelle de la belle vie que mènent ceux que les médias présentent comme les stars de notre société : ces personnes ont beaucoup d'argent, ainsi que la puissance et la gloire, et servent de modèles. Faute d'être ce qu'ils sont, nous nous rapprochons en achetant ce qu'ils ont, ou une partie du moins. Pas une robe Chanel, mais un accessoire, pas une suite à l'hôtel Meurice de Paris, mais une tasse de thé l'après-midi, etc. Le luxe moderne est aussi relatif : tout le monde ayant une voiture, la question est donc désormais de savoir laquelle. Une

Porsche ou une Renault ? La marque fait son entrée : où faites-vous du ski ? À Courchevel ou aux Deux-Alpes ?

Pour nous résumer, dans le monde aristocratique, le luxe était le fruit d'une stratification sociale héritée, il en était le miroir, alors que dans nos sociétés ouvertes, c'est le signal d'une stratification sociale latente. C'est la raison pour laquelle il a acquis tant d'importance. Aucun autre secteur d'activité ne confère de statut à tant de personnes (les grandes écoles jouent aussi ce rôle, mais au bénéfice d'une élite aux effectifs restreints). Cependant, le statut est un attribut à somme nulle : si vous en avez plus que le voisin, il en aura donc moins. Personne ne veut être le dindon de la farce. La consommation est devenue une extension de la personne, les objets de statut sont donc des artifices essentiels à l'impression que l'on veut donner. En outre, ils procurent à leur propriétaire ou à leur utilisateur un plaisir intrinsèque, fait de raffinement, de qualité hors normes, etc. Tout le monde peut bâtir son propre prestige vis-à-vis de son environnement social immédiat en possédant les objets qu'il faut, mais à condition d'être signalé par les marques qu'il faut. Le challenge de la marque de luxe est donc d'être adoubée comme telle. Or le produit ne suffit pas (à la différence de la marque premium), etc.

D'où vient alors le statut ? De ceux qui peuvent le conférer, c'est-à-dire les élites, dotées de prestige. Ce qui est typique, dans notre monde moderne, c'est qu'il n'y a pas une seule élite : l'évolution du luxe reflète la lutte entre des élites diverses. Par le biais du luxe, elles tentent en réalité d'imposer leur propre goût, qu'elles tiennent pour supérieur à celui des autres. Le luxe des stars de Hollywood et des vedettes sportives n'est pas celui des WASP de la côte Est, qui inspire Ralph Lauren pour la consommation de masse. Ce dernier n'est lui-même pas le luxe des jeunes milliardaires chinois ou des oligarques russes, qui traînent dans leur sillage une foule d'émulateurs, pas plus que ce n'est le luxe des *geeks* de la Silicon Valley, devenus riches avec la vente de leur première start-up. Mais une chose est certaine : leur besoin de statut et de reconnaissance entraîne le besoin concomitant de marques reconnues comme telles aussi, dotées d'une grande visibilité. En fonction du groupe de référence de votre besoin de statut, vous choisissez des marques différentes, connues de certains mais pas d'autres, parfois seulement de quelques très rares personnes. Le luxe d'aujourd'hui n'est pas démocratique : les produits restent chers, mais c'est le désir de luxe qui s'est démocratisé. C'est à cela que servent les mégamarques du luxe, très connues et reconnaissables par tous : elles permettent de distribuer du statut à de très nombreuses personnes, dès lors qu'elles sont prêtes à payer le prix élevé de cette reconnaissance sociale, donc de leur propre lifting social imaginaire. C'est aussi à cela que servent les marques de luxe plus discrètes : n'être connues que de ceux qui savent, et ainsi marquer leur différence, leur supériorité sociale imaginaire.

Les économies modernes, déclencheurs de besoin accru de statut

Il est facile de comprendre pourquoi le luxe, ayant acquis tant de visibilité, a connu un tel essor dans nos sociétés. Pour les mêmes raisons, ses perspectives de développement dans les BRIC sont considérables. Si l'on réussit, il faut le montrer, c'est tout. Le marché du luxe ne repose pas sur les riches, mais sur les riches qui dépensent, et aujourd'hui les moins riches qui veulent vivre intensément, accéder à des expériences exclusives. En 1978, pour transformer la Chine en économie à croissance rapide, le premier ministre d'alors, Deng Xiaoping, aurait dit : *« Il est glorieux de s'enrichir. »* Après des décennies de communisme, d'uniformité, d'égalité forcée et parfois brutale, les forces de la compétition individuelle étaient enfin libérées de toute entrave. Tout le monde pouvait désormais ambitionner de gagner davantage d'argent que les autres : ce n'était pas une honte. C'était même une obligation civique, récompensée par la gloire. Des millions de personnes ont quitté leur village pour chercher du travail dans les mégalopoles chinoises. Leurs habitudes de vie allaient également changer : il n'y avait plus de tradition, un nouvel homme émergeait, un *self-made-man*. Il en est allé de même en Inde et au Brésil, puis en Russie à un moindre degré. Ce sera bientôt le tour de l'Afrique (qui possède la plupart des minerais dont le monde a besoin).

Comme l'a montré la recherche récente, cette nouvelle civilisation urbaine se traduit par d'énormes besoins de statut, car nous vivons désormais dans la *société de l'accouplement*. Dans les BRIC, l'âge médian du mariage augmente. Cela laisse davantage d'argent et de temps disponibles pour se faire plaisir, séduire, draguer... Meetic en est la manifestation digitale. Janssens *et al.* (2009) et Griskevicius *et al.* (2007) ont montré que l'intérêt des hommes pour les objets de grand standing, conférant du statut, augmente lorsqu'ils prévoient d'aller dans un lieu où il faudra séduire (boîte de nuit, discothèque, réunion entre amis, etc.). La perspective de chercher à séduire une femme pousse les hommes à vouloir étaler leur réussite par le truchement d'objets ostentatoires. Rappelons que le marché chinois du luxe, qui sera bientôt le premier au monde, devant les États-Unis, est encore essentiellement masculin, la préoccupation première étant la course à la réussite.

Pour paraphraser Chadha et Husband (2006), deux autres phénomènes sociaux peuvent aussi alimenter cette fièvre mondiale du luxe. Nos sociétés adorent les belles histoires. Mais les contes de fées ont désormais pour héros des individus semblables à nous-mêmes, qui sont devenus riches et célèbres très rapidement. Leur proximité crée l'identification : de nombreux sites Web et autres blogs nous disent donc comment ils s'habillent et ce qu'ils mangent maintenant qu'ils sont riches et célèbres. Les recherches de Mandel, Petrova et Cialdini (2006) ont montré que lire un texte concernant une personne qui a réussi dans les affaires – ayant en outre des points communs avec le lecteur – accroît la probabilité ressentie par ce lecteur qu'il va lui-même réussir et devenir riche aussi, ce qui accroît à son tour son désir de marques de luxe. Dans tous les pays, les nouveaux magazines – en version papier ou numérique – nous disent aujourd'hui qui sont ceux qui détiennent les plus grandes fortunes au monde, ou qui sont les milliardaires de moins de 40 ans. Cela renforce le matérialisme de ceux qui sont exposés à ces histoires répétitives, c'est-à-dire une tendance à croire que l'argent fait le bonheur, et que posséder des objets de luxe y contribue aussi.

Enfin, dans cette course, il y aura plus de perdants que de gagnants. Dans une usine ou un bureau, seuls les chefs ont du pouvoir. La plupart des salariés ont le sentiment de n'en avoir aucun : ils n'ont aucune autorité sur leurs collègues. Les recherches de Rucker et Galinsky (2008) ont montré que les gens tentaient de compenser leur statut de dominé en acquérant des objets de statut, « surtout s'ils sont ostentatoires ». Cette dépense déraisonnable est en fait un placebo destiné à restaurer leur sens du pouvoir et même leur dignité. Comme tout placebo, le prix élevé est le garant du statut ainsi conféré et de la compensation qu'il apporte. Enfin, dans la société chinoise confucianiste, sauver la face et avoir bonne réputation sont d'une importance primordiale. On peut sans doute étendre cette remarque à d'autres sociétés, où l'argent tend à devenir le principal instrument d'évaluation de la valeur des personnes.

Adapter le prix et le logo
à différents segments de clientèle

Le luxe est une industrie en croissance : en ce qui concerne les seuls produits de luxe dits personnels – qui concentrent les marques les plus connues – le chiffre d'affaires mondial a été multiplié par trois en vingt ans, passant de 73 milliards d'euros en 1994 à 253 milliards en 2015. Il n'est donc plus vrai que l'industrie du luxe est accessible au seul groupe restreint des individus les plus riches du monde. Certes, le marché des jets privés (21 milliards d'euros en 2015) et celui des yachts (2 milliards) continue à cibler ce groupe de propriétaires ultra-riches s'offrant des voyages exclusifs où les musées les plus fermés leur sont ouverts et possédant plusieurs propriétés dans le monde, dans des lieux de rêve.

Néanmoins, Bernard Arnault résume ainsi le luxe d'aujourd'hui : *« C'est l'ordinaire des personnes extraordinaires et l'extraordinaire des gens ordinaires. »* Cette phrase est au cœur de la stratégie du luxe moderne et de sa croissance sans limites. Les marques concernées ont besoin, pour être florissantes, des deux cibles. Quand la première vient à déserter, se pose un problème : trop peu de personnes extraordinaires signifie que la marque perdra son aura et devra bientôt baisser ses prix, puisqu'elle a perdu les clients dont la présence seule lui conférait son statut. Elle n'a dès lors d'autre solution que de payer des célébrités pour exhiber ses produits : c'est un signe de faiblesse. Avoir trop peu de clients risque aussi d'écorner la dimension rêve de la marque par manque de visibilité. Il faut de la puissance à une marque pour mériter son statut. Enfin, les investissements majeurs dans des mégastores spectaculaires n'ont d'autre fonction que d'attirer de nouveaux clients dans ces temples dédiés au culte de la marque.

Cependant, les besoins de statut de différents segments de clientèle ne sont pas les mêmes. Ceux qui ont déjà richesse et statut n'ont pas grand-chose à prouver aux autres. Étaler leur richesse n'ajoute rien à leur gloire. En fait, ils ne se comparent qu'à leurs pairs. Ils aiment les marques qui ne sont connues que de ces initiés (Patek Philippe de préférence à Rolex), tout comme ils aiment jouer au golf dans des clubs dont le prix prohibitif exclut le commun des mortels et permet de préserver l'entre-soi. S'ils achètent un sac ou une valise Gucci, ce sera sur-mesure, en commande spéciale, et parce qu'ils reconnaissent que c'est un objet précieux. Ils peuvent se permettre de choisir eux-mêmes, en fonction de leur propre goût, contrairement à la plupart d'entre nous qui choisissons en pensant au regard des autres. Ces personnes aiment les marques qui n'exhibent pas leur logo et ne sont reconnues que grâce à leur style unique, à la manière de Bottega Veneta, ou Hermès. Dans ce cas de figure, seuls les initiés sont capables d'identifier ce que vous portez.

Les gens qui ont moins de statut, mais beaucoup d'argent, souvent fraîchement acquis, rêvent de conforter leur statut. Ils en achètent donc *via* des marques et il faut que cela se remarque. Une recherche de 2010 (Han *et al.*) confirme que la préférence pour des logos bien visibles est totalement prédite par ces deux facteurs : richesse et statut. En outre, elle révèle qu'un troisième groupe (possédant encore moins d'argent, mais ayant un fort besoin de standing) recherche lui aussi les gros logos. C'est la cible des polos que Ralph Lauren a lancés récemment, ornés d'un énorme joueur de polo. Sans surprise, ce groupe est également le cœur de cible des produits de contrefaçon. L'essence de la contrefaçon, c'est de vendre des logos très visibles apposés sur des produits de piètre qualité. Ce groupe ne recherche pas un produit durable, mais l'accès rapide à la classe supérieure de façon symbolique, et en tout cas l'élévation de sa condition réelle par le vêtement.

Les marques de luxe fondent leur croissance sur le fait qu'elles s'adressent à ces segments différents. Ainsi l'une des marques les plus célèbres du monde, Louis Vuitton, doit gérer la sensibilité au logo de ses différents groupes de clients. Elle recourt à une double stratégie :

— Introduire des nouveaux produits vendus très cher, pour capitaliser sur le besoin d'être unique de certaines personnes qualifiées de « snobs » par Amaldoss et Jain (2005). Aux yeux des snobs, l'attrait d'un article décroît à mesure que davantage de gens l'arborent. Au-delà de la mesure de la qualité de l'objet, un prix très élevé vise à décourager les suiveurs et à conférer de l'unicité à l'acheteur.

— Varier l'importance relative du logo : les analyses statistiques montrent que plus un sac est vendu cher, moins le logo de marque y est visible. Et vice versa. Dans leur étude conduite aux États-Unis sur la gamme de sacs présentés entre 2008 et 2009 sur les sites de Gucci et de Louis Vuitton, Nunes, Drèze et Jee Han (2010) ont montré que, dans la boutique en ligne de Louis Vuitton, une unité incrémentale de discrétion du logo coûtait 26 dollars de plus. Chez Gucci, c'était encore plus cher : 122 dollars. C'est la même chose chez Mercedes-Benz : le logo sur une classe A de l'époque avait un diamètre de 16 cm, alors que sur une classe S, il ne faisait que 6 cm. L'analyse de régression linéaire de Nunes, Drèze et Jee Han conclut que chaque centimètre de réduction du diamètre de l'emblème Mercedes coûte 5 000 dollars de plus au client.

L'ostentatoire reviendra…
car il n'a jamais disparu

Les recherches exposées ci-dessus démontrent que les forces qui font le jeu de l'ostentatoire n'ont jamais été aussi puissantes dans les pays où l'économie connaît une forte croissance. Que dire du monde occidental? La rumeur va répétant que les logos devraient se faire plus discrets. Le tape-à-l'œil serait dépassé. Cette affirmation appelle une remarque : elle est à la mode. Quand les enquêteurs formulent la question de la façon suivante : « Les logos des marques de luxe sont trop visibles, pensez-vous qu'il faudrait aujourd'hui en réduire la taille? », ils obtiennent évidemment une majorité de réponses affirmatives. Han Suk et Chung ont comparé en 2008 les opinions hostiles aux logos, aux achats subséquents des répondants. Pour constater que les préférences déclarées pour des produits « sans logo visible » étaient sans corrélation avec les achats effectués ultérieurement !

Selon Han, Nunes et Drèze, dans leur étude de 2010 précitée, si Gucci et Louis Vuitton étaient bien gérés, leurs nouveaux produits et tarifs correspondaient à la demande. Or au pire moment de la crise de 2008 aux États-Unis, les nouveaux produits de ces marques étaient en réalité ornés de logos beaucoup plus visibles que ceux des produits retirés du marché. En outre, tous les prix avaient augmenté ! Les résultats financiers de la filiale américaine de PPR (Kering) et de LVMH montrent que cette stratégie a été bénéfique. La crise avait chassé des magasins ceux qui ne pouvaient s'offrir que les produits les plus abordables. De la même manière, les ventes des modèles les moins chers de Porsche ont dégringolé de moitié en 2008. Mais les clients du luxe n'ont pas perdu leur besoin d'exhiber leur réussite, ni de jouir de la vie. Ils sont le cœur de cible des marques de luxe.

Retour à la case départ ?

Concernant l'avenir du luxe, le problème est que beaucoup d'opinions sont exprimées et crues, non parce qu'elles reposent sur une recherche sérieuse ou sur des faits, mais parce que tout le monde les répète, comme des rumeurs…

Deux chercheurs, Granot et Brashear, ont lancé en 2008 le slogan de la « consommation non ostentatoire ». C'est ce qu'ils appellent le « paradigme de la *populence* » (conjuguant populaire et opulence), car « *elle implique la production de masse et la distribution de biens et services premium, permettant aux consommateurs de choisir leur consommation de marques de nouveau luxe ».* Il est intéressant de noter que ces auteurs utilisent le terme « premium », négligeant ainsi la différence fondamentale entre une stratégie de luxe et une stratégie premium. Le luxe existe parce que certaines personnes ne peuvent y accéder. Sachant que la richesse augmente partout dans le monde, grâce à une croissance économique rapide, le luxe ne doit jamais être rendu trop accessible, en tout cas pas s'il veut rester le rêve de ceux dont les revenus et la richesse augmentent. Même s'il devient accessible, les prix pratiqués doivent rester discriminatoires. La plupart des marques qui aiment à se dire « de luxe » n'appliquent en réalité pas une stratégie du luxe, car elles sont plus attirées par le *business model* de la mode. Soulignons-le cependant : la marque qui applique le plus une stratégie du luxe, Hermès, est aussi la plus rentable du secteur. Or elle a enregistré une croissance de 8,5 % pendant la crise économique et une rentabilité record de 31,82 % de marge opérationnelle en 2015.

Pour conclure sur le débat au sujet du luxe discret par rapport au luxe ostentatoire, la création de valeur, donc de prix élevé, a besoin de clients qui se voient (d'où l'importance de les sélectionner) et apportent le prestige à la marque. En outre, il faut qu'ils donnent de la visibilité aux produits qu'ils portent, en particulier à l'ère des réseaux sociaux qui diffusent cette visibilité. Le luxe ne veut surtout pas que les produits soient achetés, mais non portés visiblement, car cela réduirait sa création de valeur.

Chapitre 5

Le luxe ne doit pas délocaliser[1]

Critique d'une tendance croissante

Beaucoup de marques célèbres ont envisagé de délocaliser leur production ces dernières années. Le bruit courait depuis longtemps déjà que certaines produisaient en dehors de leur pays d'origine, mais cela avait rarement été confirmé officiellement. De récentes annonces publiques constituent donc un développement important. Par exemple, Prada a reconnu que certains de ses produits étaient fabriqués ailleurs qu'en Italie, à savoir en Chine, rejoignant ainsi Burberry, qui a depuis longtemps fermé son usine historique de Treorchy, au pays de Galles, et délocalisé en Chine et au Mexique. Internet révèle la longue liste des marques qui produisent désormais hors de leur pays, en Chine en particulier : Coach, Armani Exchange, Mulberry, Marc by Marc Jacobs, D&G, Zegna, etc.

Beaucoup de personnes applaudissent ce genre de décision, considérant que de telles optimisations des coûts constituent une évolution rationnelle. D'autres estiment que le luxe ne peut qu'y perdre son âme. Les dirigeants de marques de luxe doivent se souvenir que toute décision doit être analysée et évaluée dans le contexte d'une stratégie et de la préservation des actifs. Si le luxe est un concept subjectif, une stratégie de luxe ne l'est pas : la capacité du luxe à maintenir ses prix élevés et ses marges est gouvernée par des règles strictes. En réalité, Prada et d'autres abandonnent leur stratégie de luxe en faveur d'une stratégie de mode, sans toutefois le reconnaître explicitement.

---

1. Ce chapitre a initialement été publié sous forme d'article par la revue *European Business Review*, mars-avril 2012, pp. 58-62.

D'un secret bien gardé à l'annonce publique

Les conversations avec les dirigeants de marques ultra haut de gamme confirment depuis longtemps la rumeur selon laquelle la production serait de plus en plus souvent externalisée, non pour des raisons vertueuses, liées aux talents locaux (comme faire fabriquer des broderies en Inde), mais pour réduire les coûts de production afin d'augmenter les marges. Les marques les plus prestigieuses avaient toujours refusé de confirmer officiellement ces rumeurs. Le succès du livre de Dana Thomas *Deluxe : How Luxury Lost its Luster* repose largement sur son travail de journaliste d'investigation, qui lui a permis de lever le voile sur le tabou de la délocalisation.

Le pays de production de ces produits était souvent camouflé, l'étiquette spécifiant cette information étant quasi invisible ou cachée à l'intérieur du produit. Par exemple, il est très difficile de trouver la moindre indication du pays de production dans un sac Lancel. Il en va de même pour de nombreuses chaussures de la marque Repetto. Kenzo, une marque du groupe LVMH, a délocalisé la confection de certains vêtements de Prouvy, en France, à Cracovie, en Pologne, où les salaires sont le cinquième de ceux versés dans l'Hexagone. Cette délocalisation n'a pas eu d'incidence sur les prix des vêtements de la marque, restés aussi élevés que par le passé. Les cardigans d'Armani Exchange sont fabriqués en Égypte et en Tunisie.

Coach, pour sa part, n'a jamais caché qu'une grande partie de sa production est délocalisée. Il en va de même pour la ligne Polo Ralph Lauren. Plus récemment, le redressement de Burberry a été accompagné de la fermeture de son usine du pays de Galles, la direction étant convaincue que produire des vêtements au Royaume-Uni ne créait pas de valeur perçue pour une « marque de mode ». À partir de 2006, Burberry a donc délocalisé l'ensemble de sa production, sauf la confection des trench-coats, en Chine, au Mexique et dans d'autres pays à bas salaires. En 2011, Prada, marque de mode très haut de gamme, a décidé non seulement de produire en Chine, mais aussi d'annoncer publiquement ce changement. Cette nouvelle stratégie de communication est significative d'une ère nouvelle. Jusqu'à présent, les marques italiennes ont usé et abusé du droit d'utiliser l'étiquette « *made in Italy* » tant que le produit, manufacturé ailleurs, était « finalisé » en Italie. Cette étiquette ne garantit donc aucunement que le produit soit véritablement fait en Italie.

Qu'est-ce qui a donc motivé l'annonce publique de Prada, déclarant qu'« environ 20% des collections Prada, qui vont des sacs et des chaussures au prêt-à-porter homme et femme, sont produites en Chine » (*Wall Street Journal*, 24 juin 2011) ? Il faut replacer cela dans le contexte financier de l'époque : Prada cherchait à séduire les investisseurs asiatiques, quelques jours avant son introduction en Bourse sur la place de Hongkong, le 27 juin 2011. Pour cette marque italienne, ce qui compte c'est que le produit soit « *made in Prada* ».

La vraie question reste posée : les marques de luxe doivent-elles délocaliser ou non ? Avant d'y répondre, il convient de clarifier la signification du mot *luxe*.

Ne pas confondre concept, secteur et *business model*

Tout le monde comprend implicitement ce qu'est le luxe, quand on parle du concept. Certes, deux personnes n'ont pas la même définition de leur propre luxe, mais le concept partagé désigne « *des objets et services rares, de très grande qualité, vendus à un prix dépassant largement ce que dicterait leur utilité fonctionnelle, récompense que l'on s'accorde à soi-même permettant de rehausser son image vis-à-vis des autres* ». En fait, comme l'a montré Georges Bataille, c'est en sacrifiant une somme importante pour payer un produit ou service, bien au-delà du prix que justifient ses bénéfices fonctionnels, que les acheteurs démontrent leur statut et renforcent l'idée qu'ils ont d'eux-mêmes.

Mais le mot « luxe » a un second sens : il peut désigner un secteur économique. Bain & Company évalue le marché mondial du luxe à 1 044 milliards d'euros en 2015 : son calcul consiste à additionner le chiffre d'affaires des entreprises considérées comme appartenant à ce secteur non par le grand public, mais par les professionnels eux-mêmes, réunis en syndicats. Ainsi en France, être membre du Comité Colbert, c'est officiellement faire partie du club des marques de luxe. Il en va de même pour Altagamma en Italie. Pour des raisons personnelles, certaines firmes italiennes ont décidé de ne pas en faire partie, alors qu'elles y seraient certainement admises. Au contraire, Lacoste, spécialiste français du prêt-à-porter sport élégant, est membre du Comité Colbert, comme nous l'avons souligné plus haut.

Le troisième sens du mot « luxe » renvoie à un *business model* unique, une stratégie spécifique dont il faut impérativement suivre les règles contraignantes et rigoureuses. Ce dernier sens du mot est intéressant, car n'importe quelle entreprise peut mettre en place une stratégie de luxe, même si elle est complètement étrangère au type d'entreprises qui composent majoritairement le secteur (parfums, vêtements, maroquinerie, montres, joaillerie, accessoires, etc.). Par exemple, Apple, MINI, Nespresso et même Lacoste appliquent plus ou moins une stratégie de luxe, même si ces entreprises ne sont pas perçues par l'ensemble du public comme relevant de ce secteur. Ce qui compte, c'est de suivre des règles strictes, établies au fil du temps par les marques qui ont réussi à croître et à être très rentables, en mettant en œuvre des principes directement contraires au marketing traditionnel.

Le fait que le mot « luxe » puisse revêtir chacun de ces trois sens est source d'une grande confusion. Comme le mot lui-même est à la mode, on abuse largement de son usage, à l'instar des firmes qui n'appliquent pas les règles de la stratégie de luxe et se lovent dans le néologisme dit « luxe accessible » pour créer l'illusion et bénéficier de l'aura du mot « luxe ». Coach, par exemple, dont la page d'accueil annonce le titre audacieux « The look of luxury », reconnaît du même coup que si le produit a l'apparence du luxe (le look), il n'en est pas véritablement un. On peut aller plus loin et dire que c'est parce que le luxe est un secteur économique soumis à des obligations de croissance et de rentabilité que nombre de ses membres cooptés n'ont d'autre choix que de délocaliser leur production. Ils rationalisent leur décision en invoquant l'excellente qualité du travail désormais fait en Chine. Cependant la vraie raison de la délocalisation, c'est qu'ils ne peuvent assurer leur croissance et doper leur rentabilité en augmentant leurs prix de vente. Ils améliorent donc leurs marges en réduisant le coût de fabrication de leurs produits. Dans le *business model* du luxe, la croissance va de pair avec une augmentation constante du prix de vente moyen. C'est la seule solution pour que la marque reste le rêve des plus aisés, ainsi que de tous les consommateurs qui ne disposent peut-être pas d'aussi gros moyens, mais veulent s'offrir une parcelle du style de vie des plus fortunés. Le *business model* du luxe est exigeant. Beaucoup d'entreprises ne pouvant plus l'appliquer préfèrent abandonner la stratégie de luxe, sans le dire explicitement, en faveur d'un autre *business model*, par exemple celui de la mode ou du premium qui n'ont pas besoin, eux, de produire localement, comme nous le verrons.

Rendre toute comparaison impossible

Le *business model* du luxe vise à ôter toute pertinence aux comparaisons, ce qui donne une grande latitude pour fixer les prix. Dans les autres *business models*, les prix doivent tenir compte de ceux des concurrents.

■ Le temps, l'espace et le sang

Comment échapper à toute comparaison, de sorte que les clients soient insensibles au facteur prix ? En s'éloignant des éléments tangibles de comparaison pour se focaliser sur les trois piliers qui rendent une marque unique : le temps, l'espace et le sang. La marque de luxe est du concentré d'histoire, un actif inimitable. Elle condense aussi la magie du lieu d'où elle émane, comme le vin dépend de son terroir unique, béni du ciel, qui fait la différence avec d'autres vins créés à partir du même cépage. Enfin le sang, le nom, l'origine familiale sont la garantie biologique de l'authenticité et de l'unicité. Le luxe se construit aussi en puisant dans ce qui élève l'âme, comme l'art et la religion (voir les chapitres 2 et 3).

Certes, il est bon, également, d'être incomparable sur une base rationnelle. Les marques de luxe prônent la rareté de leurs ingrédients, de leur production, les talents uniques de leurs artisans, le temps nécessaire pour coudre un sac Kelly ou pour faire vieillir le whisky Royal Salute (vingt et un ans au minimum). Mais l'économie des singularités qui s'applique aux vins issus des plus célèbres châteaux du vignoble bordelais ainsi qu'aux honoraires des consultants en management est surtout liée au caractère unique de ces produits et services et au désir créé par leurs actifs intangibles. Les deux principaux sont, nous l'avons vu, le temps et la provenance. Que la date de naissance, l'héritage et la légende soient une essence du luxe, les tentatives incessantes de marques récentes pour les simuler en attestent.

Ainsi, Ralph Lauren a-t-il fort bien réussi à faire oublier à tout le monde que la marque a été créée de toutes pièces en 1968 par un génie des affaires, Ralph Lifshitz. L'atmosphère de ses magasins, les nombreuses photographies à dessein en noir et blanc qui en ornent les murs sont conçues pour créer l'illusion d'une marque qui aurait déjà existé à l'époque de Gatsby le magnifique, de Cary Grant et de l'âge d'or d'Hollywood. Cette aura de vie privilégiée vise à vendre la ligne Polo Ralph Lauren à un prix premium, alors qu'elle est en grande partie fabriquée en Chine à de faibles coûts de production. Ces produits sont néanmoins vendus dans des magasins *flagships* ressemblant à des demeures patriciennes, au cœur des capitales du monde entier.

■ La provenance

La provenance est le deuxième puissant pilier intangible du désir de luxe qui lui confère son caractère unique, son mystère, sa magie, son cachet – et rend impossible toute comparaison. Il ne faut pas oublier que le luxe est un produit dérivé de l'art. Les cadeaux constituent une partie importante du marché du luxe. Cela rappelle un peu les échanges d'objets d'art entre l'empereur de Chine et les rois de France et d'Italie. L'Europe y envoyait ses horloges, sommets artistiques et techniques de l'époque. Le luxe était l'ambassadeur du pays dont il venait. Il en incarnait la culture et démontrait la capacité de ses meilleurs artisans et techniciens.

Cette règle de provenance souffre très peu d'exceptions. Le caractère unique du vin est lié au terroir : pour mériter le titre de « champagne », un vin pétillant doit être fait à 100 % dans la région du même nom. Autrement, il s'appelle « *sekt* » en Allemagne, « vin pétillant » en Autriche, « *spumante* » en Italie, etc. Imagine-t-on des Ferrari construites ailleurs qu'à Maranello ? Après avoir fait l'acquisition de la marque MINI, BMW a décidé de conserver l'usine en Grande-Bretagne, alors qu'il aurait été bien plus rationnel de la délocaliser en Allemagne. On peut immédiatement objecter que des Audi sont construites en Chine. C'est même la raison pour laquelle cette marque y jouit d'un tel prestige. Mais cela tient au fait que les dignitaires du Parti communiste chinois n'ont pas le droit d'acheter des voitures produites ailleurs que sur le territoire national. Cela dit, Audi n'applique pas le *business model* du luxe. La preuve en est que la marque ne limite ni sa production, ni ses ventes, ni ses parts de marché. On peut en dire autant, aujourd'hui, de Mercedes.

Chez Porsche en revanche, le mot d'ordre jusqu'à récemment était de « fournir toujours une voiture de moins que la demande » ; l'objectif n'étant donc pas de maximiser le volume de la production et des ventes. Cependant, depuis son rachat par le groupe Volkswagen, la marque a annoncé des objectifs de croissance ambitieux : elle a vendu 225 000 véhicules en 2015, contre 96 473 en 2010. Pour ce faire, elle a introduit de nouveaux modèles, conçus pour attirer dans son univers de nouveaux segments de clientèle et accélérer sa pénétration dans les pays à croissance élevée, à commencer par la Chine. Cayenne a été créé pour se développer dans les marchés russe et chinois, dont les routes sont peu favorables aux 911. C'est pourquoi l'hypothèse de faire construire l'une des futures Porsche dans une usine chinoise avait été ouvertement évoquée par la direction en juin 2011. Il est clair que les perspectives de forte croissance créent des problèmes de capacité et de prix de revient, pouvant inciter Porsche à remettre en question le tabou de la délocalisation.

La Slovénie toute proche propose des incitations fortes aux constructeurs allemands. Les futurs modèles pourraient être produits plus près des marchés ciblés, ce qui est classique dans l'industrie automobile, pour contourner les droits de douane. En Inde, par exemple, la production sur place de certains nouveaux modèles de Porsche réduirait ces derniers de 113 % à 40 %.

Autre exception à la règle de la provenance : lorsque le pays d'origine n'est lié à aucune valeur ajoutée ou à un savoir-faire spécifique perçu. C'est la raison pour laquelle les montres Chanel et Louis Vuitton sont fabriquées en Suisse et non en France, dans des ateliers exclusifs appartenant à ces seules marques. Leur fabrication n'est donc pas sous-traitée, elles ne sont pas produites sous licence. De la même manière, si Hermès veut lancer un nouveau châle réalisé dans un cachemire rare, la marque préférera peut-être faire appel au savoir-faire unique des artisans qui vivent sur place, au Cachemire. La maison fait d'ores et déjà travailler des Touaregs au Sahara, des Indiens au Brésil et des artisans à Madagascar. Ces accords ne visent pas à réduire les coûts, mais plutôt à encourager la perpétuation de certains arts et savoir-faire locaux rares.

Ne confondons pas *business models* du luxe, de la mode et du premium

■ Les exigences du *business model* du luxe

Le luxe est un concept subjectif. Les personnes interrogées sur le luxe perçu de telle ou telle marque donnent souvent des réponses différentes. Cependant, le *business model* du luxe entraîne des impératifs managériaux tout à fait précis, dont les éléments sont les suivants :

- intégration verticale pour le contrôle total de la chaîne de valeur, en amont et en aval ;
- contrôle total de l'accueil du client en magasin et des prix de vente ;
- distribution extrêmement sélective ;
- relations individualisées avec le client en magasin et *via* Internet ;
- service personnalisé particulièrement attentif ;
- niveau exceptionnel des métiers et savoir-faire ;
- qualité exceptionnelle des produits ;
- aucune licence ;
- ni super-soldes, ni promotions, ni magasins outlets ;

- extension de la notoriété de la marque bien au-delà de son cœur de cible ;
- augmentation constante de ses prix moyens ;
- entretien de liens privilégiés avec les arts ;
- méfiance envers les « people », c'est la marque la célébrité ;

Ce *business model* a été inventé empiriquement par les marques de luxe, devenues les icônes du désir (Louis Vuitton, Hermès, Chanel, Ferrari, Rolex, etc.). Elles fondent leur croissance sur le lancement continuel de produits supérieurs aux précédents, en créativité, en qualité et en prix. Le redressement de Porsche, dans les années 1980, est passé par la suppression des nombreux modèles abordables que proposait alors la marque (comme la 924 et la 944). Ne l'oublions jamais, les produits sont perçus comme luxueux spécifiquement parce que tout le monde ne peut se les offrir. Faute d'appliquer cette règle, on ne doit pas parler de produits de luxe, mais plutôt de produits premium, classieux, on parlera aussi de marques designer ou de masstige, ou encore chic.

On assiste à la multiplication de produits abordables vendus par des marques qui se prétendent de luxe. Il est normal pour une marque de luxe de créer une porte d'accès à son univers afin d'inciter les nouveaux clients du luxe à y pénétrer. Même le joaillier Boucheron le fait, ainsi que Cartier. Le problème se pose quand la marque prétendue de luxe ne peut se développer et gagner de l'argent qu'en vendant des accessoires, essentiellement sous licence. Cela signifie qu'elle a, en réalité, abandonné le *business model* du luxe tout en continuant à tirer parti de l'aura de son image luxe (héritée d'une réputation passée) pour vendre des accessoires à la mode, produits à bas coût dans certains pays émergents.

■ La mode comme *business model*

Tournons-nous à présent vers le *business model* de la mode. Il est totalement différent, pour une très bonne raison. Que vend la mode ? Être à la mode, tout simplement. Cette vérité gouverne l'ensemble de la production, de la distribution et de la stratégie marketing. Ce qui est à la mode aujourd'hui ne l'est plus deux ou trois mois plus tard. Il faudra donc sacrifier les prix pour que les magasins puissent écouler leurs stocks afin d'accueillir la collection suivante. Pour maintenir des marges importantes malgré la nécessité d'organiser des soldes, suivies de super-soldes dans les *outlets* ou magasins d'usine, il n'y a qu'une seule solution : diminuer le coût de production autant que possible et vendre aussi cher que possible en début de saison. Quoi qu'il arrive, une fois qu'un tissu est démodé, on ne s'en sert plus. Il est donc inutile qu'il soit d'une qualité exceptionnelle (il n'en va pas de même pour le luxe, puisqu'il est conçu pour durer). C'est la raison pour laquelle Coach a toujours reconnu que ses sacs étaient fabriqués en Chine.

Victoria Karasik, une avocate d'affaires américaine, précise très explicitement dans un rapport financier destiné aux actionnaires de la firme (2011) que le *business model* de Coach est celui de la mode : « *Coach a des marges très élevées, y compris par comparaison avec ses concurrents. Même ses concurrents "de luxe" comme LVMH et Hermès, qui vendent leurs sacs nettement plus cher que Coach, n'ont pas une marge brute aussi importante.* » Cela signifie que ce que Lew Frankfort, ex-P-DG de Coach, appelait, pour des raisons commerciales, le « luxe abordable », n'a rien à voir avec une stratégie du luxe. Comme le fait remarquer l'analyste financière, l'objectif est de maximiser la marge brute, en ramenant les coûts de production au niveau le plus bas possible. C'est normal. Le *business model* de la mode est caractérisé par la fragilité : toutes les modes sont éphémères. Le passé, l'héritage et la légende n'ont donc guère d'importance. Le pays d'origine non plus. L'important, c'est le styliste – ou les valeurs puissantes affirmées et promues par la marque (comme Diesel, qui a introduit la mode dans le secteur du jean). Aux États-Unis, Coach pousse les ventes *via* les outlets : la marque en a quatre-vingt-cinq, tous situés à plus d'une heure de voiture des cent quatre-vingt-dix-neuf magasins vendant au prix plein.

■ Le *business model* du premium

Le business model du *premium* repose, quant à lui, sur la production d'articles qui sont les premiers de la classe, avec une image élégante. S'il y a un premier de la classe, cela veut dire qu'il est possible de faire une comparaison objective entre deux concurrents. En fait, la stratégie du premium repose sur les compétences en matière de production. La marque force le respect en augmentant les fonctionnalités du produit au-delà de ce que l'on considérait jusqu'alors comme envisageable, comme la voiture qui ralentit automatiquement quand le volant est tenu d'une main plus molle, signe que le conducteur s'assoupit. L'ensemble de l'industrie automobile allemande haut de gamme est engagé dans ce *business model* du premium. Les cosmétiques en fournissent un autre exemple : les promesses de performances toujours plus extraordinaires en termes de soin et de rajeunissement des nouvelles crèmes et élixirs doivent légalement être justifiées, preuves scientifiques à l'appui. Avec ce *business model*, le temps, l'héritage et même la provenance ne revêtent pas une grande importance : l'important, c'est la preuve.

Miuccia Prada a fort bien résumé le problème (*Wall Street Journal*, 24 juin 2011) : « *Les marques doivent faire des économies et chercher les territoires offrant les meilleures conditions de production, mais une marque de luxe doit aussi évaluer la réaction du consommateur face à l'abandon éventuel de son pays d'origine.* » Déclaration claire, reconnaissant que la marque Prada définit désormais sa stratégie en fonction des arbitrages du consommateur, exactement comme le fait une marque de produits de grande consommation. Celle-ci commande une étude et demande ce qu'en pensent les consommateurs.

L'avis du consommateur
sur la délocalisation

Même si les États-Unis sont de loin le premier marché du luxe, l'Asie, dont la situation économique est florissante, est l'avenir de ce même marché. Il est donc intéressant d'analyser une recherche récemment conduite dans les BRIC et au Japon, longtemps le client numéro un du luxe et un marché toujours très important. En 2009, McKinsey a demandé à 1 500 acheteurs japonais d'articles de luxe s'ils étaient d'accord avec la phrase suivante : « Il m'est indifférent que les produits de luxe soient fabriqués dans des pays à bas salaires comme la Chine, l'Inde ou le Vietnam, tant leur marque est authentique. » Quatorze pour cent seulement des répondants ont souscrit à cette affirmation. Autrement dit, 86 % des acheteurs japonais de produits de luxe pensent que les marques concernées ne doivent pas délocaliser leur production dans des pays à bas salaires.

Ipsos, institut international réputé d'études de marché, a posé en 2010 une autre question aux acheteurs de produits de luxe de six pays dits émergents : « Une marque correspond mieux à mon idée du luxe quand ses produits sont manufacturés dans mon pays plutôt que dans un pays occidental. » Les réponses allaient de 1 (mon pays) à 6 (un pays occidental), les autres notes correspondant aux opinions mitigées ou intermédiaires. Voici les réponses moyennes par pays :

- Russie, 6 ;
- Corée du Sud, 5,8 ;
- Brésil, 5,4 ;
- Chine, 5,4 ;

- Hongkong, 5,3 ;
- Inde, 3,8.

Dans cinq cas sur six, il est intéressant de noter que le luxe évoque immédiatement un produit venant d'un autre pays et spécifiquement occidental (France, Italie et Allemagne ; *idem* pour les voitures). Le cas de l'Inde est spécial : depuis son indépendance, ce pays a su conserver sa très haute culture et est resté volontairement en dehors de l'influence occidentale et de l'importation de ses produits. L'Inde est fière d'être l'Inde.

Ne minimisons pas le rôle des voyages dans la croissance du marché du luxe. En 2015, d'après Bain & Company, le total des ventes de produits de luxe en Chine était inférieur aux ventes réalisées dans la seule ville de New York. Néanmoins, les achats effectués par des Chinois voyageant à l'étranger représentent autant que les ventes sur le marché intérieur chinois. Les Chinois représentent désormais 31 % de l'ensemble des achats de produits dits de luxe personnel : compte tenu des écarts de prix avec ceux pratiqués en Chine même, très élevés du fait des taxes d'importation, les Chinois achètent majoritairement à l'étranger. Quand ils viennent à Paris, ils visitent la tour Eiffel, font un tour au Louvre et se précipitent au magasin Louis Vuitton des Champs-Élysées. Ils en rapportent, comme un trophée, toute une liste de cadeaux de luxe, achetés dans le magasin parisien (ce qui en augmente la valeur perçue) à la demande de leurs amis. Ils n'imaginent même pas acheter à Paris un objet fabriqué à côté de chez eux, en Chine, par quelqu'un qui leur ressemble.

Les études mentionnées ci-dessus n'ont pas posé les mêmes questions concernant les marques de mode ou de prestige de masse. Les réponses auraient été différentes, on l'imagine. Comme ces marques pratiquent des prix moins prohibitifs, elles n'ont pas besoin de délivrer autant de valeur ajoutée. Le luxe est donc un cas particulier. C'est la forme de consommation la plus élevée, et toutes les sources de valeur ajoutée y sont mobilisées pour produire le désir d'un objet qui n'est pas nécessaire, ce qui le rend indispensable : sa valeur ajoutée est à la fois tangible et intangible. Derrière la marque de luxe se trouve le cachet et la culture du pays, un condensé d'histoire légendaire et de lignée familiale. C'est pourquoi, pour des raisons d'éthique et afin de continuer, à long terme, à fixer leurs prix comme elles l'entendent, les marques de luxe ne doivent pas délocaliser, mais rester fidèles à ce qui motive les achats de leurs clients en leur offrant les plus beaux objets et services qu'un pays puisse produire, avec le cachet additionnel unique et la magie d'un authentique « *made in...* ».

Le « *made in...* », une véritable marque

■ Qualité et héritage

Si l'on observe l'attitude des maisons de luxe, il existe une nette segmentation, en fonction du positionnement de leur marque et de leur *business model*. Un premier groupe (dont Louis Vuitton, Hermès, Chanel, Saint Laurent, Gucci, etc.) met l'accent sur la qualité et l'héritage associés à leur lieu de production, leur pays, source de leur caractère incomparable et de la magie associée à leur nom. Il ne le fait pas par patriotisme. Pour ces marques, un pays d'origine est une patrie, un peu à la manière du terroir d'une vigne ; miracle fait de terre, de nature, de soleil, de pluie et de travail humain sophistiqué, chargé de culture et d'histoire pour donner naissance à l'excellence mondiale. Pour elles, le « *made in...* » raconte une histoire, liant la production à une longue tradition de la maison. Cela ressemble à un antidote de la mondialisation, même si rien n'est géré de manière plus mondialisée que les marques de luxe. Un petit tour dans un centre commercial, dans n'importe quel pays du monde, le prouve : toutes les marques de luxe sont présentes dans la plupart des capitales. Néanmoins, une partie de la valeur ajoutée et du charme des marques de ce premier segment est qu'elles tournent le dos à la mondialisation en termes de production et de fabrication. C'est pour cela aussi qu'elles restent incomparables à la fois sur le terrain du tangible et de l'intangible.

■ Style créatif et captation du temps

Un second groupe d'entreprises, plus inspiré par le *business model* de la mode, met l'accent sur le style créatif et la captation de l'air du temps. Ainsi, Angela Ahrendts, ex-P-DG de Burberry, a défendu la décision de fermer son usine britannique, arguant qu'être confectionné au Royaume-Uni n'était pas un facteur stratégique susceptible de renforcer la préférence du consommateur pour cette marque, qui repose essentiellement sur la mode et le style *british* et non sur des savoir-faire spécifiquement britanniques, contrairement à certaines marques de luxe françaises et italiennes.

Résultat, pour ce groupe d'entreprises, la question du « *made in* » est empirique : s'il n'y a aucune différence dans l'allure du produit et les sensations qu'il procure, la satisfaction du client est garantie dans un cas comme dans l'autre. Comme il est moins coûteux de produire en Chine, il est rationnel, du point de vue du management, de délocaliser. Ces marques défendent l'économie intangible, suivant la thèse de Michael Porter sur l'avantage concurrentiel des nations, l'Occident se spécialisant dans ce qu'il fait le mieux (créativité, design et marketing) et laissant la production aux pays émergents qui apprendront vite à égaler la qualité des anciens producteurs occidentaux des marques de luxe. Si l'on prend Apple pour benchmark, presque tout dans un iPhone est fabriqué en Chine ou en Corée du Sud, mais une étiquette, sur chaque boîte, rappelle au consommateur que le produit a été « conçu par Apple en Californie ». Avoir conçu et dessiné cet outil merveilleux permet ainsi à Apple de capter la réputation et les profits. En l'occurrence, on n'insiste pas sur l'expression « *made in* », remplacée par « conçu en, etc. » ou « conçu par la marque X » ; parfois même, on supprime carrément la mention. Comme le disait un jour un commerçant : « Quand une cliente achète du Chanel, elle achète la France en même temps, alors, pourquoi ajouter une étiquette "*made in* France" ? Ce serait superflu. »

◾ Le management spécifique du luxe

Cela soulève la question de la spécificité du management du luxe. D'abord, la délocalisation diffuse un savoir-faire auparavant exclusif du pays d'origine, détruisant du même coup des leviers de valeur ajoutée. C'est aussi la meilleure manière de renforcer la concurrence future, sans parler des contrefaçons. Il est extrêmement révélateur qu'en juin 2011, Apple ait décidé de poursuivre en justice son principal fournisseur pour l'iPhone, le géant coréen Samsung, qu'il accusait d'avoir violé des brevets et de produire des contrefaçons. Sans aucun doute, les téléphones et les tablettes Galaxy de Samsung sont très proches de l'iPhone et de l'iPad. Plus structurellement, la délocalisation ouvre aux marques occidentales l'accès à de plus gros volumes de production, donc la capacité de satisfaire une demande en croissance rapide en Asie, en Russie et au Brésil, sans limites. Implicitement, cela veut dire que le luxe est un business comme les autres, axé sur la création de valeur et la satisfaction de l'actionnaire. Nous sommes ici très loin de la philosophie d'Hermès, présentée à plusieurs reprises dans cet ouvrage, qui n'est certainement pas sans lien avec la remarquable profitabilité de cette marque (dont les résultats, en 2015, se montaient à 31,8 % du chiffre d'affaires). Le rêve du luxe repose précisément sur le fait que c'est un autre monde, loin de tous les principes qui gouvernent la réussite des marques mondiales qui se contentent de vendre une image à autant de personnes que possible : Nike, Adidas et même Ralph Lauren, Hugo Boss, Tommy Hilfiger, Gant, etc. Ces dernières sont souvent présentées comme des marques de luxe, parce que ce mot est vendeur, mais il s'agit en réalité de *masstige*, du moins si les mots et les *business models* sont pris au sens strict.

▣ Défendre la valeur du « *made in...* »

Par conséquent, il faut défendre le « *made in...* ». Faute de quoi, il perdra sa valeur. Demander aux clients de différents pays s'ils valorisent le « *made in* » dans leurs choix, c'est faire du marketing traditionnel. Le rôle d'un dirigeant de marque de luxe est de préserver des actifs, tout ce qui contribue à l'unicité, à la singularité, à la légende, pas d'interroger des consommateurs sans vision patrimoniale à long terme. Pour défendre le « *made in* », il faut commencer par se battre au plan juridique, en plaçant la barre très haut pour limiter le droit d'utiliser la certification d'origine (ce fameux « *made in...* »). En Italie, de nombreuses firmes voudraient l'éviter. Jusqu'à présent, le « *made in Italy* » était accessible aux marques qui se contentaient d'assembler le produit final en Italie. Le respect des méthodes de travail traditionnelles devrait aussi être obligatoire et contrôlé. Il s'agit ici de mettre fin au « *made in Chinitaly* », autrement dit de fermer les nombreux *sweatshops* installés en Italie même, où travaillent des Chinois entrés illégalement sur le territoire, payés au prix du marché chinois du travail. Ces ateliers clandestins travaillent aussi bien pour de prestigieuses marques de mode que pour la contrefaçon.

Plus important encore, défendre le « *made in* » signifie que cette expression elle-même devrait être gérée comme une marque à part entière, avec ses sources de valeur à la fois tangibles et intangibles. Les adeptes de la délocalisation considèrent le « *made in* » comme une simple indication d'origine, dépourvue de sens à l'époque moderne, car les produits sont, en fait, réalisés de façon collaborative, impliquant de nombreux pays. Ils souhaitent donc en éliminer l'usage, vestige des processus de production et des chaînes d'approvisionnement de la pré-mondialisation. La stratégie du luxe joue le jeu inverse, considérant le « *made in* » comme une source de distinction. Mais cela ne fonctionne que si le « *made in* » agit comme un levier de crédibilité et d'aspiration. Il est là pour nourrir le rêve. Pour qu'un pays fasse rêver, il faut que ce rêve soit alimenté par des innovations et une créativité permanentes, démontrant ainsi que ce n'est pas seulement un lieu, mais un moteur d'amour, de rêves et de cachet.

Les défis de la non-délocalisation

Rester une authentique marque de luxe, qui en applique le *business model*, suppose de maintenir, coûte que coûte, la production dans le pays d'origine. Pour de nombreuses marques, ce n'est pas évident, loin de là. Celles qui se refusent à délocaliser doivent créer les conditions nécessaires pour viabiliser la production sur place. C'est pourquoi certaines rachètent leurs fournisseurs locaux, au cas où ces derniers déposeraient leur bilan. Elles sont ainsi assurées de conserver des savoir-faire traditionnels risquant de disparaître. Il arrive aussi que les propriétaires de ces entreprises veuillent prendre leur retraite, mais n'aient pas d'enfants souhaitant reprendre l'affaire. Ainsi Chanel a racheté le gantier Causse, le plumassier Lemarié, les brodeurs Lesage et Montex, ou encore le parurier d'art Desrues.

L'autre danger menaçant le « *made in* » est la difficulté de recruter des jeunes. Ainsi Saint Laurent possède toujours son outil industriel à Angers où cent cinq salariées travaillent à la création des plus belles robes. Mais l'âge moyen est de 54 ans : il faut donc recruter des brodeuses, des couturières formées au drapé et au chic. En 2015, Hermès a ouvert de nouvelles manufactures en Isère, en Haute-Saône, en Charente et *a priori* en 2017 dans le Doubs : la marque forme des artisans dans ces régions, en leur permettant aussi d'y rester. Les marques de luxe jouent donc un rôle institutionnel dans leur secteur : elles créent même leurs propres écoles afin d'encourager les jeunes à entrer dans ces métiers rares, souvent inconnus de l'immense majorité de leur génération et pourtant très gratifiants. Elles visent aussi les trentenaires qui cherchent à se reconvertir.

Beaucoup d'autres marques auraient jeté l'éponge et délocalisé, ravies de trouver de la main-d'œuvre beaucoup moins chère dans les pays émergents ou en Europe de l'Est — apportant ainsi un supplément de marge, puisque le prix de vente du produit de luxe reste exactement le même, quel que soit le pays où il a été fabriqué. En outre, délocaliser apparaît comme la meilleure solution à court terme face à la crise et à l'accroissement rapide de la demande mondiale de produits de luxe. En fait, délocaliser suppose souvent d'abandonner la fabrication à la main, par des artisans locaux, pour la remplacer par des machines performantes. D'un point de vue financier immédiat, c'est donc une excellente chose. Mais les financiers sont-ils les devenus les patrons des marques de luxe, comme pour la plupart des produits de grande consommation et même du masstige ? Bien sûr que non. Aussi longtemps qu'elles restent des affaires de famille, indépendantes, non cotées, les maisons de luxe ont une vision à long terme qui les empêche de tomber dans le piège des bénéfices à court terme. L'enjeu, c'est la possibilité, pour les authentiques marques de luxe, de rester distinctes, et la source d'un désir exclusif et durable.

Chapitre 6

Internet et le luxe

Sous-adopté ou mal adapté ?

Internet crée un changement de paradigme aussi important que l'invention de l'imprimerie au xve siècle. La relation entre les marques de luxe et Internet est caractérisée par une double myopie : les premières sont peut-être trop conservatrices, mais les apôtres du tout-Internet sont sans doute myopes, eux aussi, quand ils poussent l'industrie du luxe à se conformer aux normes et aux mouvements qui se sont généralisés sur le Web et sur les réseaux sociaux. Sur le Net, le luxe gagne des clients mais perd son évidence, sa spécificité.

De fait, Internet n'a pas été créé pour les entreprises de niche du secteur du luxe, mais pour des marques et des opérations à grande échelle. L'objet de ce chapitre n'est pas de rappeler les défis que pose au luxe la croissance d'Internet, cela a déjà été maintes fois exposé. Il s'agit aujourd'hui d'en approfondir les aspects stratégiques et de présenter les avancées récentes.

La nouvelle frontière du luxe

Depuis l'émergence du Web, le secteur du luxe entretient avec lui une relation prudente que certains qualifieraient peut-être même de frileuse, voire craintive. La vitesse et l'expansion rapide sont les principales caractéristiques d'Internet : tout y change à toute vitesse. Il faut être un *geek*, un expert du numérique, pour se tenir au courant. Mais c'est un choc culturel pour l'industrie du luxe, qui a tendance à penser à long terme, n'agit normalement pas dans l'urgence et se préoccupe essentiellement de la pérennité de la réputation et du rêve qu'elle suscite, facteur clé de sa liberté en termes de prix. En outre, les risques ne sont pas les mêmes pour les marques de masstige, dont le prix des sacs plafonne à 1 000 dollars et pour celles dont les premiers prix se situent autour de 2 000 dollars, sans réelle limite supérieure.

▨ L'ère du « *click and wear* »

Fondamentalement, Internet brise les barrières du temps et de l'espace, deux piliers essentiels de la création de valeur dans le luxe : il faut du temps pour produire un article de luxe, ainsi que pour que le client y accède, l'achète et soit livré. Par exemple, on n'entre pas dans un magasin Ferrari pour en ressortir avec une voiture flambant neuve. Acheter une Ferrari, ou même un sac Kelly chez Hermès, est associé à un cérémonial de vente qui peut se prolonger un an dans le premier cas, plusieurs mois dans le second selon la nature des peaux et de la commande spéciale. Certes, Internet est un allié désormais indispensable à la création du mythe de marque, par sa capacité de diffusion d'images fortes, d'histoires légendaires au sujet de la marque par exemple ou bien d'instantanés sur la vie rêvée de ses clients mythiques. Les rêves sont des images : or, sur Instagram, les images dominent, et circulent, surtout celles qui créent des connexions émotionnelles, de l'engagement. Mais Internet est aussi le culte de l'instantanéité, du « *click and wear* ». Tous les réseaux sociaux se muent en magasins, avec leurs liens d'e-commerce, ou la capacité d'identifier immédiatement tout produit désiré, car vu porté sur une photo ou dans une vidéo, et de pouvoir le commander dans la foulée. On est là dans une logique de stimulation permanente du désir, toujours renouvelé, ce qui s'apparente plus à la logique de la mode dont la valeur s'érode avec le temps, qu'à celle du luxe. Car tout est fait pour que le désir se mue en achat immédiat, la technologie aidant.

Concernant le second pilier, la négation de l'espace, Internet pose un sérieux problème au commerce traditionnel dans tous les secteurs de l'industrie et des services. Mais le cas des marques de luxe est particulier, dans la mesure où elles se considèrent un peu comme des religions : pour célébrer leur culte, elles ont besoin de temples, faute de quoi il n'y aurait ni initiation religieuse ni rituel. Le luxe connote également un espace mythique, un pays d'origine, souvent celui où les produits sont fabriqués. Il bénéficie alors à la fois d'un savoir-faire local unique (c'est le cas des montres suisses) et de l'esprit magique d'un lieu d'origine sacro-saint (comme Paris). Mais que reste-t-il de cet espace sur l'écran d'un smartphone, sachant que l'Internet de l'ordinateur de bureau, de la tablette ou même du portable est distancé par l'Internet mobile? D'ailleurs, selon ChinaConnect, entre 2014 et 2015 en Chine, 71,5 % des nouveaux utilisateurs d'Internet venaient du mobile. Comme on compte 688 millions d'utilisateurs d'Internet en Chine et 1 270 millions d'utilisateurs de mobile, c'est dire que le pays le plus connecté au monde l'est *via* le mobile. C'est par ce petit écran que tout se passe désormais, 24 heures sur 24 : un petit espace à deux dimensions.

Comment s'y différencier? Comment y émerger? En outre si on peut tout acheter depuis partout, depuis un taxi, dans le métro, ou sur son lit, que reste-t-il de l'expérience luxe multisensorielle, du rituel d'achat, typiques des magasins. Que reste-t-il de cette notion essentielle qu'est la distribution sélective? Même si Zara aime à s'insérer dans les rues du luxe, celles-ci opèrent le tri. Sur le Net, tout est au même niveau. Pour préserver l'aura du luxe, il faudra défendre le rôle clé des magasins. C'est pourquoi ceux qui fustigent les marques de luxe qui ne vendent pas tout leur catalogue sur Internet, les traitant de « *web-unfriendly* », ont la vue courte : cette réserve est stratégique. En outre, comme le montrent les analyses fines de Contact Lab et Exane BNP, l'e-commerce (6 % du marché du luxe à ce jour) n'est que la partie émergée de l'iceberg : 60 % des achats en magasins sont précédés par de la recherche digitale. De plus, les clients *cross canal* dépensent plus en magasin que ceux qui n'achètent qu'en magasin. On le voit, la séparation entre digital et magasin physique aura bientôt perdu son sens : d'autant que dès 2020, les marques de luxe connaîtront pratiquement tous les clients par leur nom.

■ Des valeurs antinomiques

Un autre aspect de l'abîme qui sépare la culture Internet du luxe, c'est l'antinomie fondamentale entre leurs valeurs fondatrices respectives. Porté par la Californie, patrie du mouvement libertaire hippie, Internet repose depuis l'avènement du 2.0 sur les mots « open space », « transparence », « collaboration », « horizontalité », « *peer-to-peer* », « proximité » et « absence de contrôle ». L'essence du luxe est inégalitaire (relative inaccessibilité, distance, contrôle) : sans cela, le luxe ne saurait assumer sa fonction ontologique d'élévation et sociologique de stratification sociale. C'est la raison pour laquelle le Net a donné naissance à de nouveaux acteurs dans le secteur du luxe, surtout de nouveaux distributeurs, comme Net-a-porter.com ou Vente-Privée.com, dont la fonction essentielle est d'ouvrir les portes et d'accroître l'accessibilité aux marques de luxe, grâce aux nouveaux *business models* que permet le commerce en ligne. Il n'en reste pas moins que si elles veulent continuer à vendre leurs articles de luxe, les marques de luxe doivent commencer par rester hautement désirables. Internet rend tout accessible à tous : *via* easyjet.com il n'existe plus de destination de rêve inaccessible en Europe ; *via* Uber, tout le monde peut avoir son chauffeur ; *via* AirBnB, son appartement dans les meilleurs quartiers de New York, Miami ou Paris ; *via* Amazon, qui ne cache pas ses intentions : être le distributeur de tout dans le monde, luxe inclus. Or il n'y a luxe que parce que tous ne peuvent y accéder. C'est l'enjeu du luxe à l'ère du digital : maintenir l'inaccessible.

L'ensemble du secteur du luxe restera florissant s'il réussit à créer et à maintenir des marques de luxe qui font rêver, non pas tellement les clients « d'hier », ainsi que ceux d'aujourd'hui et de demain : la génération du baby boom, ainsi que X et Y, voire Z, totalement connectées et peut-être de ce fait moins sensibles à l'héritage, au temps, à l'espace qu'à la technologie, aux applications... Du moins c'est ce qui se dit ou se lit. Sera-ce vrai ? Que feront ces jeunes gorgés de technologie quand ils auront acquis leurs premiers revenus, leurs premières primes, leurs premiers bonus, une fois lancés dans la compétition sociale et professionnelle ? Le luxe ne peut rester en dehors des avancées technologiques, mais attention à ne pas se tromper de modèle. Aujourd'hui, la marque la plus populaire est celle qui mène en tête la course à la technologie, ce qui fait parler d'elle. Burberry a acquis son avance auprès des jeunes grâce à cela. Mais le luxe est le dépassement de la fonction par l'émotion : à trop miser sur la performance comme raison d'achat, on se mue en marque premium, le *nec plus ultra* de la technologie, jusqu'au moment où l'on est dépassé. Or le luxe s'inscrit dans le temps long.

Les nouvelles générations sont bien un autre aspect du choc culturel entre Internet et l'industrie du luxe. La croissance de cette dernière, depuis les années 1980, a été façonnée par la demande des baby boomers, surtout occidentaux. En Asie, les paramètres sont très différents : 80 % des nouveaux clients du luxe ont moins de 40 ans. En outre, ils semblent plus connectés que leurs homologues occidentaux : un séjour à Séoul ou dans n'importe quelle capitale provinciale ou grande ville en Chine le prouve immédiatement. Sur la principale plateforme chinoise d'e-commerce, Taobao, il y a 25 millions de visiteurs uniques par jour, dont 65 % ont entre 25 et 35 ans (source : China Connect). Cela ne veut évidemment pas dire que les marques de luxe doivent y cibler tous les réseaux sociaux, mais dans ces pays et pour ce nouveau marché cible sophistiqué, la technologie signifie modernité. Cela suppose d'être pointu et pertinent, sans parler de la création de valeur grâce aux services en ligne. Jusqu'où s'engager dans des activités d'e-commerce ? La réponse n'a rien d'évident pour les marques de luxe qui ne veulent pas être sacrifiées sur l'autel de la modernité.

Comme toujours dans le luxe, il faut savoir intégrer les extrêmes : vendre sur Internet les produits d'accès (foulards ou cravates Hermès, sacs d'entrée de gamme Louis Vuitton), tout en recréant de la fermeture, de l'inaccessible à tous, et en encourageant le parcours client *« web-to-store »*. Mais ce cross-canal ne se décrète pas, il se construit.

Luxe et Internet, une myopie réciproque

La relation entre les marques de luxe et le Web et ses principaux acteurs est caractérisée par une double myopie : la vision des marques de luxe n'est peut-être pas très réaliste, mais les catéchumènes d'Internet sont sans doute eux aussi plutôt myopes quand ils poussent l'industrie du luxe à se conformer aux normes et à aux mouvements qui se sont généralisés sur le Net.

Du côté des marques de luxe, la structure organisationnelle n'a pas beaucoup changé. Contrairement aux directeurs de la publicité et de la communication, ceux du marketing digital ne font toujours pas partie du comité exécutif. Le nombre de spécialistes du Web marketing et de gestionnaires de communautés n'a augmenté que marginalement au sein de la structure organisationnelle du luxe : bien des marques continuent à penser que des pages de publicité dans *Vogue* sont plus importantes que la maîtrise du Web pour l'avenir de leur rêve potentiel. C'est une erreur et ne durera pas : aujourd'hui, le Web a fait plus pour le redressement spectaculaire de Burberry que le directeur de la publicité traditionnelle sur les médias. De fait, le Web est le médium de tous les médias : tout est Web aujourd'hui. Qui plus est avec le digital, le magasin se déplace partout : en réalité, aujourd'hui, tout devient magasin, où que l'on soit. Il est donc grand temps que les marques de luxe incorporent cette révolution au sein de leur organisation, de leurs équipes dirigeantes et qu'elles en tiennent compte dans leur recrutement. Sans parler de la révolution des données *(big data)* qui ouvre des perspectives de personnalisation à l'infini. Or la personnalisation est au cœur du sentiment d'exclusivité que peuvent avoir les clients du luxe.

Côté Internet, il existe aussi une sorte de myopie due à la confusion concernant la nature et la fonction du luxe dans des sociétés ouvertes, démocratiques, ainsi que ses conséquences en termes d'exigences de qualité et de sélectivité. Amoureux de leur nouvelle boîte à outils, la plupart des acteurs et prosélytes d'Internet ne parviennent pas à admettre que le Web peut constituer une menace pour le secteur du luxe. Dans sa configuration actuelle, le premier n'est pas très adapté au second : il a été créé non pour les marques de luxe, mais pour la distribution de masse, la mise à disposition de tout à tous. Sous l'influence du tropisme anglo-saxon, les mots clés du Web sont « évolutivité », « *big data* », « millions de fans », « scalabilité », etc. Les médailles d'or du Web vont à ceux qui font les plus grands nombres. Quelle est la marque de sac la plus recherchée sur Internet ? Quelle marque a le plus de fans sur Facebook ou sur WeChat en Chine ? Quel site a le plus de visiteurs ? Quelle firme a monté le plus grand nombre de campagnes de « buzz » à succès ? Qui a le meilleur taux d'engagement sur Instagram à nombre de posts égal ? Bref, Internet et surtout les réseaux sociaux semblent être devenus le champ de compétition obligatoire, quantitative, entre grandes marques du luxe. Cela rappelle les héros et gladiateurs de Hollywood, personnifiés par Stallone ou Schwarzenegger, mouvant leurs biceps pour impressionner les spectateurs. Bien que, en théorie du moins, l'idéal de la « *long tail* » laisse entrevoir une possibilité d'émergence des petites marques, naissantes, la Toile ne semble pas taillée pour les acteurs de niche, dans les faits. Certes, les blogueuses ont un pouvoir considérable, reconnu par les marques : celui de leurs millions de suiveuses, de fans. Mais, dans les faits, suscitent-elles vraiment l'émergence de nouveaux concurrents aux mégamarques du luxe ?

Animés par l'enthousiasme considérable que suscitent les possibilités d'Internet, les adeptes de la Toile et les nouveaux fournisseurs de solutions high-tech font tout pour influencer les dirigeants des marques de luxe, en entonnant le même refrain : embrassez le Web sans arrière-pensées ni restrictions, sinon vous êtes morts ! Vendez tout sur Internet, sans restriction. Ce faisant, ils aident le Web à agir à la manière d'un cheval de Troie s'introduisant dans le secteur du luxe. À moins que ce secteur puisse transformer le Web, ce dernier risque fort de diluer à la fois le secteur et le rêve du luxe. Au-delà de la capacité fantastique du Web de diffuser des contenus de marque, contribuant ainsi à ce que les marques de luxe fassent rêver des millions de nouveaux consommateurs, dans le monde entier, celles-ci vont devoir défendre le luxe contre le Web, y compris au niveau de certains aspects encore méconnus. Si la face visible du Web présente de nombreux avantages, les directions générales du luxe doivent découvrir sa partie immergée. Les enjeux ne sont pas techniques, mais stratégiques.

Le Web, le digital sont inéluctables, car le monde sera un jour connecté à 100 %. La Chine l'est bientôt, agissant en précurseur, donc terrain d'expérimentation : 650 millions de Chinois utilisent au moins une fois par jour WeChat, le réseau social de la vie quotidienne de tous les Chinois. Mais la marque de luxe n'a pas du tout les mêmes buts ou intérêts que H&M, Mango, Uniqlo ou Zara. Le carburant des réseaux sociaux est la nouveauté permanente, de nature à engager le plus d'internautes possible, cliquant d'une marque à l'autre, d'une vidéo à l'autre, donnant leur avis et nourrissant le *« social shopping »*. Ce n'est pas le rythme du luxe, mais bien celui de la mode. Le digital sans réserves ne conduit-il pas à une *« modification »* du luxe ? L'innovation permanente est aussi le domaine privilégié des marques premium, dont le prix est fondé sur la fonction en priorité, les marques technologiques par exemple, car le progrès technique est éphémère, toujours remplacé par un autre. Il ne faut pas couper les marques de luxe des nouvelles technologies, surtout si elles deviennent des standards, mais ce n'est pas la fonction des marques de montres de luxe de concourir en tête dans cette course-là.

Revisiter les potentialités du Web

Qu'est-ce qui préoccupe le plus les dirigeants des grandes marques de luxe aujourd'hui ? Tout d'abord, ils ne veulent pas manquer la révolution du Web. C'est la raison pour laquelle beaucoup d'entre eux passent des semaines entières en Californie, s'immergeant totalement dans la Silicon Valley pour parler aux patrons du Web afin d'en comprendre l'avenir ou pour retourner à l'école, dans la Singularity University.

Deuxièmement, ils redoutent non pas un échec sur le Net, mais l'inverse : un succès trop fort, trop rapide. Ainsi, au seul mois d'octobre 2015, sur la plateforme d'e-commerce chinoise TMall, Dior Cosmétiques aurait vendu pour 3,3 millions d'euros de produits. Le 23 mars 2016, cent SUV Maserati Levante ont été vendus sur Tmall en dix-huit secondes, au prix unitaire de 152 000 dollars. Pourquoi s'en inquiéter ? Ces chiffres raviraient tout manager ! Mais la question centrale du luxe est comment le rester, et non comment vendre le plus possible. La réussite volumique ne fait pas peur aux marques de masstige, ou premium, mais porte en elle-même un risque de déclassement en tant que marque de luxe. Les marques de luxe sont conscientes que leur caractère distinctif découle de leur aptitude à créer de la classe, à être une classe à part. Est-ce le cas de celles qui sont engagées dans la course aux posts, aux likes, aux nombres de commentaires sur les réseaux sociaux, à la viralité ?

Selon le cabinet d'analyse Exane BNP, Michael Kors serait la première marque sur Instagram, suivie de Chanel et de Louis Vuitton. Et après ? La mesure de l'engagement des internautes sur les réseaux sociaux est-elle le nouveau ring des marques de luxe, où celles-ci se mélangent d'ailleurs avec les marques de masstige ? N'y a-t-il pas, à la longue, risque de trivialisation dans cette frénésie de plaire par des images ? Notons cependant que dans ce même classement, Hermès était dix-huitième, comme si plaire à tous n'était pas le problème de cette marque de luxe qui fixe les standards du secteur.

Troisièmement, les dirigeants des marques de luxe ont peur de perdre le contrôle. Et ils ont raison. Après tout, comme dirigeants, ils ont pour mission première de veiller à la valeur des actifs. La marque étant de loin le principal actif dans ce secteur, le contrôle de son image reste leur préoccupation légitime. Or la démultiplication des images de la marque sur Internet, fruit de la viralité, produira de l'usure. Le Web est plein de possibilités, mais aussi de dangers, ce qui rend les marques plus vulnérables. C'est pourquoi, en Chine, Dior achète tous les mots-clés qui contiennent « Dior » (sac Dior, chaussures Dior, crèmes Dior, etc.) afin de contrer le squatting de la marque par d'autres acteurs, non autorisés, écoulant des produits issus de circuits parallèles ou des contrefaçons sur la Toile.

◼ Dualité du Net

Réexaminons les potentialités offertes par le digital aux marques de luxe. Internet est d'abord un remarquable outil de recrutement : le désir de luxe se construit aujourd'hui sur le Net. C'est une chance pour les start-up du luxe : ce qu'elles auraient mis des mois, si ce n'est des années, à accomplir, peut aujourd'hui être considérablement accéléré grâce au Web. Si elles parviennent à attirer l'attention des blogueuses stars, très courtisées par toutes les marques et non contrôlables, ces start-up peuvent, en théorie du moins, établir beaucoup plus vite la notoriété de leur marque – faute de quoi celle-ci n'aurait aucune puissance et ne ferait rêver personne. Rappelons ici les facteurs structurels qui pèsent sur le rêve de la marque de luxe – sa désirabilité –, ce que l'on appelle « l'équation du rêve ».

Rêve de marque = - 7,0 + 0,3 Notoriété de la marque + 0,6 Héritage – 0,4 Pénétration

Le rêve attaché à une marque de luxe, sa désirabilité, est une fonction positive à la fois de la notoriété de cette marque et de la perception de son héritage ou de son histoire, mais aussi une fonction négative de sa pénétration (diffusion). Internet est donc un levier de désir, car il permet de créer de la notoriété bien au-delà du petit cercle des acheteurs : c'est en effet la différence entre le pourcentage de gens qui connaissent et le pourcentage d'acheteurs de la marque qui fonde la désirabilité sociale de la marque, etc. Une marque de luxe se doit de créer bien plus de désir qu'il n'y aura d'offre. Demain dans le monde, il faudra que dans la rue les passants ne se disent pas « Tiens la belle voiture ! » mais : « Qui conduit cette belle DS ? » Donc le Net n'est pas tant un véhicule d'extension de la diffusion des produits qu'un levier susceptible de renforcer la puissance de la marque et d'initier le public à la culture, la tradition et l'histoire de la marque. Signe des temps, les communications des marques de luxe ne sont plus écrites, mais le plus souvent portées par des vidéos ou des images. Pour deux raisons, principalement.

— Les rêves sont faits d'images, de sorte que la production de vidéos et leur circulation sur le Web sont la façon la plus efficace de former le consommateur en lui révélant l'histoire de la marque, son passé et son authenticité, mais aussi la vie de rêve de ses clients phares.

— Les chiffres montrent que ce qui va le plus loin, sur le Web, ce sont les vidéos de toute sorte, à condition qu'elles aient un pouvoir émotionnel important (é-motion). C'est la raison pour laquelle le Web a cultivé la notion nouvelle de « contenu de marque ».

Sans contenu de marque, il n'y a pas de marque. Il ne s'agit pas d'un argumentaire de vente pour l'un des produits du portefeuille ; c'est plutôt ce que les marques disent, montrent et proposent quand elles cessent de parler des caractéristiques de leurs produits. Il est le « *storytelling* » de la marque, mais aussi son « *storyselling* ». Pour pouvoir circuler sur le Web et dans les réseaux sociaux, ce contenu doit être informatif, amusant, exploratoire et participatif. Il doit donc tenter de nourrir une culture de marque, rendre impossible toute comparaison, en faire une source de désir. Le contenu de marque est au cœur de la communication actuelle des marques de luxe ; il a supplanté la quatrième de couverture des magazines en papier glacé. Naturellement, le contenu de marque va au-delà du Web, mais comme tout finit sur la Toile, même les expositions prestigieuses, comme celle consacrée à Coco Chanel au musée d'art contemporain de Pékin, ou celle que Cartier avait organisée à la Cité Interdite, il est aussi accessible en ligne.

Il existe cependant un versant négatif des contenus de marque. La question est quantitative : pour se tenir à la crête de l'attention des réseaux sociaux, il faut sans cesse se renouveler, donner en pâture au Web, cet ogre si vorace d'informations nouvelles. Les marques de luxe peuvent-elles se transformer pour satisfaire son appétit insatiable ? Dans le domaine du luxe, moins, c'est plus. Le pouvoir de diffusion des réseaux sociaux est tel qu'il affecte les codes traditionnels de la communication du luxe, qui n'a normalement rien à voir le tapage et les modes éphémères. La place croissante du facteur « people » dans le marché du luxe résulte aussi de ce besoin d'inventer des informations virales. « Parlons donc de ce que porte Kate Moss en ce moment ! » En quoi cela différencie-t-il le luxe de la mode ?

■ Luxe et « buzz »

Aujourd'hui, chacun peut regarder les défilés de mode sur son smart-phone ou sur sa tablette. Certaines marques, comme Burberry, permettent même au spectateur de plonger dans le spectacle, de choisir un produit, de l'analyser en 3D, puis de le commander immédiatement, transformant ainsi en action l'immédiateté du désir, d'autant plus vif que le client sait que les modèles exposés au cours du défilé sont le plus souvent en quantité extrêmement restreinte. Ce processus capitalise sur une chrono-rareté artificielle. La stratégie numérique de Burberry a été le pilier du « buzz » de la marque : elle a généré énormément de relations publiques et suscité l'admiration, non seulement des analystes, mais aussi des spé-cialistes d'Internet et des nouveaux consommateurs, très à l'aise avec les nouvelles technologies. Ces derniers, généralement asiatiques, vivent à Séoul, Tokyo, Shanghai ou Chengdu et ont tendance à compter plus que les autres sur les réseaux sociaux et le « buzz » pour se tenir au courant des dernières tendances. Ainsi, au fil du temps, le secteur du luxe s'est-il dangereusement rapproché de celui de la mode, où l'éphémère est la règle, où le temps est court et où la règle du jeu consiste à satisfaire les pulsions immédiatement. Nous sommes loin des marques de luxe, qui s'efforcent de créer des produits au temps long, exceptionnels, et d'embellir la vie de leurs clients grâce à la qualité, à l'esthétique et à l'art.

Le Web offre également un potentiel énorme dans le domaine du ser-vice, qui reste le point faible de la plupart des marques de luxe. Quand on demande aux clients, y compris les plus fortunés d'entre eux, quelles caractéristiques définissent à leurs yeux le luxe (voir chapitre 1, tableau 1.1) « l'excellence du service » ne figure jamais en tête de liste, sauf bien sûr dans le secteur hôtelier. Au contraire, quand on leur pose une autre question importante « Si elle ne possède pas la caractéristique x ou y, la marque est-elle encore une marque de luxe ? » l'excellence du ser-vice obtient un score beaucoup plus élevé. Il est bien connu qu'Internet peut améliorer la satisfaction du client et même l'enchanter, en répondant par exemple à des questions toutes simples comme : « Où puis-je trouver ce produit? Dans quel magasin précis? Ont-ils ma taille? », « Puis-je rendre en magasin ce que j'ai reçu par voie postale? ». C'est l'idéal du cross-canal.

Le digital ne pourra évidemment donner la réponse que si la chaîne d'approvisionnement est équipée d'un système informatique adéquat. La plupart des marques de luxe et de mode, y compris les plus connues, ne sont pas encore capables de fournir cette information élémentaire. Mais certaines le font, et elles excellent dans la stratégie *web-to-store*. Au lieu de dresser les activités en ligne et hors ligne les unes contre les autres, elles maximisent leurs interactions : Research Online/Purchase Off line ou inversement. Le service n'est évidemment plus restreint au hors-ligne ; il peut aussi être amélioré par des centres d'appels/hotlines qui aident les magasins, souvent trop occupés pour résoudre les problèmes ; certains mettent même à la disposition des clients un spécialiste des produits concernés.

C'est ce qu'a inventé Approche Sur Mesure. Paradoxalement, cette entreprise a été créée à la fin des années 1990 par le directeur général de la division cosmétiques de l'une des plus grandes marques de luxe, qu'il venait de quitter. Il décide alors de proposer à son ancien employeur ce qui lui avait manqué des décennies durant, quand il dirigeait cette division : un système CRM permettant aux clients d'obtenir des réponses à certaines questions bien précises comme « Quels sont les horaires du magasin? », « Comment puis-je utiliser cette crème? », en contactant directement la marque de luxe. Cette plate-forme, étendue au commerce en ligne, a été entièrement internationalisée. On peut se demander si la cosmétique est encore une activité de luxe ou si elle relève du masstige, considérant la façon dont les grandes chaînes de parfumerie vendent ces produits. De plus, ce sont ceux qu'elles vendent le plus sur Internet, *via* l'e-commerce. L'important, c'est que les clientes elles-mêmes continuent à percevoir les marques concernées comme étant de luxe.

En termes de fidélité, le Web se révèle excellent pour motiver les clients, les fans : il leur permet de s'engager avec la marque et, en retour, de lui apporter leur propre contenu (leurs anecdotes). Plus stratégiquement, le Web permet aux marques d'aller plus loin en créant la communauté stratégique des *connaisseurs* de la marque. Beaucoup de gens confondent communauté et réseaux sociaux, mais les connaisseurs sont bien plus que des fans, qui se contentent de cliquer sur « *like* » dans l'espoir de bénéficier d'une réduction. Les connaisseurs veulent interagir avec d'autres personnes qui leur ressemblent et engager une relation exclusive avec la marque et ses représentants. Gérer cette communauté mondiale, cela signifie exploiter l'inventivité de ses membres, les inciter à partager leur histoire et à échanger au sein de la communauté, enfin proposer des événements spéciaux exclusivement à leur intention afin de les récompenser d'être de véritables connaisseurs, et pas simplement des fans.

■ Une nécessité incontournable

Quand on réfléchit à la façon dont les marques de luxe doivent gérer leur activité en ligne, il faut se poser les questions suivantes :

— Jusqu'où la marque doit-elle aller ?

— Doit-elle vendre la totalité de ses produits, ou seulement quelques-uns ?

— Quelle est la relation entre l'e-business et les magasins physiques ?

Il n'y a pas de réponses simples ; tout dépend de la stratégie de chaque marque. Vendre sur Internet est, au minimum, une façon certaine de faire savoir à tous les acheteurs potentiels qu'il y existe un fournisseur autorisé des produits authentiques de la marque. Faute de quoi, la porte est grande ouverte aux myriades de vendeurs en ligne *non autorisés* qui proposeront des produits sur le marché gris (c'est-à-dire des contrefaçons). Le 17 juillet 2014, LVMH et eBay ont réglé le différend qui les opposait depuis que LVMH avait intenté un procès à eBay, accusé de permettre un accès illimité à des contrefaçons des produits de ses marques. Le fait que LVMH ait été contraint d'aller en justice pour se défendre montre à quel point les fondateurs d'Internet ont tendance à ne pas tenir compte des besoins du secteur du luxe. Pour eux, l'accès à des produits de contrefaçon n'est pas un problème dans un monde de liberté. Ils ont donc enfreint la législation régissant les brevets, le copyright et les marques, qui interdit la production et la distribution de produits de contrefaçon. Pourquoi ce qui est prohibé dans des magasins en dur serait-il autorisé sur Internet en vertu de son attachement à un monde déréglementé et libre-échangiste ?

La nécessité incontournable du digital, non seulement en amont du parcours client mais aussi en aval, source de ventes en ligne pour les marques de luxe, résulte d'une autre cause : le prix astronomique des loyers commerciaux. Le luxe est une activité urbaine. Quand il y a du monde, il y a aussi des touristes. Paris compte 154 marques de luxe, Londres, 126, et Milan, 85. Mais ces magasins ont un coût. En 2014, le prix moyen annuel au mètre carré de la location s'élevait à 24 938 $ à Hongkong, 20 702 dollars à New York, 15 000 sur les Champs-Élysées, 8 666 sur Bond Street à Londres et 8 152 sur Ginza, à Tokyo. Compte tenu de ces loyers, il est très difficile de gagner de l'argent : quel chiffre d'affaires faut-il réaliser pour être rentable ?

■ Recréer de la distance

Cela nous conduit à une autre question : comment les marques peuvent-elles attirer davantage de personnes dans leurs magasins ? Il existe une réponse tactique au coût croissant des loyers et au besoin d'attirer les clients dans les magasins – les boutiques éphémères. Ces dernières font le contraire des magasins classiques : en fait, elles poussent les nouveaux produits vers les clients de luxe. Pour faire venir davantage de personnes dans les magasins *flagships*, le rôle d'Internet en tant qu'outil de *web-to-store* est devenu encore plus nécessaire. Une autre réponse à la question de la rentabilité est de considérer que les ventes peuvent aussi avoir lieu *après le passage en magasin.* Le temps est en effet une dimension essentielle du luxe, car la production d'objets en partie faits à la main prend du temps. Leur achat aussi. L'achat d'un produit mythique peut attendre – du moins si la marque a suscité un désir durable grâce, par exemple, au souvenir ébloui que le client garde de son passage en magasin.

Les moments passés dans les magasins ne sont cependant pas toujours particulièrement agréables. Prenez, par exemple, un touriste chinois qui ne passe que deux jours et demi à Paris et doit acheter au magasin Louis Vuitton des Champs-Élysées une longue liste de produits qu'il doit rapporter à des amis en Chine, avec la signature du magasin « sacré ». Il est temps de se poser des questions sur la qualité de l'expérience d'achat de ces touristes chinois, que leur bus attend devant le magasin. Les marques peuvent-elles encore parler d'une expérience du luxe, dans ce cas de figure ? Ne serait-il pas préférable de permettre à ces clients d'envoyer à l'avance leur liste sur le Web, ce qui faciliterait beaucoup leur passage en magasin ?

Le digital redonne aussi aux marques de luxe la capacité d'être en contact permanent avec leurs clients, donc au service de ceux-ci, d'une façon très personnalisée, même si cela est en réalité à grande échelle (la fameuse « scalabilité »). L'idéal du service est celui qui arrive à temps, de façon pertinente. Pas celui qui vous est proposé de façon intempestive. On connaît la surenchère actuelle aux technologies de géolocalisation des prospects, à leur repérage dans leur parcours de courses, virtuel ou physique, où que ce soit dans le monde. La proximité digitale est censée rapprocher les marques de luxe de leurs prospects, alors qu'elles ont trop longtemps été distantes. Le digital entre dans les magasins eux-mêmes, ainsi que les services sont entrés dans les smartphones *via* les applications, les coaches, les aides au choix, etc.

Toutes ces expériences nouvelles de marque – si elles sont réussies, satisfaisantes et non intrusives – peuvent constituer une source d'enchantement, de « buzz » et de fidélisation. Mais la surenchère technologique aura ses limites : le jour où toutes les marques en disposeront, qu'elles soient de luxe ou pas. De même, trop de proximité pourra faire descendre la marque de son piédestal symbolique. Comment et où recréer alors de la distance ? Et de l'autorité ? Il est intéressant de ce point de vue de suivre la stratégie digitale de Barneys, le grand magasin le plus pointu de New York : ici point de *crowdsourcing*, de jugements des internautes, d'évaluation des marques et des produits par ceux-ci... Pourquoi ? Barneys se vit comme un curateur, un émetteur du goût, un sélectionneur de futurs designers... De ce point de vue, il ne cède pas à la mode actuelle de la communication horizontale sur Internet où l'avis de chacun vaut bien celui d'un autre. Le goût de Barneys est un goût d'expert, comme l'était celui de Robert Parker sur les vins, ou celui d'un critique de restaurants. Il y a d'un côté les avis des clients sur TripAdvisor et de l'autre celui des experts du guide Michelin.

Rester sélectif ?

L'essence d'une stratégie du luxe, c'est le contrôle. C'est la raison pour laquelle les vraies marques de luxe rachètent leurs licences de production et de distribution, seule manière de maîtriser la qualité tout au long de la chaîne de valeur, depuis l'élevage de crocodiles ou de pythons jusqu'aux points de vente. La multiplication des magasins en exploitation directe renvoie au même besoin : l'excellence dans les magasins définit leur qualité au sein du réseau sélectif de distribution de la marque. La distribution sélective est cruciale pour la marque de luxe : elle est un écran et un écrin. Écran, car la marque y projette son image ; écrin, car la valorisation des marques de prestige passe par l'environnement dans lequel elles sont présentées, ainsi que le niveau de service qui y est délivré. Or la distribution sélective est une notion binaire, comme la grossesse – on est enceinte ou on ne l'est pas, mais on ne peut pas l'être à moitié. Un magasin doit être extrêmement exigeant ou ne pas être. C'est vrai des circuits de gros, ça l'est aussi des sites autorisés d'e-commerce, qui doivent être passés au peigne fin, avec des critères qualitatifs et quantitatifs. Pour de nombreuses boutiques en ligne, dites « *pure players* », vendre des marques de luxe signifie faire une offre prix, accorder des réductions pour une période limitée : elles permettent ainsi aux clients de faire de bonnes affaires. Les marques de luxe doivent évidemment réglementer cette pratique, la surveiller de près.

Une fonction discrète des magasins des marques de luxe est de permettre aux marques de choisir leurs clients. La distribution sélective sélectionne. Or les marques de luxe sont assez discriminantes, il faut le reconnaître : elles visent ceux qui ont vraisemblablement les moyens de s'offrir le genre de luxe qu'elles proposent. L'analyse des perceptions des clients de soixante marques de luxe révèle que cette sélectivité est essentielle si l'on veut que la marque soit perçue comme « de luxe » (voir page 38, figure 1.2). Les magasins de luxe choisissent très attentivement leur quartier, leur rue, et même l'un ou l'autre trottoir de cette rue. Ils agissent à la manière d'un filtre : y entrer, c'est comme un rite de passage, c'est accéder à un autre monde. Ces barrières symboliques disparaissent sur Internet : tout le monde peut entrer, sauter d'un seul clic de Zara à Chanel et de Gap à Gucci, détruisant du même coup les frontières symboliques qui les séparent. Ouvrir un site Web, c'est comme ouvrir un magasin dans une rue que personne ne connaît ou alors un grand boulevard.

■ Les marques de luxe résisteront-elles à Amazon ?

Plus grave encore est la menace qui pèse sur la notion même de distribution sélective sur le Net. Il a fallu des années de lobbying pour faire admettre aux autorités de la concurrence de Bruxelles le bien-fondé de la distribution sélective. C'est chose faite grâce à l'affaire Yves Saint Laurent Parfums contre Galec (la centrale d'achats de Leclerc) en décembre 1991. La Commission européenne avait toujours en effet regardé avec suspicion tout ce qui semblait entraver la libre circulation des biens et la libre concurrence. Ce fut donc une victoire lorsque celle-ci a admis que la distribution sélective n'était pas une manœuvre visant à préserver des monopoles, mais la clé de la construction de valeur des marques de prestige auxquelles un cadre valorisant et des services devaient être associés. Or les géants du Net, Amazon en tête, voient les choses très différemment aujourd'hui. La mission déclarée d'Amazon.com est de vendre tout à tous, sans aucune restriction. D'où son lobbying intense auprès des autorités européennes pour que la distribution sélective soit confinée aux seuls magasins physiques, et que le Net puisse jouer son rôle de pourvoyeur de progrès, accessible à tous. Il existe déjà une offre Amazon mode, qui vise à être la plateforme mondiale du luxe, à l'instar d'Amazon Beauty.

L'objectif d'Amazon est bien de devenir le distributeur numéro un au monde sur la base de l'exhaustivité du choix (près de 500 millions de produits ont été vendus sur la plateforme en 2016), la livraison gratuite et ultrarapide avec des expérimentations qui ont nourri le « buzz » (test de livraison par drone). Ceci peut concerner en particulier le secteur de la cosmétique et de la beauté : certes, des distributeurs comme Sephora fournissent une expérience client peu remplaçable en magasin, avec la liberté de tout essayer, de s'instruire, de s'amuser. Cependant Amazon pourrait s'insérer *via* le réassortiment des produits (à quoi sert d'aller chez Sephora pour le rachat d'un produit ?). C'est pourquoi Sephora développe encore plus son programme de fidélité. Pour entraîner les marques réticentes, Amazon peut leur proposer de faire le ménage des tierces parties qui vendent sur sa plateforme des produits de ces marques en question (*Investor's Business Daily*, 28 décembre 2015). En outre, Amazon investit beaucoup dans l'achat de mots-clés sur les moteurs de recherche, afin de détourner les recherches vers sa propre plateforme de vente en ligne.

■ Les nouveaux intermédiaires

Un autre aspect du risque de perte de contrôle concerne les messages eux-mêmes. Sur le Web, les marques de luxe perdent — en raison de la diffusion et de la rediffusion de leurs messages — le monopole dont elles jouissaient auparavant. Hier habituées au monologue, elles doivent se faire au dialogue, mais jusqu'où ? Le Web est un terrain de jeux à partager avec tous ceux qui le fréquentent, ce qui met fin au modèle ancien de la diffusion verticale, du sommet à la base. Les clients veulent désormais engager des conversations avec les marques, du bas vers le haut ou d'égal à égal. Les marques doivent répondre à cette demande, tout en gardant leurs distances, faute de quoi elles deviennent des camarades, ou meilleurs amis, et, au fil du temps, perdent la nature sacrée et distante du luxe, qui entretient le rêve à long terme. Dans le marketing d'influence lié au Net se sont insérés des médiateurs, des blogueuses de talent qui proposent des plateformes de style à des millions de suiveurs : leur succès tient à leur crédibilité, à leur indépendance des marques. Mais en même temps, il tient à leur capacité à être très informé de ce que les marques fomentent en secret. La mention d'un nouveau produit à venir, un scoop photographié valent de l'or et se monnayent ainsi.

■ À qui appartiennent les clients ?

Plus problématique encore est la perte de contrôle sur Internet des clients de la marque de luxe, voire de leurs données. Pour les adulateurs du Web, avoir 15 millions de fans sur Facebook est un immense exploit pour une marque de luxe. Ce que l'on sait moins, c'est que ces fans n'appartiennent pas à la marque, mais à Facebook, dont le *business model* consiste à les rendre accessibles aux concurrents, par exemple en louant à Burberry les clients de LVMH. Souvenons-nous qu'un aspect essentiel de la stratégie du luxe est le contact personnel, en tête-à-tête, car le sens de l'intimité va de pair avec les relations dans le monde du luxe.

Si le Web est présenté comme le royaume de la liberté et du bonheur, quatre grands acteurs y font désormais la loi : Google, Apple, Facebook et Amazon (GAFA). Leur quasi-monopole est la source de leur puissance. Ils définissent les conditions de l'usage de leurs services, c'est-à-dire du Web. Ainsi, la compétitivité des marques de luxe est réellement mise en péril par Facebook, qui peut apporter les fans de n'importe quelle marque à ses concurrents. La marque de luxe ne « possède » plus ses fans : ils sont à vendre. Ce n'est plus de la science-fiction de prédire qu'un jour, une firme de *big data* construira une base de données contenant tous les acheteurs de produits de luxe du pays. Quand cela arrivera, quel pouvoir restera-t-il à la marque ? Autre sujet de préoccupation : les GAFA pourraient privatiser les cookies, ces petits espions qui identifient tout le monde. Mais les clients des marques de luxe souhaitent-ils être suivis à la trace ? Veulent-ils que tout le monde sache ce qu'ils font, en particulier pour ces achats très intimes, somptuaires, expressions du désir ? Il est possible que les clients de Nike, de Zara ou de Ralph Lauren s'en fichent, mais que dire de ceux de Brioni ou de Balenciaga ?

La question du contrôle des données se résume au respect de la vie privée que la marque doit à ses clients. C'était vrai quand ces derniers se rendaient dans les magasins, mais, sur le Web, les lois régissant le respect de la vie privée sont faites par ceux qui contrôlent le Net, pas par les marques de luxe ou les consommateurs eux-mêmes. Ces questions entraîneront une réaction, comme la législation édictée par l'Union européenne, qui a contraint Google en 2013 à respecter le droit à l'oubli d'un individu (en supprimant de la mémoire du Web des informations négatives passées).

Un autre type de perte de contrôle a récemment frappé des producteurs de vin, qui se sont rendu compte que les nouveaux domaines génériques de premier niveau comme Wine.com pouvaient désormais appartenir à Donuts, société américaine créée spécialement pour s'assurer la propriété d'autant de noms de domaines que possible. Comme elle possède les droits de .wine, elle peut vendre ce suffixe à qui elle veut, Bordeaux.wine ou Bourgogne.wine, même si cette personne ou ce groupe n'a aucun rapport avec ces deux régions qui produisent certains des vins les plus prestigieux, luxueux et mythiques du monde. Ce n'est pas une question d'*ego*, mais une vision de la façon de créer de la valeur. L'Internet Corporation for Assigned Names and Numbers (ICANN, en français Société pour l'attribution des noms de domaines et des numéros sur Internet), responsable de l'affectation et de la gestion des noms de domaines dans le monde entier, dépend du Secrétaire d'État américain au commerce extérieur. L'ICANN contribue à promouvoir la libre circulation des produits américains partout dans le monde. Il exprime la vision américaine de la façon de créer de la valeur, par le biais de simples marques, qui s'oppose au désir européen de protéger le nom de régions spécifiques (Bordeaux, Champagne), façon de voir les choses partagée par la plupart des pays producteurs de vin. Certaines maisons de luxe ont réagi rapidement à ce développement : Hermès s'est assuré la propriété de .hermès, Richemont celle de .Cartier, et ainsi de suite. Mais d'autres groupes ont été lents à réagir. Typiquement, .luxury n'appartient ni au Comité Colbert ni à Altagamma, mais à un acteur américain indépendant qui n'a aucun lien avec le monde du luxe.

Un autre aspect sous-estimé de la perte de contrôle concerne la gestion de la relation client ou CRM. Les entreprises de luxe la confient à des agences externes ou à des firmes de *big data*, avec des applications directes sur les téléphones mobiles ou sur Internet. American Express y participe également, car de nombreux clients d'élite paient leurs achats dans les magasins de luxe avec leur carte Amex, ce qui lui ouvre un accès remarquable à leurs données. Cela peut vouloir dire qu'un principe fondateur d'une stratégie du luxe – connaître individuellement chaque client – ne sera peut-être plus applicable si les marques passent par ces fournisseurs de données. C'est donc aux marques de luxe elles-mêmes qu'il appartient de mettre en place un outil permettant une gestion individualisée de la relation client.

Adapter l'entreprise de luxe au Web

Comme le dit le proverbe, quand on habite près de la mer, il vaut mieux apprendre à nager que construire une digue. Il est temps que les entreprises de luxe apprennent à nager. La numérisation de la société soulève clairement des questions concernant le pouvoir et l'organisation des entreprises. Le directeur du marketing numérique devrait-il siéger au conseil d'administration ? Le numérique dépend-il du marketing ou l'inverse ? Comment démanteler les silos fonctionnels (RP d'un côté, média d'un autre, Web d'un troisième) sachant que le numérique est transversal ? Comment persuader les gens de travailler ensemble ?

■ Repenser le mot « communication »

Aujourd'hui, quand on dit communication, on pense Web et pas seulement publicité traditionnelle. Plutôt que de discuter de leur prochaine page de publicité, les marques de luxe doivent toutes prendre le temps de répondre aux questions que pose le Web. Comme Internet est le médium de tous les médias, tous les acteurs de l'entreprise doivent travailler ensemble, en abandonnant les cloisonnements fonctionnels. Reconnaissons la réalité : les clients utilisent tous les circuits de communication. Ils vivent sur le Web, lisent moins, ont une prédilection pour les expériences visuelles et sensorielles originales. La communication du luxe doit exprimer la créativité de la maison en utilisant tous les circuits et non pas un seul en particulier. La tradition n'est pas une excuse pour la paresse ou un conservatisme exagéré. D'ailleurs, plus la marque est ancienne, plus sa créativité peut être audacieuse. Pensons à Dom Pérignon, du nom du moine qui, selon la légende, aurait inventé le champagne. Dès 1961, la marque brisa les règles de la communication traditionnelle du champagne en s'affichant dans les films de James Bond, considéré comme le type même du *sex-symbol*.

■ Faire des magasins et du numérique des alliés

Si le numérique est *de facto* le médium de tous les médias, le directeur du numérique, qui pilote les opérations sur le Web, devrait faire partie du comité exécutif, voire être directeur de la communication. Par exemple, chez Hermès, la direction du numérique est située tout près de l'atelier où l'on fabrique les mythiques sacs Kelly. Chanel emploie désormais des directeurs artistiques pour le numérique, dont ils connaissent bien la culture ; ils peuvent recruter des talents, en vue d'une campagne numérique, en interne comme en externe.

Dans la même veine, les magasins en dur, le Web et le commerce électronique ne sont pas ennemis, mais doivent être gérés de façon synergique. Les magasins eux-mêmes peuvent proposer des expériences numériques en 3D (permettant d'essayer virtuellement, de choisir une voiture, d'assister à un défilé privé, etc.). Le Web est la meilleure préparation pour se rendre dans ces lieux sacrés qui s'appellent encore des magasins. Sans eux, le rituel, les services spécifiques à la marque et une grande partie des dimensions symbolique et intangible du luxe disparaîtraient. Ce serait une immense perte.

Transformer le Web pour l'adapter au luxe

Internet n'a pas été créé pour le luxe, mais pour les grandes marques et les grands nombres. Le luxe devra donc aménager sa présence sur Internet pour reprendre le contrôle de son image, de ses clients et de son destin. On ne peut pas sacrifier les fondamentaux sur l'autel de la technologie. Par exemple, le luxe est synonyme de distance, mais le Web détruit celle-ci. Comment recréer cette distance entre la marque et ses clients ? Cela ne veut pas dire que l'on ne répondra jamais à leurs questions. Chanel a innové en créant le premier centre d'appels pour ses produits de beauté et de maquillage. Les marques de luxe doivent apporter à leurs clients un service attentif, les traiter en VIP, tout en protégeant leur intimité. Pour ce faire, leurs magasins devront peut-être sécuriser leurs locaux à 100 % en faisant en sorte qu'il n'y ait aucune traçabilité possible par le Wi-Fi ou en désactivant les cookies. N'est-ce pas ce qu'attendent les clients exceptionnels du luxe ?

En conclusion, les marques de luxe doivent définir leur stratégie numérique si elles veulent gagner en différenciation par rapport aux marques premium ou de masstige. Il s'agit de trouver le juste équilibre entre présence et absence. Contrairement à Coca-Cola, par exemple, qui doit être présent partout, à portée de main du consommateur, les marques de luxe doivent savoir être absentes – pas trop visibles en permanence – afin de conforter leur réputation de rareté et de privilège. Jusqu'à présent, l'expansion s'est traduite par l'ouverture de nouveaux magasins dans de nouvelles villes. Aujourd'hui, la discussion stratégique porte sur la question de savoir s'il ne faudrait pas en réduire le nombre, fermer des boutiques. Selon les études, les maisons qui jouissent du plus grand prestige, en Chine, étaient précisément celles ayant le moins de magasins (Chanel, 10 ; Dior, 20 ; Hermès, 21 ; Prada, 27 ; Louis Vuitton, 47 ; Gucci, 58). Désormais et à l'avenir, elles devront gérer Internet de la même manière. Loin de vouloir être présentes partout, elles organiseront leur absence. Et quand la marque est présente, elle doit dicter ses conditions. Barneys, le grand magasin de la mode de New York, se distingue par son refus du *social shopping*, des hit-parades issus de la voix des clients, etc. C'est Barneys l'expert de l'avant-garde, le guide. Autre point de comparaison, Rolex exige la part du lion de la vitrine d'une bijouterie autorisée à vendre sa marque. Il faudra se montrer aussi exigeant avec les e-boutiques. Si Hermès investit dans l'e-commerce, il faut que ce soit exclusivement sur son propre territoire : .hermès. Les marques de luxe doivent refragmenter le Web à leur propre bénéfice.

Chapitre 7

Y a-t-il un prix minimum pour le luxe ?[1]

Étude de la psychologie des consommateurs concernant les prix du luxe

Toutes les études le confirment : le mot luxe évoque un prix élevé auprès des personnes interrogées. Fait intéressant, les prix perçus du luxe sont même supérieurs aux prix réels proposés en magasin ou sur les sites d'e-commerce. La croissance remarquable du secteur du luxe depuis 1990 repose néanmoins sur son extension aux nouvelles classes moyennes, en particulier celles des pays émergents à forte croissance, grâce à des prix abordables : selon Exane BNP, les nouveaux consommateurs chinois ont constitué par leurs achats les deux tiers de la croissance du marché du luxe personnel depuis 2005. Paradoxalement, le luxe doit être cher pour créer du rêve, mais le secteur a dû sa croissance à des prix le rendant accessible. Par conséquent, si les consommateurs veulent avoir accès au

---

1. Ce chapitre a initialement été publié sous forme d'article cosigné par C. Klippert et L. Leproux, dans la revue américaine *Journal of Revenue and Pricing Management*, 13, pp. 2-11, 2014.

luxe, au-dessous de quel prix considéreraient-ils que les produits concernés ne sont plus du luxe ? Y a-t-il un prix minimum ? Ce chapitre explore la façon dont les clients potentiels décodent les prix du luxe ; nous analyserons si et comment des prix inférieurs peuvent être compatibles avec la notion de luxe et nous verrons que les marques puissantes ont plus de latitude que les marques récentes – sans réputation affirmée – pour vendre certains produits à des prix accessibles. C'est d'ailleurs la base du *business model* de certaines.

Une notion difficile à définir

Le luxe est devenu central dans la société de consommation. Hier réservé aux riches, le marché du luxe semble concerner tout le monde aujourd'hui, dès lors qu'on est prêt à y mettre le prix, que l'on soit riche ou non. Les magasins de luxe sont omniprésents dans nos villes modernes et sur le Net. Pourtant il n'y a toujours pas de consensus autour de la définition du luxe. Pour faire court, le luxe renvoie à des objets de qualité très supérieure ou à des expériences rares, hédonistes, qui ne font pas partie des nécessités de la vie et sont donc essentiellement réservés à ceux qui ont les moyens et le désir de s'offrir ce superflu. Une telle définition est néanmoins subjective : par exemple si, pour certains, Ralph Lauren est une marque de luxe, d'autres estiment qu'elle n'est pas assez rare et trop souvent disponible à prix réduits dans les outlets. Le but du présent chapitre n'est pas de traiter la difficile question de la définition du luxe, concept relatif et culturel, fluide et changeant, mais de tester ce concept à sa frontière même, celle de son seuil de prix.

Le mot luxe se traduit de la même façon dans pratiquement tous les pays occidentaux (*luxury, lusso, luxus*, etc.). D'où notre entendement commun. En revanche, il existe plusieurs façons de le traduire en chinois ou en japonais, selon le sens sur lequel on veut insister : l'objet ou l'acheteur. C'est la raison pour laquelle les Japonais parlent de « *lugujuri* », adaptation phonétique du mot *luxury*. Ils se réfèrent non au concept, mais à ce qu'ils voient dans les centres commerciaux et les grands magasins : des marques prestigieuses internationales, venues d'Occident. Quant à l'étymologie de luxe, *luxus* renvoie au sens latin qui a aussi engendré le mot « luxation » : le résultat d'un grand écart. Tout dans le management d'une marque de luxe doit être fait pour creuser cet écart. Le prix inclus.

Autre difficulté liée au mot luxe : on confond souvent concept et conception. Ainsi, les créateurs du luxe – les marques – mettent l'accent sur certains aspects comme la qualité exceptionnelle de leurs produits, les savoir-faire mis en œuvre, le fait qu'ils soient au moins en partie fabriqués à la main, leur rareté, la noblesse et la richesse des matières, le respect de la tradition, etc. Les acheteurs parlent, eux, plutôt de privilège, d'exclusivité, d'hédonisme, d'accès à une qualité rare, d'authenticité et des moments merveilleux que le luxe leur permet de vivre. Enfin, la grande majorité — ceux qui n'achètent pas des produits de luxe — assimile le luxe à l'ostentatoire, à l'excès et au gaspillage : ce faisant, ils sous-estiment le produit lui-même et l'excellence des métiers d'art concernés les laisse indifférents. Comme on le voit, il y a autant de conceptions qu'il existe de points de vue.

Dans une recherche de 2012, De Barnier, Falcy et Valette-Florence ont réalisé une analyse factorielle des trois échelles les plus utilisées pour mesurer le degré de luxe d'une marque ou d'un produit. Celles-ci convergent, mais chacune comporte un certain nombre de facteurs spécifiques. Le luxe peut s'identifier par six dimensions :

- un moment très qualitatif, hédoniste ou un produit fabriqué pour durer ;
- à un prix excédant ce que dicterait sa valeur fonctionnelle ;
- lié à l'héritage, aux savoir-faire et à la culture ;
- vendu par le biais d'une distribution restreinte et contrôlée ;
- accompagné de services extrêmement personnalisés ;
- agissant comme un agent de stratification sociale, conférant un sentiment de privilège.

Ces critères sont nécessaires, mais leur poids relatif diffère en fonction du secteur concerné (services ou produits, automobiles ou vêtements, etc.). Ils révèlent les deux principales facettes du luxe : le luxe pour soi (récompense, indulgence) et pour les autres (apparence, signe de pouvoir, trophée, séduction).

Le prix et le luxe

S'il est difficile de définir le luxe, les consommateurs et les professionnels tombent d'accord sur un point : le prix en fait partie. Bain & Company définit le luxe comme « des produits premium, vendus dans des magasins premium aux prix du premium ». Kapferer et Bastien (2012) ont cependant montré que le luxe n'est pas du premium en plus cher, ni même du super-premium. Le prix des produits et services premium doit être justifié par des faits objectifs concernant leur qualité ou leur performance.

Dans le luxe, la qualité est considérée comme allant de soi et le prix n'a pas à être expliqué rationnellement : c'est le prix des intangibles (histoire, légende, prestige de la marque). Seth Godin faisait écho à cette distinction fondamentale dans son blog (17 mai 2009), en écrivant que le luxe était « inutilement cher » *(needlessly expensive)* : il faut prendre le mot « inutile » au sens où le prix élevé du luxe ne rémunère pas des valeurs fonctionnelles (l'utilité objective). Le prix du luxe est là pour segmenter une clientèle qui peut ou veut dépasser la rationalité du prix et montrer en cela sa propre culture et sa supériorité. Le prix est là pour créer de la valeur sociale. Certains œnologues américains classent les vins en fonction de leur prix : populaire et moyen (de 7 à 10 dollars), mi-premium (de 10 à 14 dollars), ultra-premium (de 14 à 25 dollars), luxe (de 25 à 50 dollars) et superluxe (de 50 à 100 dollars). Les vins plus chers encore sont désignés sous le terme d'« icône ». Comme une icône est une figure religieuse, cela implique que ces prix ne reposent pas sur un fondement rationnel, mais spirituel.

Des études internationales récentes montrent que le prix joue un rôle essentiel pour qu'un produit ou un service soit déclaré comme entrant dans la catégorie du luxe (Godey, 2013). Un prix élevé est le premier critère pour qualifier le luxe en Chine, le second aux États-Unis et en Allemagne, le troisième en France et au Japon (voir chapitre 1, tableau 1.1). Ces résultats ne sont pas surprenants. Historiquement, le luxe était associé au train de vie de l'aristocratie et plus tard à celui de la bourgeoisie fortunée. Les évocations modernes du luxe retiennent de ce passé des notions d'exclusivité, de qualité et de savoir-faire exceptionnels, le caractère unique du produit, la noblesse des matières utilisées, la rareté, l'hédonisme, l'art et le prestige – privilèges aujourd'hui étendus à tous ceux qui peuvent se l'offrir grâce à leur réussite personnelle.

Le secteur du luxe jouit depuis 1995 d'un taux de croissance remarquable. Le marché des produits de luxe personnels (montres, bijoux, maroquinerie, vêtements, parfums et cosmétiques) est passé de 77 à 253 milliards de dollars entre 1995 et 2015. C'est parce que le luxe est devenu « l'ordinaire d'individus extraordinaires et l'extraordinaire des personnes ordinaires » que cette croissance régulière a été possible. Naguère réservé exclusivement à des individus disposant de revenus élevés, « pesant » plus d'un million de dollars en patrimoine liquide, le luxe a depuis rendu le rêve accessible à la classe moyenne et aux « excursionnistes » qui n'achètent qu'une fois par an. La plupart des acheteurs de produits de luxe ne sont donc pas « riches ». Un article publié dans la *Harvard Business Review* intitulé *« Luxury for the masses »* identifie la façon dont un « nouveau luxe » abordable a permis aux masses d'accéder à ses produits. Ce « nouveau luxe » renvoie à des extensions de grandes marques de luxe (comme les lunettes ou les produits de maquillage ou de beauté ou encore le parfum de la marque Chanel). Ce « nouveau luxe » inclut aussi des produits premium – c'est-à-dire de meilleure qualité que le produit standard (la vodka Grey Goose ou les clubs de golf Callaway) –, ainsi que les produits dits de masstige (Victoria's Secret, Polo Ralph Lauren, Hugo Boss, Tommy Hilfiger, etc.). Dans ce chapitre, nous porterons notre attention exclusivement sur les vraies marques de luxe.

Qu'entend-on par « cher » ?

Nous voici confrontés à une contradiction : être cher fait partie du concept du luxe, mais le secteur doit en partie sa croissance au fait qu'il a cessé d'être hors de portée du plus grand nombre. Cela nous conduit à la question suivante : si les consommateurs veulent avoir accès au luxe, au-dessous de quel prix considéreraient-ils qu'un produit ou service n'est plus du luxe ? Cette question est importante pour des considérations managériales : jusqu'où la marque de luxe peut-elle aller en termes d'accessibilité par le prix si elle veut que son produit reste un luxe ?

■ Que disent les études ?

Une étude de 2012 menée par l'auteur et Gilles Laurent sur 8 370 acheteurs de produits de luxe de sept pays différents, interrogés sur vingt et un types de produits, révèle que les prix seuils descendent assez bas, une majorité de répondants citant des prix même assez faibles (300 euros pour une paire de chaussures, 450 euros pour un costume d'homme). Cela est proche de la classification des professionnels américains du vin, où le « luxe » commençait à 25 dollars la bouteille ! Cette étude, cependant, ne visait pas à dévoiler les processus psychologiques utilisés par les personnes interrogées pour déterminer le prix au-dessous duquel on ne pourrait plus parler de luxe – or tel est le sujet de ce chapitre.

La littérature académique consacrée au luxe évoque rarement la question du prix. Quand elle le fait, elle se réfère à des marques qui ne sont pas complètement perçues comme relevant du luxe. Ainsi, l'analyse des stratégies de prix sur les marchés du luxe réalisée par Yeoman et McMahon-Beattie (2006) prend pour exemple Victoria's Secret, marque de masstige, et MINI, marque premium. Il y a cependant des exceptions : Amaldoss et Jain ont démontré en 2005 que les prix du luxe étaient sujets à des effets d'externalité. Les « snobs » sont prêts à payer plus cher un produit si cette différence a pour effet de réduire le nombre de « conformistes », de suiveurs, qui l'achètent principalement pour ressembler à ceux qui le possèdent déjà. Si les snobs exhibent un effet Veblen typique (la demande augmente quand le prix augmente), les conformistes suivent la loi classique de l'élasticité des prix : en ce qui les concerne, la demande augmente quand le prix baisse. D'où le succès, dans le secteur du luxe, des extensions de marque vers le bas.

L'analyse réalisée par Becker en 1991 de la politique de prix d'un restaurant montre que, contrairement à ce que recommandent les économistes classiques, un restaurant haut de gamme qui marche très bien, et a donc une liste d'attente, ne doit surtout pas augmenter ses prix jusqu'à ce que la demande soit égale à son offre – il n'y aurait alors, en effet, plus de liste d'attente. Dans le luxe, l'offre doit rester très inférieure à la demande : les obstacles à l'achat augmentent sa valeur perçue. L'analyse du prix des produits de luxe qu'a réalisée Allsop en 2005 montre que des prix plus élevés renforcent la désirabilité, non seulement parce qu'ils indiquent la qualité du produit, mais parce qu'ils montrent que l'acheteur a les moyens de se l'offrir. Le luxe est une façon de se prouver à soi-même et de montrer aux autres (les deux facettes du luxe) que l'on a les moyens d'en payer le prix – prix exorbitant d'un point de vue rationnel, par exemple 1 500 dollars pour une bouteille de Château Latour. Pour les économistes, les prix du luxe sont discriminatoires : ils visent à éliminer les consommateurs qui ne peuvent pas suivre.

Ces études portent essentiellement sur le caractère attractif des prix élevés. Posons aussi la question symétrique : y a-t-il un seuil inférieur aux prix du luxe ? À quel niveau se situe-t-il ?

Les études que les spécialistes du marketing ont consacrées à la psychologie des prix proposent le concept du *prix de référence* : les consommateurs estimeraient qu'un produit est cher en se fondant sur un prix qu'ils ont gardé en mémoire depuis leurs derniers achats de la même classe de produits. Mais, dans le luxe, contrairement aux produits de grande consommation, les achats ne sont pas fréquents. En outre, sur Internet, les marques de luxe célèbres restreignent la diffusion d'informations sur les prix : pour les connaître, il faut les demander. Cependant, nous ne pouvons pas éliminer l'idée que, par une demande personnelle ou par le biais de l'interaction des médias sociaux, des prix typiques circulent pour les articles les plus « chauds » de la saison.

■ Les objectifs de cette recherche

La présente recherche vise à répondre aux questions de fond suivantes:

– Quels processus psychologiques interviennent chez les clients pour définir leur prix minimum du luxe?

– Quel rôle jouent respectivement les facettes tangibles et intangibles du produit ou de la marque dans ces processus?

– Comment les prix et les marques interagissent-ils dans ces processus? Les grandes marques de luxe peuvent-elles plus ou moins jouer sur les seuils de prix que les marques récentes?

– Quelles différences entre les individus contribuent à influencer leur seuil inférieur du prix du luxe?

Ces questions sont pertinentes, au plan académique comme managérial. Pour comprendre un phénomène, il faut l'analyser à ses frontières. Pour atteindre l'essence du luxe, il importe d'identifier les éléments qui peuvent être minimisés et ceux qui sont essentiels: pour cela, il est plus utile d'étudier des cas limites que celui de Rolls-Royce. D'un point de vue managérial, la réalité, c'est que les marques de luxe doivent recruter de nouveaux clients des classes moyennes montantes si elles veulent assurer leur croissance continue. L'analyse des réactions des consommateurs face à des prix d'entrée de gamme sera riche d'enseignements.

Pour répondre à ces questions, nous avons procédé à une étude exploratoire: 150 questionnaires ont été envoyés en mars 2013 aux parents et amis des étudiants du MBA d'HEC. Cent dix réponses nous sont parvenues: 66% venaient de femmes, 67% des répondants avaient entre 20 et 30 ans, 54% déclaraient des revenus annuels de plus de 27 000 dollars, 34% de plus de 60 000 dollars, et 54% disaient acheter des produits de luxe deux ou trois fois par an.

Les questions étaient les suivantes:

– Au-dessous de quel prix considérez-vous qu'un produit (par exemple une bague) n'est plus du luxe?

– Selon vous, quel est le prix habituel (d'une bague Mauboussin/d'une chemise Ralph Lauren) ? Diriez-vous que c'est du luxe?

– Si Dior décidait de baisser de 50% le prix d'un article, pourrait-on encore dire que c'est du luxe? Pourquoi?

– Selon vous, une excellente contrefaçon peut-elle être du luxe ? Par exemple, une remarquable copie d'un sac Louis Vuitton vendue 200 euros au lieu de 2 500 ?

– Qu'est-ce qui, pour vous, justifie le prix élevé d'un produit de luxe ?

Les produits figurant dans les questions variaient suivant le sexe de la personne interrogée (par exemple, des bagues pour les femmes, des montres pour les hommes). Nous avons choisi les marques Mauboussin et Ralph Lauren car leur statut de marque de luxe est contesté, comme le montre l'étude Ipsos (World Luxury Survey, 2012). Mauboussin est un joaillier historiquement prestigieux qui, pour éviter le naufrage, s'est totalement transformé et a changé de *business model,* optant pour le low cost : il vend désormais des bijoux à des prix très abordables et fait des publicités télévisées destinées à un public très large. Cette stratégie est mondiale. Nous avons retenu Hermès et Louis Vuitton comme marques de luxe typiques : selon Ipsos, ces deux marques sont parmi les plus fréquemment citées comme marques de luxe, dans le monde entier.

L'étude s'achève par une partie qualitative : nous avons interrogé en profondeur huit acheteurs de produits de luxe à Paris. Après les avoir fait parler de leurs derniers achats et discuté de ce que représentait le luxe à leurs yeux, l'enquêteur leur a posé la question (centrale dans le cadre de cette étude) du prix minimum pour une catégorie donnée. Nous leur avons demandé ensuite si les soldes et les supersoldes ou les sites Web qui vendent des produits de luxe à prix discount (comme Net-a-porter) étaient encore du luxe à leurs yeux. Nous avons également abordé la perception des contrefaçons. Enfin, comme beaucoup de marques de luxe achètent leurs produits à de petits artisans, nous leur demandions s'ils pensaient qu'acheter directement à ces derniers – bien entendu à un prix inférieur – serait encore vécu comme un luxe ? Le but de cette phase était d'identifier leur cheminement de pensée et les raisons de leurs réponses.

Où commence le luxe en termes de prix ?

Le luxe étant une notion culturelle, nous ne prétendons pas que nos résultats sont généralisables au reste du monde. Il en va de même de toutes les études conduites dans un seul pays. Cependant, comme l'idée que les gens se font du luxe est influencée par les marques de luxe dont l'action s'étend au monde entier, leur validité ne se limite pas à la France.

■ Un seuil de prix ou un *no man's land*?

Pour identifier un prix minimum du luxe, nous avons posé deux questions:

– En dessous de quel prix diriez-vous que le produit (par exemple, une bague) n'est plus un article de luxe?

– À partir de quel prix diriez-vous que ce même produit est un article de luxe?

Aussi étonnant que cela puisse paraître, ces deux questions donnent lieu à des réponses tout à fait différentes: le prix à partir duquel le luxe s'arrête et celui à partir duquel il commence ne sont pas les mêmes! Il y a un écart de 853 euros entre les deux (tableau 7.1)

Plus son prix est élevé, plus le produit a de chances d'être considéré comme un luxe. C'est la raison pour laquelle les nouveaux venus au luxe achètent souvent les articles plus chers. N'ayant encore aucune culture en la matière, ils s'en remettent au prix, qui leur sert de diagnostic: plus c'est cher, plus cela a des chances d'être vraiment du luxe.

À l'autre extrémité, les marques ont une certaine latitude quand elles décident de proposer des produits plus abordables. Les consommateurs n'ont pas en tête un seuil de prix bien précis qui agirait à la manière d'une guillotine, en réalité ils en ont deux. Les réponses à nos questions nous ont permis de constater qu'au-dessous de 1 983 euros, le statut de luxe d'une bague est conditionnel: il dépend d'autres facteurs, dont le statut de la marque elle-même. Il y a cependant une limite, un point bas (1 130 euros) au-dessous duquel aucun facteur n'y changera rien: à ce prix, notre bague n'est plus un article de luxe.

Tableau 7.1 Le prix minimum d'une bague de luxe

En dessous de quel prix diriez-vous qu'une bague n'est plus un article de luxe?	1 130 €
À partir de quel prix diriez-vous qu'une bague est un article de luxe?	1 983 €

■ Le rôle modérateur du prestige de la marque

Tiffany est un célèbre joaillier américain dont l'histoire prestigieuse commence en 1837. Au début des années 1990, la marque a lancé une gamme de bijoux en argent à prix abordable: 110 dollars. Si cette offre a attiré beaucoup de jeunes, cette réussite a terni le sentiment d'exclusivité et de rêve jusqu'alors attaché à Tiffany. En 2007, la marque a décidé d'augmenter le prix, passé de 110 à 175 dollars. Le *Wall Street Journal* a écrit : « Fashion victim : pour redorer son image, Tiffany met ses profits en risque. Après la réussite de la collection argent, le joaillier en augmente le prix pour décourager les adolescentes » (10 janvier 2007, p. A1).

À 110 dollars, ces jeunes acheteuses percevaient-elles le bijou comme un article de luxe ? Comme le montre le tableau 7.2, qui porte sur la stratégie actuelle de descente en gamme de Mauboussin, nous avons demandé quel était le prix typique des bagues de cette marque et si c'était un article de luxe.

Tableau 7.2 Une bague Mauboussin typique est-elle un article de luxe ?

Prix perçu d'une bague Mauboussin	1 213 € (les réponses varient de 150 à 7 000 €)
Est-ce un article de luxe ? Oui	60 %
Est-ce un article de luxe ? Non	40 %

Le prix moyen *perçu* d'une bague Mauboussin (1 213 euros) tombe en plein dans le no man's land identifié ci-dessus : le prix perçu le plus bas est de 150 euros, le plus élevé 7 000 euros. En réalité, les prix des bagues Mauboussin vont de 400 euros à 24 000 euros.

Les résultats montrent qu'il n'y a pas de lien significatif entre le prix moyen cité par la personne interrogée et sa perception que cette bague est, ou non, un article de luxe. Certaines personnes ont évalué à 300 euros le prix moyen des bagues, mais les classaient tout de même dans la catégorie luxe. D'autres l'estimaient à 1 000 euros, mais disaient que ce n'était pas une bague de luxe. Pour les premières, si Mauboussin est une marque de luxe, une bague Mauboussin est un article de luxe. Les répondantes du second groupe comparent Mauboussin à d'autres célèbres joailliers comme Cartier et lui dénient le statut luxe, même si elles ont évalué le prix moyen de ses bagues à 1 000 euros. Cela montre à quel point la marque peut jouer sur le prix. Pour les clientes qui n'ont pas une idée claire de ce qu'est Mauboussin, le prix seul devient un indice permettant de placer l'article dans la catégorie luxe : à 3 000 euros ou plus, il est difficile de dire que ce n'est pas du luxe.

■ Les effets négatifs des réductions de prix sur le statut luxe de la marque

Les marques de mode sont contraintes d'écouler leurs invendus en en sacrifiant le prix. En règle générale, les marques de luxe s'y refusent. Comme le montre le tableau 7.3, nous avons présenté aux personnes interrogées la situation suivante : si Dior, un prototype du luxe, baissait de 50 % le prix de certains produits, sans rien changer aux produits eux-mêmes ni aux services associés, s'agirait-il encore de produits de luxe ?

Tableau 7.3 Une réduction de 50 % serait-elle préjudiciable au luxe ?

Si Dior réduit de 50 % le prix d'un de ses articles	
Cela reste un article de luxe	45 %
Ce n'est plus un article de luxe	55 %

Comme le montre le tableau 7.3, les avis sont partagés. Les raisons invoquées par les répondants selon lesquels l'article reste un article de luxe sont les suivantes.

– Tout d'abord, la puissance de la marque. Dior est synonyme de luxe depuis des décennies. La marque a même influencé le sens du mot luxe. Quoi qu'elle fasse, les articles qu'elle vend restent de luxe. Témoin cette réponse intéressante : « Si les produits de Dior sont du luxe, ce n'est pas à cause de leur prix. Le fait que ce soit du luxe n'a rien à voir avec le prix. » Les personnes interrogées ont mentionné cependant une petite restriction : à court terme, malgré la baisse de prix, Dior reste Dior, donc du luxe. Mais si de telles réductions étaient répétées, cela pourrait susciter des doutes : « La marque reconnaît-elle qu'elle est désormais plus faible, a perdu du prestige ? » Le risque de dilution de la valeur de la marque est clair.

– La deuxième raison, c'est que le produit reste inchangé : il a demandé autant de travail, mis en œuvre autant de savoir-faire qu'au prix antérieur et le service qui l'accompagne est le même.

– Une troisième raison est que, malgré la réduction de 50 %, le produit reste cher, à deux égards. 1. Son prix dépasse ceux des marques standard. 2. Il reste hors de portée de nombreux clients, compte tenu de leurs ressources financières – « Une montre Dior vendue 6 000 euros au lieu de 12 000 reste très au-dessus du seuil de 1 000 euros, qui est aujourd'hui ma limite. »

Que dire des 55 % de personnes ayant déclaré que des produits Dior vendus avec une réduction de 50 % n'étaient plus des produits de luxe ? Qu'est-ce qui les a poussées à répondre ainsi ?

– Le produit est peut-être le même, mais il a perdu son cachet d'exclusivité, la notion de rareté qui y était rattachée. Son nouveau prix le rapproche de la masse, il est moins discriminant. « Le luxe n'est pas donné à tout le monde » : la baisse de prix nuit à cette source de valeur perçue.

– Ces consommateurs ont aussi le sentiment d'avoir été trahis dans la relation intime qu'ils ont tissée avec la marque. La baisse de prix révèle que cette dernière tente de séduire une nouvelle cible ; c'est un signe de déloyauté.

– Enfin, certaines réponses suggèrent que le luxe suppose un comportement très différent de ce que font les autres marques. Le luxe ne devrait jamais avoir recours aux promotions. Par ailleurs, comment le même produit pourrait-il valoir 1 000 euros un jour et 500 euros seulement le lendemain ? Le luxe, ce n'est pas la mode : sa valeur doit être stable, car intemporelle.

■ Une superbe contrefaçon de sac Louis Vuitton est-elle un luxe ?

Les contrefaçons offrent aujourd'hui d'excellentes copies de produits de luxe à un prix très inférieur. C'est le luxe rendu accessible. Mais est-ce perçu comme un luxe (voir tableau 7.4) ?

Tableau 7.4 La contrefaçon est-elle un luxe accessible ?

La contrefaçon reste un luxe	6 %
La contrefaçon n'est pas un luxe	94 %

Sur les cent dix personnes interrogées, sept ont déclaré que si le produit est une très bonne copie, que personne ne pourrait identifier comme telle, la contrefaçon est un luxe. Quelles raisons ont-elles de répondre ainsi ? Rappelons que le luxe a deux aspects : il est pour soi-même (on se fait un très beau cadeau), et pour les autres (que l'on n'est pas mécontent d'impressionner). Les personnes qui nous ont répondu de cette façon voient surtout ce second aspect. En pleine ascension sociale, elles attachent plus d'importance au logo qu'au produit lui-même. Quand la contrefaçon ne peut pas être identifiée par les autres, « cela reste du luxe parce que les autres le perçoivent ainsi ».

Mais l'immense majorité des personnes interrogées (94%) ne considère pas les contrefaçons comme des articles de luxe.

– Pour des raisons tangibles : selon elles, la qualité n'est pas équivalente *a priori*, et elles expliquent pourquoi (« les ingrédients ne sont pas aussi nobles », « le design est moins raffiné », « un connaisseur verrait certainement qu'il s'agit d'une contrefaçon »).

– Toutes les autres raisons reposent sur les sources intangibles de la valeur du luxe. Citons :

. Le plaisir de posséder un article authentique et non une copie, quelque parfaite que soit la seconde.

. La défense de la propriété intellectuelle. Par définition, au moins dans le monde occidental, qui considère l'innovation et la créativité comme des valeurs importantes, les copies ont moins de valeur que l'original.

. Les produits de contrefaçon n'ont pas de lien ombilical avec la tradition, l'histoire, le savoir-faire d'une maison de luxe renommée. Ces objets, loin d'être créés par des artisans révérés poursuivant une longue tradition d'excellence, sont juste des produits, fabriqués par des ouvriers anonymes dans des conditions jugées déplorables.

. L'acte d'achat est loin d'être aussi satisfaisant que celui d'un véritable objet de luxe. Quand on va chez Hermès, même pour y acheter un article peu coûteux, on savoure le moment passé dans le magasin. Les contrefaçons, elles, s'achètent à la sauvette, dans des arrière-boutiques, comme si la police pouvait surgir à tout moment. Elles évoquent donc des sentiments négatifs, liés à la fraude et à la tromperie, et l'objet est désacralisé. Les marques de luxe, au contraire, sacralisent leurs produits, qui sont considérés comme des icônes, vendus dans des temples (les magasins *flagships*) et révérés comme des objets d'art, le fruit d'un héritage ou le legs d'un créateur vénéré.

Quand on achète une contrefaçon, cela ne suscite aucune fierté. La possession d'un produit frauduleux ne permet pas d'entrer symboliquement au sein du club des personnes qui peuvent en payer le prix grâce à leur mérite et à leur travail.

▪ Peut-on parler de luxe quand on achète directement à un artisan?

Dans les interviews qualitatives, nous avons présenté le cas d'une nouvelle marque ayant créé un produit artisanal rare, qui attirait l'attention d'une célèbre marque de luxe, et cette dernière l'incorporait à son offre. Norlha, fondée en 2007, produit des châles à base de fibres de yak uniques, tissés à la main par des nomades des plateaux tibétains. Ils sont à présent vendus aussi par Hermès, sous sa propre marque. Parlerait-on encore de luxe si on les achetait directement aux nomades, dans leur camp ou dans leur atelier, là-bas au Tibet?

Une conclusion claire émerge des réponses des interviewés. Acheter directement à un artisan ou une marque de luxe dans un magasin de luxe sont deux expériences différentes : l'une n'est pas supérieure à l'autre, mais seule la marque crée le luxe. Les réponses des personnes interrogées parlent d'elles-mêmes : « Si j'achète directement à l'artisan, le produit reste artisanal : c'est juste un beau produit, de belle qualité, fait par de bons artisans, c'est certainement un produit rare, mais pas un produit de luxe » ; « Un bijou acheté à un artisan joaillier, c'est bien, mais l'acheter chez Cartier vous transporte dans un autre monde, le monde du luxe. » La marque crée la confiance : elle hisse le produit au niveau du luxe. Au-delà de garantir la qualité objective du produit, c'est la marque qui témoigne de la qualité sociale de celui-ci, qui atteste de sa distinction sociale. Il est donc naïf de croire que le luxe est situé dans les qualités objectives du produit, même si celles-ci fondent presque exclusivement le *storytelling* des marques, donc des consommateurs qui l'ont reçu.

■ Qu'est-ce qui justifie le prix élevé des produits de luxe?

Comment les consommateurs justifient-ils le prix élevé d'un produit de luxe? Quels attributs extraordinaires leur permettent de trouver ce prix acceptable?

Sans surprise, parmi les 110 réponses collectées, *la qualité* est citée 47 fois. Une qualité hors normes est ce qui justifie le mieux une différence de prix significative de produits remplissant des fonctions similaires :

– La qualité renvoie aux matières utilisées (27 réponses), la façon dont elles sont sélectionnées, leur pays d'origine, leur « noblesse ».

– La qualité est aussi affaire de ressenti. Le prix du luxe a des points communs avec l'effet placebo. Citons l'un de nos répondants « Nous avons aussi fait la fête avec des vins moins chers, mais c'était moins sympa. »

– La qualité se réfère au travail lui-même, sa complexité, les métiers mis en œuvre, le fait à la main, le temps passé pour créer un seul produit. Ces dimensions de la qualité garantissent une durabilité et une fiabilité exceptionnelles.

– La qualité concerne les personnes impliquées : les marques de luxe recrutent des talents, pas de la main-d'œuvre. Certains répondants parlent même d'artistes. Tout le monde, dans un magasin de luxe, (créateurs, designers, couturières, etc.) est hautement qualifié : ce personnel exceptionnel justifie des coûts supplémentaires.

– La qualité du service : il n'y a pas de luxe sans service – avant, pendant et après l'achat lui-même.

– Les qualités esthétiques de l'objet ou du lieu où le service est rendu. Le client paie le bon goût que la marque garantit. En retour, la marque lui confère un supplément d'élégance et de confiance en soi. Cela a un prix, celui du droit d'exhiber le logo, marqueur de bon goût.

Les réponses que nous avons obtenues ont également identifié les éléments suivants :

– *La rareté* était mentionnée 19 fois, avec d'autres mots comme exclusivité, unicité, authenticité et originalité. Cette rareté a un coût lorsqu'elle résulte véritablement de la pénurie d'ingrédients ou des talents capables de les mettre en œuvre. Mais la rareté peut également être virtuelle, voulue, afin de créer une aura d'exclusivité. Les clients apprécient énormément le privilège de posséder un article rare, qui les démarque de la masse, leur permet de croire qu'ils appartiennent symboliquement à un club très fermé. Et ils trouvent normal de payer pour y être admis.

– *La marque elle-même se paie* (dix occurrences) : il y a le prestige qu'elle tire de son histoire, son héritage, le rêve qui lui est associé, les clients célèbres, les personnes extraordinaires citées dans la définition du luxe. Ce prix n'est pas la simple conséquence du coût supplémentaire du luxe : c'est la condition nécessaire pour que *la magie du luxe* opère. Celle-ci survient quand les objets transmettent une force surnaturelle au propriétaire de l'objet de luxe. Se transférer à soi-même le prestige de la marque suppose d'y mettre le prix. Plus le prestige est élevé, plus le prix l'est également : « Vous n'achetez pas un sac Vuitton, mais le droit de le porter fièrement à votre bras » ; « C'est le prix à payer pour être autorisé à acheter cette allégorie de la réussite. » C'est la raison pour laquelle les marques les plus florissantes doivent être les plus chères. Chaque année en été, Rolex augmente systématiquement ses prix, sans aucune raison objective (à partir des coûts, par exemple). C'est le prix à payer pour faire partie du club des propriétaires de Rolex.

– Enfin, certains clients attribuent les prix élevés du luxe à un *marketing particulièrement coûteux* (il faut payer les *top models*, les campagnes de publicité, les somptueux défilés).

Sur quoi se fonde le seuil du luxe?

La figure 7.1 permet de visualiser les trois voies utilisées par les consommateurs pour déterminer le prix minimum du luxe:

– La première voie part de la personne elle-même et de son niveau de vie. Puisque le luxe est une dépense excessive, quand cela commence-t-il? Le budget du ménage sert alors de point de repère à toute évaluation. « À 200 euros, compte tenu de ma situation financière, ce serait déjà une folie pour moi. » Cela explique la grande variance observée en 2012 par Kapferer et Laurent dans leur étude quantitative des seuils de prix: en cas de difficulté financière, personne ne peut se permettre de dépenser de l'argent pour des produits qui ne sont pas nécessaires, même s'ils ne sont pas chers. Ce seuil peut varier au fil du temps pour la même personne suivant l'évolution de ses revenus.

– La deuxième voie est proche de la théorie dite du « prix de référence » : les consommateurs utilisent les marques de luxe prototypes du secteur, en se demandant quel est le prix de leur entrée de gamme : « Les montres Panerai sont superbes. Il n'y a rien au-dessous de 6 000 euros! »

– Le troisième processus d'ancrage repose sur l'écart nécessaire entre le luxe et le premium. Le luxe n'est pas du premium: il est un autre monde. Les prix du premium et du luxe devraient être fortement contrastés. Écoutons l'un de nos répondants: « Pour avoir de très bonnes lunettes de soleil, qui protègent véritablement les yeux, il faut compter au moins 200 euros rien que pour les verres, et sans doute 100 euros pour la monture. Cela fait un total de 300 euros. Je pense donc qu'une marque de luxe ne peut pas être proche de ce prix, elle doit être nettement plus chère, je dirais au moins 500 euros. » Une autre personne nous dit: « Les sacs Vanessa Bruno se vendent 340 euros et ce n'est pas du tout une marque de luxe. J'imagine que les marques de luxe doivent être au moins trois fois plus cher. »

Quand son budget est serré, le consommateur se sent coupable de s'offrir un luxe. C'est la raison pour laquelle les sites comme Net-a-Porter et Vente-Privée.com se sont considérablement développés. Ils autorisent la transgression attachée aux achats de luxe en donnant l'impression de faire une excellente affaire. Ils respectent cependant l'exclusivité des marques en travaillant soit à la manière d'un club privé, soit en exploitant la chrono-rareté (prix réduits pendant un jour seulement) ou la rareté virtuelle (il n'y aura pas plus de cent bouteilles de Château Pape Clément). Cependant, pour d'autres consommateurs plus à l'aise ou moins orientés sur le désir « d'en avoir pour leur argent », ces sites ont un effet négatif : en insistant sur le prix, ils ramènent le luxe à des modes d'achat normaux. En outre, ils suppriment le plaisir de la transgression précisément lié à la folie du prix.

Figure 7.1 Les trois bases de perception du prix minimum du luxe

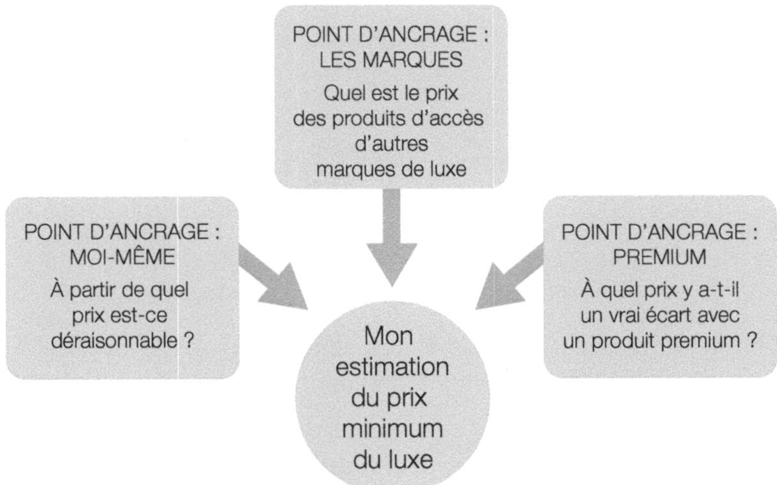

Quelles implications pour la politique de prix ?

Les marques de luxe disposent donc d'une certaine latitude en matière de prix. Le prix seul n'est utilisé pour se qualifier en tant que luxe que lorsque la marque n'est pas connue ou reconnue. Si les marques de luxe veulent attirer de nouveaux clients, elles peuvent créer des lignes de produits plus abordables, sous réserve de respecter quatre conditions.

— Le prix de ces produits abordables doit coïncider avec le positionnement de la marque par rapport aux autres marques de luxe. Donc le prix des entrées de gamme doit refléter ces positionnements relatifs. Par exemple, les parfums Chanel doivent être plus chers que ceux d'Armani.

– Les produits dits d'entrée de gamme doivent réellement incarner les valeurs clés de la marque et s'accompagner des mêmes services que les autres produits.

– Leur prix doit être très supérieur à la norme, pour bien montrer qu'il n'y a aucune comparaison possible – et que le luxe est un autre monde.

– Les produits accessibles doivent se situer hors du cœur de métier : ainsi ce sont les carrés Hermès qui jouent le rôle de produit d'accès (350 euros) ce qui évite de toucher aux prix élevés des sacs, le cœur de métier. Mais ces foulards restent plus chers que ceux de Dior ou de Christian Lacroix (200 euros).

À ces conditions, les entrées de gamme des célèbres marques de luxe resteront perçues comme des produits de luxe. Contrairement aux produits premium, où la qualité doit être démontrée, elle est implicite dans le luxe : le consommateur considère qu'elle va de soi. C'est la raison pour laquelle il s'attache à d'autres détails, ainsi qu'aux petits « plus ».

– « Mon petit bracelet Hermès ne coûte que 100 euros. Ce n'est pas trop cher, pourtant c'est du luxe : regarde comme il est beau, la matière est superbe... »

– « Un vernis à ongles Dior à 22,50 euros, oui, c'est du luxe. J'ai la marque, j'ai le sentiment d'être déjà cliente de Dior. Mais c'est quatre fois le prix d'un vernis normal. »

– « Mon parfum Guerlain à 90 euros, c'est mon luxe à moi, même si ce n'est ni précieux ni rare : mais il est bien fait et il incarne toutes les valeurs de la maison Guerlain. J'achète un peu du savoir-faire de cette maison. »

– « Cent cinquante euros pour un foulard Louis Vuitton, cela reste un luxe : j'ai tout le savoir-faire et la qualité, plus la marque, le prestige, le plaisir de l'achat (on m'a offert une tasse de thé !). Enfin, mon nom figure sur la liste des clients Vuitton ! »

Que dire alors aux jeunes marques de luxe ? Elles ne peuvent jouir d'un statut qu'elles n'ont pas. Leurs prix doivent donc être audacieux, sans pour autant atteindre le niveau stratosphérique de la première montre Richard Mille (la RM – 01 à 250 000 euros). Pour signifier le luxe, il faut créer un écart.

Des pistes de réflexion

Ce chapitre offre plusieurs pistes de réflexion aux dirigeants des marques de luxe. Chaque année, ils doivent trouver des façons d'augmenter leur chiffre d'affaires ; pour beaucoup d'entre eux, la tentation d'augmenter leur base de clientèle en créant des lignes de produits plus abordables s'est révélée irrésistible, même s'ils ont été mis en garde ; ce genre de pratique peut en effet diluer la valeur de la marque et lui faire perdre le cachet du luxe. Nos constats, fondés sur une méthodologie qualitative, indiquent que les consommateurs tirent des inférences du prix d'un article, mais que leur jugement est également influencé par les marques. Nombre d'entre elles jouissent d'un tel prestige qu'elles peuvent surmonter l'inférence négative que pourrait inspirer le prix relativement abordable de certaines lignes de produits. Ainsi, une belle ceinture de cuir ornée du logo Dior reste emblématique du luxe pour les consommatrices. Les dirigeants peuvent, à l'évidence, exploiter cet effet de halo.

C'est une piste intéressante pour les marques de luxe qui cherchent activement à trouver le juste équilibre entre exclusion et inclusion. Attirer de nouveaux clients (souvent jeunes) peut obliger à baisser la barrière du prix, mais il n'y a guère de danger si le produit conserve des éléments physiques qui en font clairement une forme de luxe, même à un prix abordable. Par exemple, Dior a récemment lancé avec succès une paire de boucles d'oreille à 250 euros. Malgré ce prix très accessible, le produit avait l'aura de prestige de la marque Dior. Cependant, pour que cet effet persiste, le prestige de la marque doit être constamment réaffirmé. Autrement dit, les marques de luxe doivent vendre des articles bien plus chers aussi, pour alimenter le rêve. Prenons le cas d'Armani : d'un côté, la marque a créé des lignes abordables (Armani Jeans, Armani Exchange) pour attirer les jeunes mais, de l'autre, elle a créé Armani Privé, griffe hautement exclusive, comparable aux marques de haute couture. Ralph Lauren a créé son Purple Label et son Black Label dans le même but. De sorte que de nombreux consommateurs ont l'impression de se distinguer de la masse en achetant un produit de la ligne Polo Ralph Lauren, même s'ils sont régulièrement vendus moins cher dans le cadre de promotions ou dans les outlets. Si le prix était le seul indice du luxe, la marque aurait déjà perdu beaucoup de son prestige.

Ce chapitre suggère également des renseignements intéressants pour l'avenir des futures marques de luxe. Les jeunes entrepreneurs du secteur doivent fixer leur prix au niveau le plus élevé ; par exemple, certaines marques de montres offrent un prix moyen de plus de 50 000 euros. Mais il s'agit de niches par nature. Une stratégie du luxe ne signifie pas qu'il faille être le plus cher du marché ; on peut fort bien l'appliquer à différents niveaux de prix. Du point de vue de l'entrepreneur, la question du prix est liée à son objectif final et au marché cible. Le fait d'être cher a un sens différent et distinct, en fonction des clients. Il importe donc de commencer par déterminer le prix auquel le marché ciblé considère qu'un produit est, *ou n'est plus*, une offre de luxe. Du point de vue du client ciblé, le prix optimal est au-dessus de ce seuil du luxe, mais à un niveau que le client peut se permettre, suffisamment à sa portée pour que le rêve devienne réalité.

Chapitre 8

Tout ce qui brille n'est pas vert[1]

Le défi du luxe durable

La planète tout entière a désormais conscience de l'importance du développement durable. Une croissance démographique et économique intense, si elle ne va pas de pair avec le sens des responsabilités écologiques, met en péril la vie des générations à venir. Les gouvernements, les ONG et les consommateurs partagent ces préoccupations et demandent à tous les secteurs économiques de changer... vite.

Le luxe lui-même est depuis peu en butte aux critiques : on l'a accusé d'avoir pris du retard par rapport aux impératifs du développement durable, voire d'aller à leur encontre. Ses détracteurs citaient un certain nombre de produits et de clients types du luxe pour démontrer que l'on gaspillait des ressources pour le seul plaisir de quelques-uns. Le luxe attire tout particulièrement l'attention, car outre l'écologie, le développement durable se préoccupe d'équité sociale, de croissance douce : or le marché du luxe croît le plus dans les pays émergents, dont la croissance rapide s'accompagne en général d'une hausse sensible des inégalités. Pourtant, une analyse plus approfondie révèle qu'il existe aussi des liens positifs entre le développement durable et le luxe, mais le véritable luxe : les deux placent en effet la rareté au centre de leur activité et le vrai luxe est, par définition, durable. Il révèle certes les inégalités de la société en les rendant visibles, mais ne les crée pas lui-même. Parangon de qualité, il doit aussi être un modèle en termes de respect du

---

1. Ce chapitre a initialement été publié sous forme d'un article dans la revue *European Business Review*, nov-déc. 2010, pp. 40-45.

développement durable. Toutes les grandes marques du secteur se plient déjà petit à petit à ses exigences, sans toutefois communiquer beaucoup à ce sujet. Peuvent-elles être à la pointe du développement durable ? Quant aux marques émergentes, dites de luxe durable, elles sont plus perçues comme écologiques que comme luxe. Il reste encore beaucoup à faire et l'adoption d'une « stratégie du luxe » reste la manière la plus efficace de favoriser les comportements écologiques dans un pays.

Sous la pression du développement durable

Le développement durable confronte notre planète à un défi collectif immense et sans précédent. Si tous les pays n'ont pas signé l'accord de Kyoto, ni l'Agenda 21 adopté lors du sommet de la Terre à Rio et rappelé lors de la tenue de COP21 à Paris, la plupart ont pris conscience des limites de nos ressources naturelles et de la nécessité de trouver un nouveau type de croissance économique. Il va falloir prendre en compte le coût, pour les générations futures, des retombées négatives collectives, non encore mesurées, de l'activité humaine.

Le développement durable est un concept universel : il s'agit de répondre aux besoins du présent sans compromettre la capacité des générations futures à répondre à leurs propres besoins. Cela suppose un usage prudent des ressources (physiques, humaines et biologiques) de la planète. Au-delà de l'écologie, le développement durable met en avant la conservation de la biodiversité et des ressources naturelles, dans le respect de l'équité sociale. À l'extrême, certains de ses avocats considèrent que le problème, c'est la croissance économique elle-même.

De nombreux pays ont déjà incorporé ce nouveau paradigme à leur politique, leur législation et leur réglementation. Des mesures incitatives et législatives fixent des objectifs quantitatifs aux émissions de dioxyde de carbone ou tentent de contrôler la pollution.

Les exigences du développement durable ont un impact sur les consommateurs, soit qu'ils polluent eux-mêmes par leur type d'achats, soit qu'ils veillent à ne pas laisser la bride sur le cou des entreprises. En tout cas, ces dernières sont désormais dans le collimateur de groupes militants actifs et d'ONG qui, le cas échéant, dénoncent publiquement les coupables sur les réseaux sociaux.

■ Le luxe fait l'objet d'une attention croissante

Le secteur du luxe fait depuis peu l'objet d'une attention particulière. Un certain nombre de rapports avaient affirmé qu'il avait pris du retard en matière de respect de l'environnement. Certains sont allés jusqu'à déclarer que le développement durable et le luxe étaient incompatibles. Conduire une Rolls-Royce, une Mercedes Maybach ou classe S est interprété comme un message : obnubilé par son statut et son plaisir, le propriétaire du véhicule se fiche pas mal de sa consommation excessive de carburant et du réchauffement climatique. Certes, les chiffres de la pollution sont ailleurs : la diffusion de masse de voitures de milieu de gamme à moteur thermique en Chine ou en Inde constitue une menace autrement plus grave pour la planète. Mais les critiques pointent du doigt le comportement des plus riches, dont la consommation d'énergie par tête est disproportionnée.

De nombreuses conférences professionnelles portent désormais sur les rapports du luxe et du développement durable. La Conférence annuelle 1618 sur le luxe durable, qui se tient à Paris depuis 2009, a été précurseur de ce mouvement de fond, et au début les stars du secteur ont brillé par leur absence. Comme luxe est censé être synonyme d'excellence, la perspective de s'y faire critiquer explique leur réticence initiale. À l'inverse, trop s'exposer c'était risquer des retours de bâton sur ce sujet sensible. Le luxe n'est pas un secteur qui parle trop : c'est pour cela qu'il est audible. Cela ne veut pas dire pour autant que les grands groupes du luxe ne s'intéressaient pas à la question : tous les groupes de luxe, et Kering en particulier, ont, dès 2001, fait de la responsabilité sociale de l'entreprise et du développement durable une priorité, mais sans communiquer à ce sujet.

Ce chapitre se propose d'analyser en profondeur, à la fois conceptuellement et pratiquement, la relation entre le luxe et le développement durable.

■ Devenir des modèles du durable

D'un point de vue pratique, on peut se demander dans quelle mesure les marques dites de luxe peuvent incorporer les exigences du développement durable sans pour autant déroger à celles du luxe. Bendell, auteur spécialisé dans le développement durable (2007), estime par exemple qu'il faudrait contraindre les marques de luxe à produire des produits et services respectueux de l'environnement. Pourtant, la voiture qui consomme le moins de carburant au monde est la Nano, construite par l'Indien Tata, qui la vend 2 629 dollars. Dans la mesure où le luxe peut être défini comme *le summum de la qualité et de la créativité, affranchi de toute contrainte,* autrement dit sans tenir compte des coûts, les voitures de luxe consomment évidemment plus que la Nano... sauf si le luxe se donne pour mission d'être le premier à développer de superbes voitures tout électriques, destinées aux clients qui peuvent se les offrir tout en faisant étalage de leur réussite financière et de leur avance et peut-être de leur amour de l'environnement. C'est ainsi que la Tesla S, vendue 145 000 euros, connaît le succès que l'on sait. Néanmoins, dans de nombreux autres secteurs du luxe, une conversion totale au commerce équitable et au vert nuirait à l'excellence attendue des produits, compte tenu par exemple du niveau de qualité actuel du coton équitable. Dans le domaine de l'horlogerie-bijouterie, n'acheter que de l'or à origine certifiée augmenterait en une seule année les coûts de plus de 10 %, mettant en péril le devenir de toute marque vertueuse.

Cela dit, tous les groupes de luxe ont discrètement adopté l'objectif ambitieux de devenir des modèles du durable, version luxe. Nous ne parlons pas ici d'« éco-blanchiment », une pratique qui consiste par exemple à envoyer de l'argent destiné à la sauvegarde de la forêt vierge en le clamant sur tous les toits, mais bien d'une véritable intégration des questions d'environnement tout au long de la chaîne de valeur (approvisionnement, création, production, logistique, distribution, marketing, service, mise au rebut et recyclage). Le développement durable signifie être en mesure de montrer comment les choses sont produites : les grandes marques du luxe sont engagées dans ce processus vertueux. Kering joint désormais à son rapport annuel son rapport sur les progrès en matière de développement durable. Cela est significatif : on n'est plus dans l'incantation, mais dans l'action. D'autre part, la communauté financière elle-même pèse sur les entreprises pour qu'elles s'engagent dans cette voie, et ainsi préservent, non seulement la planète, mais aussi la valeur de leur actif principal : leurs marques. C'est le cas des analystes financiers CA Cheuvreux, qui examinent le risque écologique des marques de luxe pour pondérer leurs recommandations d'investissement.

Deux préoccupations majeures partagées : la rareté et la beauté

L'analyse approfondie révèle que luxe et développement durable ont des zones de convergence : tous deux sont axés sur la rareté et la beauté. L'essence du luxe authentique est de vendre des objets rares, créatifs, de très grande qualité, projetant une image de goût et d'élégance. Historiquement, le luxe était le privilège de ceux qui avaient de l'argent, du goût et du pouvoir. Récemment, sa croissance et, selon certains, son dévoiement, ont résulté d'une extension excessive de sa base de clients, par le biais d'accessoires produits en masse, vendus à des prix plus abordables, que l'on ne saurait qualifier d'objets de luxe, même s'ils ont la caution d'une marque prestigieuse. Cependant, la récession de 2008 a remis le luxe à sa place. L'après-crise a revivifié les valeurs de fond du luxe : celles de l'investissement dans la qualité, la durabilité, la beauté.

Au-delà de l'image exclusive de la marque, la valeur du luxe repose sur la rareté objective ; il met en œuvre toutes sortes de produits ou de matières rares (peaux, cuirs, perles, etc.), des métiers et des savoir-faire rares. Le luxe dépend donc des ressources qu'il utilise et craint plus que tout leur éventuelle disparition : le prix élevé des produits en limite la demande. C'est la meilleure manière de protéger l'avenir de ces ressources, et donc du secteur. Entre 2012 et 2013, le prix de la peau d'agneau de grande qualité est passé de 36 euros à 80 euros le mètre carré.

Sans chercher à dédouaner le luxe, ce qui menace le plus gravement les ressources de la planète est la production de masse, pas celle de petits volumes. La surconsommation d'emballages plastiques liée à la vente des biens de grande consommation (par exemple l'eau minérale) dépasse de loin les capacités de recyclage. Les emballages raffinés des produits de luxe, symbole du cadeau que l'on se fait ou que l'on fait à quelqu'un d'autre, sont une goutte d'eau en comparaison de cet océan de dégâts écologiques, d'autant que le papier, aujourd'hui, est recyclable. Le luxe est l'ennemi d'une société dont le premier réflexe est de remplir les poubelles. D'autre part, le scandale de Rana Plaza en avril 2013 au Bangladesh, où la chute d'une usine fit mille morts, a révélé les noms des très grandes enseignes de « fast fashion », impliquées dans la production de cette usine. Le luxe, le vrai, par essence ou par stratégie ne délocalise pas, mais reste dans ses ateliers au pays d'origine.

Distinguer la stratégie du luxe de celle de la mode ou du premium

La beauté peut-elle reposer sur une pollution massive et sur des pratiques de travail honteuses ? Le mot « luxe » est tellement à la mode que beaucoup d'entreprises l'utilisent pour justifier leur propre existence. Le mot « luxe accessible » a été inventé pour permettre à des marques qui n'en sont pas de bénéficier de ce terme flatteur. Cependant, *dire* est une chose, *faire* en est une autre. Le luxe est, en réalité, un *business model*, élaboré au fil du temps et de l'expérience par des pionniers comme Rolex, Louis Vuitton, Hermès, Ferrari et Chanel. Or nombre de marques dites « de luxe » appliquent en fait un modèle plus proche de celui de la mode ou des produits premium sans parler du masstige (voir chapitre 9). Le véritable luxe ne vise pas la compétitivité par la réduction des coûts, mais par la création de valeur grâce à la créativité, le patrimoine immatériel, et des singularités rares et uniques, comme le *refus de délocaliser*, déjà cité. Contrairement aux marques de mode ou de masstige qui délocalisent autant que possible, le luxe préfère produire dans le pays d'origine. Le scandale des ateliers de la honte, en Chine, était associé à des marques de masse, comme Nike, ou à des marques de mode, qui ont toutes délocalisé leur production en Extrême-Orient afin de capitaliser sur le faible coût de la main-d'œuvre et les conditions de travail correspondantes. Par contraste, les marques de luxe insistent sur :

— *L'importance de fabriquer artisanalement, souvent à la main, grâce à des savoir-faire rares.* Loin d'exploiter des travailleurs non qualifiés, à l'instar de l'industrie de la mode de masse, directement ou à travers les licences, les marques de luxe emploient un personnel extrêmement qualifié ; elles créent même des écoles pour revitaliser les métiers manuels en voie de disparition.

— *Pas de licences.* Les marques de luxe produisent elles-mêmes tout ce qu'elles vendent, même les accessoires. Les montres Chanel sont fabriquées dans une usine Chanel. Le parfum Chanel N° 5 est également élaboré dans une usine Chanel. Les marques de mode, ou de masstige au contraire, multiplient les licences, dans le monde entier. Ainsi Coach, comme de nombreuses marques américaines, a cinquante-quatre usines réparties dans douze pays et a étendu son offre grâce aux licences (Jimlar, Movado, Estée Lauder et Luxottica). Cela fait partie intégrante du *business model* de ces marques. Une fois qu'un produit est démodé, il faut le vendre à bas prix sur les sites d'e-commerce ou dans des outlets. Non seulement cela diminue les marges, mais la délocalisation et le recours aux licences afin que les vêtements soient produits n'importe où dans le monde à un coût minimal entraîne un risque : celui que les titulaires de la licence ne soient pas assez contrôlés, d'autant qu'ils accordent à leur tour d'autres licences. Il n'y a alors pratiquement plus le moindre contrôle des conditions de travail.

Le luxe est, par définition, durable

La longévité du produit se situe au cœur du développement durable et du luxe. En revanche, elle est l'ennemie de l'industrie de la mode et des marchés de masse, fondés sur l'obsolescence programmée. Le luxe, lui, privilégie ce qui dure : 90 % des Porsche construites à ce jour roulent encore ; Louis Vuitton propose son service après-vente à tous les produits authentiques de la marque, quelle que soit la date de l'achat. Il en va de même chez Ferrari : les mécaniciens de l'usine de Maranello travaillent sur toutes les Ferrari, quel que soit leur âge. C'est la raison pour laquelle le marché d'occasion est si important dans le domaine du luxe. Le luxe prend de la valeur avec le temps, pas la mode : il suffit de constater le prix des Rolex Daytona de seconde main.

Au niveau managérial, la durabilité est un dogme central pour les entreprises du luxe dans leur définition de la qualité. La mode, au contraire, vit sur des cycles courts, une durée de vie du produit et des perspectives courtes, exactement comme le prochain numéro de *Vogue*. Le luxe est aussi géré dans une perspective à long terme. Les maisons de luxe sont souvent centenaires et se réfèrent à un héritage qui est une partie essentielle de leur valeur intangible. Les nouveaux créateurs à qui elles font appel pour réinventer la marque, afin qu'elle séduise les clients plus jeunes, rendent hommage à cet héritage et le réinterprètent avec respect. Dans les entreprises familiales, les managers n'ont pas à publier, tous les trimestres, des chiffres de croissance importants, quelles que soient les circonstances économiques. Enfin, les produits sont fabriqués en renonçant à l'obsolescence, leur beauté et leur fonctionnalité doivent durer, d'où les services qui y sont associés. Tous les appareils Miele, par exemple, sont construits pour durer vingt ans. De ce point de vue, il a été écrit que l'iWatch était un produit de luxe. C'est un contresens : même habillée par Hermès, elle est un produit gouverné par la fonction — un appendice du smartphone — et intrinsèquement non durable, obsolescence oblige. En revanche, c'est bien un produit de mode, comme en témoigne la file d'attente devant les magasins lors du lancement.

Pourquoi une industrie obsédée de durabilité – et aussi dépendante des ressources qu'elle emploie – surconsommerait-elle ces dernières ? Son propre avenir en dépend. Les joailliers tiennent à leurs mines, comme Hermès à ses peaux précieuses. C'est pourquoi les grandes marques de luxe ont procédé à une intégration en amont des tanneries-mégisseries, qu'il s'agisse du traitement des cuirs de veau ou d'agneau ou de peaux plus exotiques. Outre que cela garantit les approvisionnements, cela permet aussi un contrôle complet de la qualité. Rappelons que cette dernière est inhérente au métier. Les ONG sont en effet promptes à identifier et vilipender les mauvais traitements infligés aux animaux dans les fermes destinées à la production de peaux pour l'industrie du luxe.

Examinons enfin l'opinion des clients du luxe eux-mêmes. Nous avons demandé si le luxe était contradictoire avec le développement durable à 904 clients du luxe en France. Le taux de réponses *« c'est contradictoire »* dépend de la façon dont les interviewés définissent eux-mêmes le luxe. Les clients voient le moins de contradiction lorsque pour eux, la première chose qui définit le luxe est une *« qualité exceptionnelle »*. Manifestement, cette notion de qualité exceptionnelle devra intégrer le développement durable pour rester si exceptionnelle !

Pourquoi l'intérêt actuel pour le luxe et le développement durable ?

Selon Bain & Co, le chiffre d'affaires total du luxe dit « personnel » s'est élevé à 253 milliards d'euros en 2015. Pourquoi un secteur dont le chiffre d'affaires cumulé ne représente que la moitié de celui de Walmart attiret-il une telle attention de la part des défenseurs de l'environnement ? Réponse : parce qu'il est extrêmement visible. En second lieu, parce que sa valeur ne tient pas uniquement à sa chaîne de valeur, mais aussi à la qualité et au statut de ses acheteurs. La puissance d'attraction du luxe est liée à la célébrité de ses clients. Or ces derniers deviennent sensibles au développement durable. Il suffit de voyager en Chine ou au Japon pour mesurer la montée de cette sensibilité chez les élites qui voyagent. Une troisième raison tient au fait que le développement durable est en réalité l'incarnation actuelle de l'éthique. Les défenseurs du développement durable sont en effet très attachés à l'équité sociale, or aucun secteur ne révèle autant les inégalités entre riches et pauvres que le luxe. Et comme la croissance économique dans la plupart des pays émergents repose sur le désir des classes moyennes d'émuler les plus riches, le luxe passe pour un facteur de tension sociale. Par son côté ostentatoire, il encourage certains consommateurs à faire des achats échappant à toute rationalité. C'est pourquoi en Chine le secteur du luxe est sous surveillance du gouvernement : il peut l'utiliser à tout moment comme bouc émissaire, et cela d'autant plus que les marques dominantes sont occidentales. Le tour de vis sur la corruption entrepris depuis 2014 par le gouvernement chinois en est un premier signal. Car une partie des chiffres incroyables de la croissance du luxe en Chine depuis dix ans est due à ce qu'il est convenu d'appeler pudiquement le « marché des petits cadeaux ».

Rappelons cependant quelques réalités. La croissance économique fondée sur la demande intérieure suppose que cette dernière existe : l'imitation est un levier important du comportement des consommateurs. En outre, nous sommes entrés dans une ère où les ressources se raréfient. À cause du luxe ? Non, évidemment, à cause de la croissance de la consommation de masse ! Les nombreuses compagnies aériennes *low cost* ont boosté la demande de voyages en avion — activité très gourmande en kérosène — pas les jets privés. Pourquoi, dès lors, le luxe est-il en butte à des critiques si virulentes ? À cause de la nature symbolique de ce type de consommation et de la célébrité de ses principaux clients et marques.

Pour commencer, les achats de luxe sont, par définition, irrationnels. L'émotion l'emporte sur la fonction. Le prix n'a aucun rapport avec la valeur fonctionnelle du produit. Pourquoi payer 1 900 dollars un sac à main dont la fonction est la même qu'un autre sac à main vendu 600 dollars ? À quoi correspond cette différence de 1 300 dollars ? L'essence du luxe, c'est la singularité, c'est-à-dire tout ce qui fait apparaître la pièce comme sortant de l'ordinaire. Cela recouvre la qualité objectivement extrême, le pays d'origine où le produit se doit d'être fabriqué, le « cousu main », le temps requis, et enfin le service individualisé prodigué dans les magasins exclusifs de la marque. Cela s'étend aussi à la capacité de la marque à conférer à l'acheteur le statut d'une personne de goût, d'élégance et de standing capacité qu'elle tient elle-même de ses premiers acheteurs de renom. Grâce à cet achat, le client sort ainsi de l'ordinaire, il devient unique : cela se paie. En outre cela commande de se voir, comme le signalent les prestigieux logos - d'où la passion de l'Asie pour les produits et les marques de luxe. Après cinquante ans de communisme et d'uniformité forcée, les Chinois peuvent désormais s'habiller comme ils le souhaitent, être perçus et clamer à la terre entière qu'ils ne sont plus pauvres. La consommation de luxe est donc un domaine privilégié de liberté et d'élévation.

L'irrationalité du luxe est précisément ce qui le distingue de tous les autres types d'achats (sauf l'art) : dans la pyramide de Maslow, acheter des objets sans raison purement fonctionnelle est un signe d'élévation humaine.

Un autre point majeur est révélé par l'étymologie, comme nous l'avons vu plus haut : le luxe est excès, grand écart. C'est vrai par comparaison avec les produits standards industriels, *a fortiori* par rapport aux produits bon marché. Comme l'industrie du luxe a les marges brutes les plus élevées de tous les secteurs, la compression des coûts n'y fait pas figure de priorité, l'important, c'est la création de valeur : il faut faire en sorte que le client ait le sentiment d'être un VIP, de se distinguer de la masse. Cela commence au niveau des matières ou des ingrédients utilisés, les meilleurs uniquement. Il en va de même durant la phase de production (prendre le plus grand soin et le temps, faire appel à des expertises, des savoir-faire, etc.). Cela concerne aussi la vente (dans les plus beaux quartiers et les environnements les plus agréables) et, finalement, le service et la marque (dont le nom, bien en évidence, confère prestige, glamour et distinction à l'acheteur). Cet excès est, par définition, critiqué dans une perspective de développement durable, qui met en avant une éthique diamétralement opposée : celle de la frugalité et de la modération aujourd'hui afin d'assurer le bonheur des générations à venir. Pourquoi, par exemple, avoir de gros moteurs si les petits suffisent à propulser des voitures qui, de toute manière, ne sont utilisées que pour faire la navette entre le domicile et le centre-ville ? Une Bentley équipée d'un moteur 6,5 l est une provocation de ce point de vue. L'Autolib' suffit.

Enfin, le luxe attire l'attention sur les inégalités. Seuls les riches peuvent s'acheter une Bentley, d'énormes yachts voraces en carburant, des hélicoptères ou des jets privés, etc. Ces *happy few* réalisent peut-être leur rêve, mais détruisent le capital collectif. Ils sont en nombre extrêmement restreint par rapport aux milliards de consommateurs qui s'approvisionnent sur le marché de masse. Mais, pris individuellement, il est vrai qu'ils tirent trop sur le capital collectif (autrement dit les ressources naturelles qui ne peuvent être remplacées). D'où l'importance que les marques de luxe auront à donner au remplacement systématique de ces ressources : Hermès relâche dans la nature un alligator pour tout congénère utilisé à des fins de tannage. D'où l'importance aussi de démarches comme celles de Miuccia Prada qui dès 1980 lança un sac en Pocono, sorte de nylon à l'effet soyeux.

Les personnes qui critiquent le luxe en se fondant sur le développement durable pointent du doigt les pays émergents, où coexistent pauvreté et richesse extrêmes. Mais il est intéressant de constater que c'est le plus grand pays communiste du monde, la Chine, qui a poussé à la consommation du luxe sur son propre marché intérieur. En déclarant en 1979 qu'il était glorieux d'être riche, Deng Xiaoping savait que le mobile de l'imitation stimulerait la croissance économique. Depuis, les inégalités sociales se sont creusées entre les zones urbaines et rurales. Mais la croissance du luxe en est une conséquence et non pas la cause : la Chine est désormais le deuxième marché du luxe du monde et sera un jour le premier, démographie oblige.

En bref, le luxe est critiqué par les « verts » non pas tant en raison de son impact objectif sur les ressources de la planète, mais à cause de sa visibilité et de sa puissance symbolique considérables, bien plus que son véritable poids économique. En outre, vilipender une marque de prestige, c'est accrocher un sacré trophée à son tableau de chasse.

Pour préserver sa réputation, le luxe doit être un modèle du développement durable

Le développement durable n'est pas seulement une opportunité altruiste, c'est un impératif pour le luxe. Les grands groupes en particulier doivent jouer un rôle de précurseur. Kering l'a bien compris. Il ne sert donc à rien de constater que les consommateurs du luxe se déclarent peu sensibles au développement durable lorsqu'ils achètent un produit de luxe personnel. C'est un fait (voir tableau 1.3, chapitre 1, page 54). La raison principale est que les clients du luxe s'offrent une parenthèse de plaisir lorsqu'ils achètent. Ils laissent les turpitudes du monde devant la porte du magasin. Ils ne veulent pas entendre parler de bon traitement des animaux destinés à être tués alors qu'ils caressent un sac superbe en python. En outre, comme le montre la deuxième question du tableau 1.3, pour eux, toutes les précautions ont forcément été prises, « c'est dans le prix élevé du luxe » : ils n'imaginent pas un instant que la marque de luxe soit en faute. D'ailleurs, si tel était le cas, ils pourraient tout de suite boycotter la marque et le clamer sur les réseaux sociaux.

Les célébrités en particulier seraient prêtes à se mobiliser : elles savent qu'elles influencent l'opinion, ce qui leur donne le devoir d'agir de façon responsable. Aujourd'hui, elles démontrent des préoccupations éthiques et substituent une stratification éthique à celle du pouvoir. Soucieuses de ne pas soutenir des marques insuffisamment « propres » ou respectueuses de l'environnement, nuisant du même coup à leur propre réputation qu'elles doivent gérer, elles stimulent un changement rapide.

En fait, tous les groupes de luxe ont déjà pris des décisions structurelles en la matière, soit en créant des groupes de travail transverses, soit par le biais de chartes qui font du développement durable un critère inhérent à toutes les décisions. LVMH s'est doté, dès 2001, d'une telle charte ; le développement durable est désormais inséparable de sa stratégie. Comme tant d'autres, le groupe mesure son empreinte carbone depuis 2004 et a adopté les quatre mots d'ordre suivants : renouveler, recycler, réduire, vérifier. C'est vrai également de Tiffany, pionnier en la matière – nous l'avons déjà dit, il est impossible d'acheter des pierres précieuses et de ne pas s'intéresser aux conditions de leur extraction dans les mines.

Kering est le plus avancé en la matière, sous l'impulsion de son P-DG. Le développement durable y est une culture et non une préoccupation marketing. En outre, il est facteur d'innovation : trouver des façons de faire mieux, tout au long de la chaîne de valeur, qui se révéleront aussi « payantes » pour la planète mais aussi en retour sur investissement. C'est aussi une façon d'attirer et de retenir les talents de la génération Y, qui attend de donner plus de sens à toute activité. Enfin, la communauté des analystes financiers sait combien le risque de réputation est grand dans le secteur du luxe qui fait de la marque le facteur clé de sa prime de prix et donc de sa rentabilité.

Les véritables marques de luxe ont toujours hissé la barre de la qualité à de nouveaux extrêmes. Elles établissent leurs propres normes, d'une exigence inouïe. Il faudra rehausser encore la barre, mais différemment : la qualité de la taille d'un diamant ne doit pas masquer les conditions de travail dans les mines. Faute de quoi des rumeurs ne tarderaient pas à courir sur Internet, les blogueurs (au niveau de l'approvisionnement ou de la production) révélant la sombre vérité que cache l'éclat des gemmes. Comme les marges très importantes des marques de luxe reposent fortement sur un lustre intact et une intégrité immaculée, elles ont gros à perdre si leur réputation est entachée.

Le développement durable répond-il aux normes du luxe ?

En pratique, comment réconcilier les exigences de la frugalité, de la retenue, avec la dimension inhérente au luxe : qualité insurpassable, créativité, absence de contraintes, soin excessif, soif de plaisir ? Devrait-on demander à Alexander Wang de diviser par deux la quantité de tissu qu'il utilise à chaque défilé ? Les marques de mode de luxe devraient-elles toutes adopter un look minimaliste, perdant ainsi toute capacité de se différencier et de surprendre ? Que dire du fait que Jaeger-LeCoultre utilise une peau de chien de mer, une espèce qui ne se prête pas à l'élevage, pour fabriquer les bracelets de ses montres ? Cartier devrait-il couper la climatisation de ses boutiques de luxe ? Cesser d'emballer ses montres dans de superbes paquets cadeaux ? Dans le tourisme, un hôtel trois étoiles moderne est plus économe en énergie qu'un château en Écosse. Faut-il détruire ce dernier ?

La question de la compatibilité entre le développement durable et le luxe se pose de la même manière pour le commerce équitable. Nous en connaissons la réponse. Par exemple, Alter Eco, marque alimentaire de commerce équitable, a très vite compris que le commerce équitable ne serait jamais la première raison d'achat du consommateur. Un chocolat même équitable doit avant tout être très bon ; le commerce équitable ne peut pas servir d'excuse à une médiocre expérience gustative. De même, une marque de luxe équitable doit d'abord prouver qu'elle est de luxe. Dans les magasins, les produits très écologiques font rarement les meilleures ventes : car ils ne sont pas assez luxe. Tesla (voir *infra*) l'a bien compris : ses automobiles sont d'abord belles à couper le souffle, chères... et 100 % électriques.

Il ne faut ni sous-estimer les difficultés pratiques, ni rester purement dogmatique. Deux exemples illustrent le problème de la compatibilité. Pour les produits de beauté, l'innovation revêt une immense importance, mais il faut aussi préserver la santé des clientes. Le luxe, c'est l'excellence. Plus que toute autre marque, celle de luxe garantit le risque zéro. Aujourd'hui, les lobbies et les groupes de défense des animaux exercent une pression de plus en plus forte : il est désormais interdit de tester les nouvelles molécules et les produits de beauté sur des animaux. Comment, dès lors, une marque peut-elle assurer que ses produits radicalement nouveaux ne présentent aucun danger s'ils n'ont jamais été testés ? Quand Stella McCartney lance sa nouvelle ligne de produits de beauté bio-organique, comment peut-elle être sûre qu'ils sont réellement hypoallergéniques et ne peuvent causer aucun mal à la peau de la cliente, puisqu'elle ne l'a jamais testé ? Impossible.

Cet exemple permet une autre réflexion : si la marque mettait en avant à ses débuts sa croisade pour le développement durable, elle le fait moins aujourd'hui compte tenu de la taille de l'entreprise. Dans le rêve de la marque Stella McCartney, quelle est la part du développement durable ? Lorsqu'ils vendent une paire de bottes à plusieurs milliers d'euros, les vendeurs insistent-ils sur le fait que c'est du faux cuir ? Non. On peut donc dire que si la marque a déjà bâti sa valeur de rêve, le développement durable peut ajouter au rêve, en rendant la marque éthique. Mais si la marque n'a pas encore créé de rêve, si le développement durable est son argument de vente, on est alors plutôt dans le premium, celui de la justification rationnelle, du raisonnable, du pourquoi il faut plutôt acheter ceci que cela.

Même dans le marché du premium, il est difficile de respecter l'environnement tout en maintenant le niveau de qualité supérieure des produits. Créée en 1933, la chemise Lacoste 12x12, le meilleur polo du monde, doit sa qualité réputée (douceur, durabilité, résistance aux lessives répétées) à la qualité exceptionnelle du coton Pima, qui vient du Pérou. Lacoste utilise ses longues fibres pour fabriquer les 25 kilomètres de fil nécessaires à la production de chaque polo. Acheter le coton en commerce équitable démontrerait certainement que Lacoste contribue activement à l'amélioration de la situation économique des producteurs locaux : ce serait une réussite éthique. Mais ce ne serait plus Lacoste : à l'heure actuelle, le coton produit dans des conditions satisfaisantes en termes de développement durable n'a ni la même qualité ni les mêmes performances que le coton Pima. En outre, aucun fournisseur n'en produit en quantité suffisante. Lacoste devrait donc acheter du coton éthique à de nombreux fournisseurs, introduisant du même coup de l'hétérogénéité dans l'aspect et le toucher de ses polos.

Cependant, toutes les marques de luxe avancent à pas de géant pour se plier aux exigences du développement durable. Prenons l'exemple d'un sac à main Dior :

— Il est fabriqué en Italie, pays réputé pour l'excellence et le savoir-faire de ses fournisseurs de cuir. En outre, l'empreinte CO_2 est inférieure à ce qu'elle serait s'il était fabriqué en Chine, comme ceux de la marque Coach.

— Les meilleurs cuirs italiens sont bio.

— Une fois vendu, le sac est placé dans un sachet de tissu, puis dans une boîte, recyclables tous deux.

— Il est présenté dans un catalogue (l'édition absorbe la plus grande partie du budget communication, dans le luxe) réalisé avec un papier de qualité supérieure, issu de forêts gérées durablement. Ces catalogues devraient bientôt être remplacés par une version en ligne.

Dans les publicités de lancement du parfum Womanity, la marque Thierry Mugler a précisé qu'elle était soucieuse de son empreinte carbone. Cette marque vend désormais des flacons rechargeables. Les produits de beauté Dior ont décidé d'interdire l'usage de silicone dans leurs produits, se privant ainsi sciemment de la douceur du toucher et du confort que cet additif confère aux produits de beauté.

Tiffany prend également très au sérieux les questions de développement durable. Ses engagements figurent sur son site Web. Tiffany estime avoir l'obligation morale de protéger les lieux et les communautés d'où viennent ses précieuses matières premières. Il accorde donc la plus grande attention :

- à la source des pierres précieuses, aux pratiques d'extraction ; la maison n'achète pas de rubis birmans ;
- aux pays avec lesquels elle travaille, uniquement ceux qui ont signé le processus de Kimberley ;
- aux communautés locales : Tiffany est signataire de l'accord interdisant les mines en Alaska ainsi que du pacte de protection de la baie de Bristol ;
- aux mines à grande échelle ;
- à l'utilisation de coraux ; elle évite les vrais depuis 2002 ;
- à sa consommation d'énergie ;
- à l'utilisation de matières recyclables : 95 % du papier utilisé pour les catalogues est certifié issu de forêts en gestion durable et le célèbre sac bleu Tiffany est également réalisé en papier certifié, plus un film plastique biodégradable et recyclable.

Autre exemple : Fauchon, magasin parisien d'alimentation de luxe, a cessé de vendre des fruits et des légumes à contre-saison, car ils viennent de l'autre bout de la planète et sont un désastre en termes d'empreinte carbone.

■ Comment communiquer sur les substituts ?

Saviez-vous que les formes allotropiques de carbone étaient éternelles ? Derrière ce nom barbare se cachent les diamants dits artificiels, de synthèse. Or le luxe, dès aujourd'hui et encore plus demain, sera confronté à la question de la raréfaction de ses ressources rares. Il faudra bien les remplacer. Certaines places sont à prendre dès à présent pour des marques émergentes. C'est pourquoi, sans attendre cela, certains designers ont, par conviction personnelle, décidé de ne plus utiliser de cuir animal. Ils vendent au même prix élevé les produits réalisés avec des matériaux de substitution. Comment les promouvoir auprès de quels clients ? Avec quels arguments ?

Ce fut l'un des thèmes abordés en avril 2016 lors du deuxième Symposium International Inseec sur le luxe, qui a réuni à Monaco les chercheurs académiques des meilleures universités et les managers du luxe. Les résultats de la recherche académique n'engagent pas à utiliser un positionnement éthique, comme on pourrait le penser intuitivement : il ne convainc que les personnes peu sensibles aux valeurs matérialistes. Or ce sont ces valeurs qui stimulent l'achat de luxe. Pour les clients sensibles au matérialisme, il faut au contraire valoriser le fait que l'on ne peut distinguer les diamants naturels et ceux de synthèse. Le besoin de prestige et de visibilité de ces clients-là n'est alors pas entamé.

Une thèse menée par Noémi Patai en 2016 a analysé ce que disaient les internautes du sac Falabella, produit star chez Stella McCartney, designer du groupe Kering, célèbre pour ses positions opposées à l'abattage des animaux et donc à l'usage de cuir. En analysant le contenu des échanges sur PurseForum et sur des forums végans, la chercheuse a identifié les cas où ce sac fabriqué avec des substituts de cuir était mentionné. Deux groupes de commentaires sont nettement apparus : le premier refuse à ce sac le statut de luxe, faute de matière « noble » ; le second met en avant son attachement au designer, à son authenticité manifeste tout au long de sa vie. Personne n'a fait référence au fait d'avoir acheté ce sac parce qu'il était constitué de matières de substitution. Les mots-clés dans ces discussions sont dans l'ordre descendant de fréquence : mode, design, luxe et enfin « développement durable ». Ce sac Falabella est acheté d'abord par ce qu'il est « *trendy* ». On l'aime pour son design, la qualité du travail, etc. Être végan ne vient qu'après.

Le développement durable a besoin d'une stratégie de luxe

Il est un domaine où le développement durable nourrit le rêve du luxe : le tourisme. Aujourd'hui, le summum de la rareté, c'est une nature préservée. Mais il serait totalement contradictoire d'aller dans ces lieux divins en utilisant un moyen de transport polluant et d'y séjourner en polluant aussi. C'est la raison pour laquelle de nouvelles chaînes hôtelières proposent le rêve du développement durable. Citons Explora, au Chili, qui propose des installations dans le désert d'Atacama, en Patagonie et à l'île de Pâques. Les hôtels de la chaîne ont un bilan énergétique positif, ne produisent aucun déchet (tout est détruit par des bactéries organiques) et la nourriture servie aux clients provient des communautés locales. En outre, la chaîne travaille exclusivement avec ces communautés locales, finance leurs écoles et s'engage à compenser l'empreinte CO_2 des clients venus par avion. Le prix moyen est de 1 000 euros la nuit, l'équivalent d'un mois de salaire des membres du personnel.

Cela pose une question : cette écologie de luxe correspond-elle encore aux idéaux sociaux du développement durable, qui considère l'écologie comme un socialisme naturel ? Quel bien cela fait-il à l'ensemble des habitants de la planète ? Réponse : comme toujours, le luxe montre la voie ! Une stratégie du luxe, ciblant les riches, est la meilleure manière d'introduire et de tester de nouveaux comportements et produits écologiques. Par la suite, quand, le volume ayant augmenté, les coûts de production baisseront, entraînant avec eux les prix, des clients moins fortunés pourront s'offrir le luxe de vacances non polluantes. Le développement durable a donc lui aussi besoin du luxe ! C'est ce qu'a compris Elon Musk, le P-DG de Tesla. À l'inverse de Zoe, la voiture électrique lancée par Renault en 2013 à 13 000 euros et qui n'a atteint que 10 407 immatriculations en 2015, Elon Musk a compris que pour développer les voitures électriques, il fallait viser les riches, en particulier ceux voulant se différencier des autres et paraître innovants en contribuant au changement de siècle.

Ce fin psychologue a misé sur l'écolo-ostentation, qui donne une impression de supériorité vis-à-vis des autres sur la nouvelle échelle de valeur du monde d'aujourd'hui. D'où la création de la Tesla S, 100 % électrique, aux formes de rêve, inspirée de Ferrari ou Maserati, à près de 145 000 euros. Le but est de faire acquérir ses galons sociaux à la voiture électrique. Après viendra la diffusion de masse avec la petite Tesla vendue 30 000 euros. Cela reproduit ce qui était arrivé en 1900 : les automobiles, rares à l'époque, étaient en elles-mêmes un objet de luxe accessible aux seuls riches, innovateurs ! À ses débuts, toute technologie de progrès est un luxe : avion, automobile, salle de bains, télévision... Puis elle se massifie et perd son statut exclusif.

Le cas Tesla souligne aussi pourquoi la marque de luxe traditionnelle ne peut innover techniquement aussi vite, non qu'elle n'en ait pas les moyens, mais parce qu'elle ne peut en prendre le risque. En outre, il est dur de remettre en question les fondements de sa profitabilité. Ainsi pourquoi la marque Porsche n'a-t-elle pas lancé elle-même la première voiture de sport électrique? Pour deux raisons, l'une financière et l'autre « luxe oblige ». Sur un plan financier, Tesla est valorisé par les investisseurs comme une start-up digitale de la Silicon Valley : peu importent les pertes financières abyssales actuelles, les marchés financiers sont prêts à financer autant que nécessaire la start-up, prometteuse d'un monde nouveau, et ses investissements gigantesques dans les batteries au lithium. Cette capacité est refusée aux marques de l'industrie automobile traditionnelle. Plus important : Porsche étant le synonyme de l'excellence de l'ingénierie allemande, elle ne pouvait mettre sur le marché un produit qui présente le moindre risque pour ses acheteurs, qui ne soit pas 100 % fiable, et dont la technologie ne soit pas obsolète dans peu d'années. Toute Porsche est faite pour durer. Tesla n'a rien à perdre, contrairement aux investisseurs. Porsche est déjà le symbole de l'excellence, d'où sa rentabilité : il ne peut mettre en péril sa réputation. Une Porsche tout électrique est annoncée pour avant 2020 : ce sera avant tout une Porsche. Le luxe n'a pas pour vocation de lancer le premier, mais de symboliser l'excellence.

Le standing redéfini : du pouvoir à l'altruisme

Qu'est-ce que la qualité? Une notion en perpétuelle évolution. La qualité est en effet la manière dont on envisage le métier avec fierté. Le luxe doit donc ouvrir la voie en redéfinissant la notion de qualité et le rêve du luxe. Ce ne serait plus un rêve égoïste ou individuel, car il prendrait en compte les problèmes de l'environnement. Pour conserver son leadership face aux produits de masse ou de la mode, le luxe devra être durable en termes sociaux, économiques et écologiques. Cela fait partie intégrante de son ADN et de son *business model*. Les groupes de luxe pousseront donc leurs fournisseurs et leurs distributeurs à se conformer plus vite aux normes du développement durable. Ce faisant, ils joueront un rôle de pionnier dans la redéfinition du héros moderne. Les riches de demain démontreront, par leur choix écolo-ostentatoire de marques de luxe, non seulement leur goût et leur fortune, mais aussi leur sens du discernement et peut-être chez certains leur altruisme.

Partie III

Stratégies de croissance des marques de luxe

Chapitre 9

Les marques de luxe n'agissent pas toutes de la même manière

Les business models spécifiques aux pays du luxe

Le luxe est partout, dans les médias, sur le Net et dans les rues. Les marques qui se disent de luxe sont presque innombrables, c'est un signe de postmodernité. Tout le monde revendique le droit au bonheur, et cela conduit à la multiplication des désirs de ces symboles du bonheur que sont les possessions, du moins celles qui se voient. Une telle ubiquité pourrait faire penser que toutes les marques de luxe sont sur la même orbite de croissance. Ce chapitre montre que même quand des marques différentes sont décrites par le mot « luxe », elles adoptent cependant des *business models* disparates, entraînant des implications managériales différentes en termes de croissance. Une analyse approfondie révèle que chaque grande nation productrice de luxe adhère en réalité à un *business model* différent. Au niveau mondial, au-delà des marques, ces modèles rivalisent pour établir la norme, définitive, de ce qui constitue le luxe et de ce qui n'en est pas.

Le désir de luxe

Le secteur du luxe a connu une croissance soutenue depuis 1980, année où, fait significatif, l'indice Dow Jones a commencé à croître de façon significative, et non démentie depuis, en dehors des crises de 2002 et 2008. En ne tenant compte que des produits de luxe personnels, Bain & Company estime le marché mondial à 253 milliards d'euros pour 2015. Si les États-Unis restent le marché le plus important (et New York la ville la plus « luxe ») du monde, c'est à la Chine que l'on doit le plus clair de la croissance actuelle. Voici un résumé des diverses explications du phénomène.

– Le marché du luxe est moins le fait des ultra-riches que des nouveaux riches. En 2014, l'individu le plus riche de la planète était un Mexicain ayant fait fortune dans les télécoms. Mais tous les milliardaires ne constituent pas, à eux seuls un marché énorme, ni même un marché de croissance. Ils font vivre l'industrie du « luxe absolu » (yachts, jets privés, immobilier d'exception, hôtels et palaces, Rolls-Royce et Bentley) ou celle des achats d'art. Les « nouveaux riches » sont eux plus nombreux que jamais, en particulier dans les pays qui jouissent d'une forte croissance économique. On observe une corrélation stricte entre la croissance du PIB d'un pays et celle du luxe dans ce pays. Les exemples abondent, pratiquement dans toutes les économies émergentes. Or l'arrivée soudaine dans le monde de l'aisance – alors que l'on a soi-même connu parfois la disette – libère les appétits, les désirs soit en tant que gratification personnelle, soit aussi comme élément de trophée, de fierté aux yeux des autres. Très prosaïquement aussi, il leur faut remplir toutes leurs maisons récemment acquises.

– Une partie de ces nouveaux riches font en plus le « buzz », attirent les médias et blogueurs qui exhibent leur style de vie, leurs acquisitions. Le ressort de l'imitation sociale est alors tendu : il peut opérer. Le luxe doit aussi sa croissance aux « gens ordinaires », autrement dit la frange supérieure de la classe moyenne, qui veulent vivre comme des riches tout en ne l'étant pas.

– Le désir de luxe concerne désormais toutes les strates de la société, même les jeunes. Ce facteur explique que le marché des accessoires ait connu une croissance si rapide. Rares sont les femmes qui ont les moyens de s'acheter une robe Dior haute couture ou un tailleur Chanel. En revanche, les lunettes Dior sont plus abordables et il en va de même d'une montre Chanel. En outre, des marques dites de « luxe accessible », très marketées, se sont insérées avec succès, porteuses elles aussi d'un rêve de luxe (Michael Kors, Coach, Mauboussin) : leurs articles et logos confèrent instantanément une réputation de classe à la personne qui les porte.

Pour la majorité des consommateurs modernes, que feu B. Dubois appelait les « excursionnistes » du luxe, l'achat d'un objet ou d'une expérience de luxe reste exceptionnel. C'est la raison pour laquelle Chanel, Hermès, Vuitton ou Cartier ont hissé certains de leurs produits au statut d'icônes, chacun devenant alors un produit « culte » et une rente financière. Ces objets sont intemporels et doivent le rester afin d'attirer et de susciter longtemps le désir des consommateurs ordinaires. Si une cliente n'achète qu'un seul sac Hermès dans sa vie, autant choisir un modèle mythique (autrement dit, le Kelly ou le Birkin). Il en va de même des modèles de montres très connus (Oyster Perpetual, Reverso, Tank, etc.) : ces objets qui fixent le rêve des clients agissent de ce fait financièrement comme des sources de rente et sont un des éléments les plus distinctifs du *business model* du luxe. Pour revivifier le rêve de ces icônes, les marques de luxe créent des éditions limitées, conçues par des artistes en vue et vendues à des prix hautement discriminatoires, susceptibles de raviver le désir et de faire le « buzz » dans les réseaux sociaux.

Un seul terme, de multiples *business models*

En raison de sa croissance, le marché du luxe est devenu un secteur attractif pour les investisseurs ; ce serait même le « rêve des financiers ». *Business angels*, fonds d'investissement et groupes de luxe (comme LVMH, Kering, Richemont ou Starwood) sont constamment à l'affût de marques émergentes, dotées d'un fort potentiel de luxe, et ayant besoin de capitaux et d'expertise pour soutenir leur expansion commerciale. Mais apprendre à construire ou à développer une marque de luxe exige, en pratique, un savoir-faire particulier et une gouvernance adéquate. Ainsi, ce n'est pas en interrogeant directement les consommateurs que l'on peut trouver la solution ; ils répètent en général dans leurs réponses les leçons de marketing que les marques de luxe leur ont enseignées. Un piège classique est par exemple de leur demander ce qu'est, pour eux, le luxe, et de s'y conformer.

Premièrement, ce qu'ils savent découle non du concept lui-même, mais de ce qu'une majorité d'autres personnes leur a décrit comme étant des « marques de luxe ». Ainsi donc, les définitions du luxe émanant des études de marché ressemblent fort à un raisonnement circulaire ; ce sont de simples descriptions des pratiques marketing de marques (en général internationales) que la *vox populi* locale appelle marques de luxe. Parmi les termes les plus courants pour définir le luxe, citons le prix élevé, la grande qualité, la beauté de produits vendus dans des magasins très chics, dans les beaux quartiers.

Deuxièmement, ces définitions reflètent les perceptions subjectives des consommateurs de ce qui leur paraît cher, classieux ou beau. Les études de consommation portant sur le luxe sont limitées par nature ; les répondants, recrutés dans la rue ou par le biais de panels Internet, sans parler de la recherche académique qui fait un usage abusif des étudiants pour parler du luxe, citent ce que les personnes appartenant à la même classe économique ou sociale qu'eux-mêmes considèrent comme du luxe. Les définitions qui en résultent décrivent ce à quoi « ressemble » une marque de luxe pour un quidam ordinaire, pas pour les consommateurs les plus riches. Rien ne dit, par exemple, que le milliardaire Bill Gates ou un oligarque russe considérerait nécessairement Cartier ou Louis Vuitton comme des marques de luxe. Les définitions dépendent de l'identité de la personne interrogée, de sorte que les marques qui correspondent à la définition du luxe d'un jeune manager indien ou chinois, fraîchement recruté par une multinationale pour son premier poste, ne sont sans doute pas les mêmes que celles qu'identifierait un fidèle client des maisons de luxe, habitué de longue date à acheter des produits coûteux, rares, faits à la main.

Troisièmement, les définitions citées par les consommateurs ignorent le processus managérial de la création de valeur et l'équation de profit de la marque. C'est pourquoi ce chapitre analyse certains des business models qui prédominent dans ce secteur. Ceux des marques de luxe célèbres reflètent la façon dont elles délivrent de la valeur à leurs clients, celle dont elles les convainquent d'en payer le prix, et convertissent ces paiements en profits. Pour Moingeon et Lehmann-Ortega, le *business model* décrit le mécanisme qui permet à l'entreprise de créer de la valeur grâce à :

- la proposition de valeur faite aux clients ;
- l'architecture de cette valeur ;
- la façon dont elles tirent parti de cette valeur pour la transformer en profits (équation des profits).

Bastien et Kapferer définissent une « stratégie du luxe », qu'ils opposent à la « stratégie de mode » et à la « stratégie de premium ». Le présent chapitre étend cette analyse aux marques de masstige (masse + prestige), qui vendent en réalité des produits hédoniques à rotation rapide, des commodités marketées pour leur donner une valeur symbolique. Certains *business models* occupent une place prééminente dans certains pays : la plupart des marques italiennes (comme Armani, Prada, Versace, Dolce et Gabbana) appliquent un *business model* de mode et celles qui ne le font pas (Loro Piana, Bottega Veneta, Bulgari) ont généralement été rachetées par les grands groupes de luxe français. Outre d'abondants apports de capitaux, ces rachats ont ouvert aux marques concernées une culture privilégiant un *business model* que nous appelons la « stratégie du luxe ».

Par contraste, en Allemagne, pays célèbre pour ses voitures de haute performance, où tout coût supplémentaire doit être justifié rationnellement par une qualité additionnelle, Mercedes-Benz, Audi et BMW appliquent une stratégie de premium, dans laquelle la limitation des volumes n'existe pas, d'où une course sans fin après les quantités. Enfin, les États-Unis ont développé un modèle mondial de masstige, offrant « le luxe aux masses », avec des marques comme Ralph Lauren, Michael Kors, Coach ou Victoria's Secret. Ces marques ont conquis une image flatteuse, alors qu'elles ont recours à la production de masse et qu'elles sont largement distribuées dans des circuits modérément sélectifs et non exclusifs, voire dans les outlets. C'est aussi le seul pays où des magasins peuvent s'afficher comme « le luxe à 10 dollars », créant ainsi l'idée selon laquelle le luxe n'est pas nécessairement lié à des prix exorbitants, qu'il peut même être pour tout le monde. Même le Luxury Marketing Council, basé à New York, a adopté le slogan « La santé, le luxe que tout le monde peut s'offrir ». Le tableau 9.1 résume ces comparaisons de *business models* ; nous les avons illustrés en prenant leurs marques les plus typiques.

Quels critères discriminants différencient les divers *business models* ?

Tableau 9.1 : Les *business models* des marques de prestige

	Luxe	Mode	Premium	Masstige
Valeur ou volume ?	Valeur	Valeur et volume	Volume	Volume
Politique de prix	Toujours en hausse	Vers le haut et le bas	Montée en gamme ou descente	Vers le haut et le bas
Rareté	De la pénurie à la rareté virtuelle	Séries limitées, éphémères	Aucune, ou alors par manque de demande	Aucune, sauf alibi pour rehausser image
Temps	Intemporel	Rapide, immédiat	Technologie la plus récente	Légende et histoire inventées
Production	Atelier, intégration verticale	Petites usines	Usine	Production de masse
Compression des coûts	Pas un sujet	Essentielle	Normale	Essentielle
Délocalisation	Aucune	Indispensable	Pour réduire les droits de douane	Indispensable
Orientation qualité	Respectueuse de la tradition, des savoir-faire	Passable	Performance	Passable
Innovation	Transgression	Créativité	Incrémentale ou révolutionnaire	Service, digitale Technologique
Rabais	Jamais	Indispensables	Limités	Outlets, Internet
Licences	Jamais	Toujours	Limitées	Toujours
Développement du portefeuille de produits	Extension de marque progressive	Extension rapide à de nouvelles catégories	Limité	Extension rapide à de nouvelles catégories
Rôle du marketing	Aucun marketing : offre	Analyse des ventes	Tester de nouvelles avancées	Orienter le design et les produits
Rôle du réseau de vente	Sélectionner les acheteurs, alimenter le culte Magasins en exploitation directe	Distribuer et créer l'expérience	Vente et service	Créer des impressions de prestige

Dans une étude de 2013 portant sur les clients du luxe (BVA) identifiés comme tels quand ils avaient déclaré des achats personnels au-dessus d'un certain prix, deux cents personnes ont dit si elles percevaient les marques figurant sur une liste comme étant ou non de luxe. Les résultats (en pourcentage de personnes percevant la marque comme relevant du luxe) sont intéressants : Ferrari, 54 %, Rolex, 45 %, Chanel, 45 %, BMW, 39 %, Audi, 38 %, Mercedes-Benz, 32 %, Armani, 30 %, Ralph Lauren, 22 %, Prada, 22 % et Lacoste, 23 %. Ces données ne prétendent pas à l'universalité ; comme c'est le cas pour tous les échantillons, les constats sont situationnels, liés à la nationalité et au profil des répondants. Mais même parmi les trois dernières marques, nous trouvons des scores approximativement égaux en termes de luxe perçu malgré des *business models* largement divergents : Prada est géré comme une maison de mode, Ralph Lauren est managé comme une marque de masstige. Quant à Lacoste, la marque semble s'éloigner de son *business model* historique premium au bénéfice d'une touche plus affirmée de mode.

Quand on parle d'un *business model* de mode, cela ne veut pas dire que l'offre de la marque en question est perçue comme « à la mode » par les consommateurs, mais plutôt qu'elle est gérée comme une maison de mode. Dans l'ensemble de ce chapitre, les termes *masstige*, *mode*, *premium*, et *luxe* renvoient à des principes opératoires et non aux perceptions du public (qui amalgamerait vraisemblablement tout sous le terme général « luxe » si ce n'est « prestige »).

■ Valeur ou volume ?

Ferrari limite volontairement ses ventes autour de 7 300 véhicules par an environ et Rolls-Royce annonce son intention de ne pas augmenter significativement le volume de sa production (autour de 4 000 véhicules par an), ce constructeur préférant augmenter la valeur de chacune des automobiles qu'il construit, car elle est réalisée sur mesure. Au contraire, il n'existe aucune limite de production chez BMW, Mercedes ou Audi. En fait, les capacités de production pourraient créer à certains moments des limites *de facto,* mais elles peuvent être éliminées par la construction de nouvelles unités de production, en général à proximité de zones géographiques à forte croissance comme la Chine. Une stratégie de luxe ne se prête pas à ce genre d'augmentation du volume, car la rareté fait partie intrinsèque de la création de valeur.

Ainsi, pour répondre à la hausse de la demande de ses produits, Hermès construit certes de nouveaux ateliers, mais il faut des années pour former ses artisans nouveaux au niveau supérieur de la qualité Hermès. La production des mythiques sacs est donc structurellement limitée par un goulet d'étranglement lié au temps qu'il faut à l'artisan pour fabriquer un sac (vingt heures) et à la nécessité de former les nouvelles recrues plusieurs mois durant. Cette formation entreprise par les artisans les plus qualifiés leur laisse moins de temps pour fabriquer leurs propres sacs exceptionnels. En outre, l'attente fait partie de la construction du désir. Si une cliente pouvait acheter un sac dès qu'elle en ressent le désir, sans attendre, en cliquant sur son smartphone, alors le risque existe qu'un jour, elle veuille un autre sac, d'une autre marque. Un désir chasse l'autre, à portée de clic.

Ce facteur temps est donc un réel problème pour la vente sur Internet. Par souci de modernité, de praticité, ou tout simplement parce que les autres marques le font déjà, les marques de luxe ressentent le besoin d'avoir une forte présence en ligne, ce qui est normal pour communiquer, mais aussi de mettre tout ou partie de leur offre en vente sur le Net. Est-ce vraiment dans leur intérêt ? Le temps joue un rôle essentiel dans une stratégie du luxe : côté production, il en faut suffisamment pour parvenir à l'excellence et côté demande, le temps accroît le désir, même si cela laisse parfois les jeunes consommateurs sur leur faim. En outre, l'équilibre entre digital et magasins physiques doit être préservé. Nous avons abordé ces sujets en détail aux chapitres 1 et 6.

La mode, par sa nature même, ne partage aucune de ces préoccupations : la considération centrale est ici de rester à la mode et de ne pas se trouver avec un stock d'invendus en fin de saison. C'est pourquoi les entreprises de mode aiment les séries limitées qui créent une rareté artificielle (élément clé du *business model* de Zara) et atténuent le problème des invendus.

Enfin, les modèles premium et masstige n'hésitent ni l'un ni l'autre à augmenter le volume, sans limites. L'objectif de ventes affiché de BMW montre bien que la marque cherche explicitement à surpasser en volume ses rivales allemandes, ce qui ne peut se faire que par le bas, les modèles d'entrée de gamme. Ralph Lauren, marque de masstige cotée en Bourse, vise clairement la croissance illimitée ; son fondateur lui-même est moins un créateur qu'un homme d'affaires. La société s'est dotée de marques-filles plus prestigieuses (Black Label, Purple Label) afin de créer un effet de montée en gamme, de halo, tirer l'image vers le haut. L'accent mis sur la rareté dans les publicités de ces marques-filles sert surtout à compenser les effets massifiants dus au modèle dominant (Polo Ralph Lauren), le cœur de métier, c'est-à-dire des vêtements bien coupés, stylés, au prix abordable, produits en masse, mais vendus dans des magasins leur conférant un certain prestige. En outre, Ralph Lauren doit en permanence contrebalancer l'importance de ses ventes en *outlets* et la banalisation latente qui menace les marques de masstige lorsque tout le monde porte une chemise mettant le symbole du polo en exergue.

■ Le rapport à la rareté

Cette facette est un corollaire de notre présentation précédente : le luxe est, par essence, rare. Il faut du temps pour produire l'excellence, en utilisant des éléments faits à la main. Richard Mille a lancé ses premières montres, qu'il vendait 250 000 euros, avec un volume très faible (moins de cinquante unités), non par absence de la demande, mais en raison du temps nécessaire à la production de chaque unité. Pour une stratégie du luxe, le volume n'est pas un objectif et la croissance est simplement une condition pour établir sa réputation et son entreprise. La réputation l'emporte sur le volume.

Par contraste, la mode n'est pas rare, même si elle s'efforce de créer artificiellement de la rareté pour éviter les invendus. Le masstige imite les codes du luxe dans la mesure où, dans sa communication, il parle volontiers de la rareté, l'idéalise et même la pratique pour certains articles très spécifiques : mais cette approche vise des objectifs marketing. Dans le *business model* du masstige, on cultive aussi le volume, produit dans de vastes usines dans les pays émergents, afin d'abaisser le coût des articles concernés. Les marques de mode de masse s'adonnent volontiers à la rareté virtuelle, comme celle que H&M crée en demandant chaque hiver à un célèbre créateur de cosigner une série limitée qui sera écoulée en quelques jours. Cette rareté ponctuelle est aussi mise en œuvre par les magasins éphémères ou les éditions spéciales.

■ Le rapport au temps

La stratégie du luxe vise l'intemporalité. Le *business model* correspondant cherche à créer des articles qui se vendent longtemps, des *long-sellers,* pas des best-sellers. Ainsi, une authentique marque de luxe s'exprime surtout par ses créations mythiques, chacune étant liée à l'héritage de la maison, dont elle exprime une aspérité, tout en ayant sa propre histoire et sa propre légende. Cartier n'est pas seulement le nom des diadèmes destinés aux rois et aux reines, c'est aussi la marque des montres Ballon Bleu, Tank, Santos ou de la bague Love.

La mode est, par définition, innovante et de son temps. Elle vous dit : « Achetez ceci maintenant ! » cet article est hypertendance, c'est un « *must have* ». Certaines maisons, comme les marques italiennes, expriment leur culture d'origine et incarnent une mode moins rapide que les Zara, H&M et Mango, qui utilisent la rotation rapide de séries limitées pour encourager les acheteurs à acheter immédiatement et à revenir en permanence dans leurs magasins. Le luxe est l'inverse exact de cette tendance à pousser le client à renouveler sans cesse ses achats ; les marques les plus prestigieuses trouvent normal que leurs clients prennent leur temps avant d'investir des milliers d'euros dans une montre, par exemple. À part les ultra-riches, les gens ont besoin de temps pour conforter leur désir et leur capacité à acheter tel ou tel modèle spécifique, apparemment intemporel. La précipitation n'est donc jamais de mise.

Quant aux marques premium, elles sont menacées par l'obsolescence. Leur attrait repose sur le progrès et les comparaisons entre produits (alors que le luxe se veut incomparable). Mais le progrès technologique est un allié temporaire. Prenez la guerre que se livrent Apple et Samsung. La marque californienne pensait pouvoir conserver son monopole, mais la puissance technologique de Samsung et demain des Chinois et leur réactivité sont des menaces pour l'avance concurrentielle et l'avantage en termes de parts de marché et profits d'Apple. C'est la raison pour laquelle Apple adopte un *business model* de plus en plus porté sur la mode : la marque vend moins de la rareté que de la priorité.

■ Le processus de production

Même quand les stratégies de vente au public paraissent identiques (magasins exclusifs, adresses prestigieuses), des différences radicales marquent la production et la logistique des divers types de marques. Le masstige, comme nous l'avons noté, est un *business model* efficace ; les gens sont convaincus qu'ils achètent des produits de classe, alors que ces derniers font l'objet d'une production de masse. Ralph Lauren, un succès absolu, offre là encore un cas instructif : ses superbes magasins sont remplis de beaux produits, avec une profusion de petits détails, marqueurs visibles de la classe et de la qualité. Ainsi, un blazer bleu marine classique, avec quatre boutons estampés à chaque manche et un blason royal sur la poitrine, peut se vendre 250 livres dans le magasin de New Bond Street, à Londres, mais moitié prix aux super-soldes de fin de saison. Au départ, il a sans doute été payé 18 livres à une usine de confection de Hongkong.

À l'autre extrême, les marques de luxe intègrent de plus en plus l'amont : on connaissait l'intégration verticale de l'atelier, lieu de travail d'artisans qui personnifient les marques de luxe, qu'ils produisent des montres, des costumes d'homme ou des bijoux. Les marques de luxe remontent encore plus haut désormais pour sécuriser leurs matières premières. La mode haut de gamme, dont les marques italiennes sont l'exemple typique, est, elle, associée à de petites usines. La mode à rotation rapide fait appel à d'immenses usines, même si Zara a développé en Espagne un cercle de petits sous-traitants capables de produire à la demande des séries courtes, que l'on peut tester en quinze jours dans n'importe quel magasin de la chaîne. Enfin, la stratégie premium, qui repose sur la comparaison des performances, doit trouver des façons de réduire les facteurs humains, sources potentielles de défauts aux yeux des ingénieurs. Là encore, cette façon de voir est diamétralement opposée à la touche humaine délibérément apportée aux modèles de luxe. Le *business model* du premium est, par nécessité, extrêmement industrialisé. Les coûts fixes élevés de l'industrie automobile contraignent les marques premium à tirer le plus parti des synergies de groupe. Ainsi, la Porsche Cayenne comporte de nombreux éléments partagés avec le Touareg, le modèle correspondant chez de Volkswagen : la plateforme de Cayenne est en effet celle du Touareg. En revanche, le moteur et les mécanismes de transmission/les boîtes de vitesse sont des produits exclusifs Porsche, comme l'allure globale de la voiture et son intérieur.

◼ L'orientation vers la compression des coûts

Le coût des produits vendus est un élément essentiel du compte de résultat de n'importe quelle firme. La discussion précédente suggère cependant que les divers *business models* évoqués traitent différemment cette question des coûts. Chez Hermès, le P-DG aime à répéter que la maison ne doit pas consacrer son temps aux économies de coût, mais bien plutôt à la création de valeur. Il ne veut pas dire par là que la marque doit laisser filer les dépenses, mais que la fonction des marques de luxe est de lutter contre l'ennui né de la saturation des désirs et des produits. Ainsi, on cherchera non pas à renégocier le prix des peaux d'alligator, par exemple, mais à en trouver de nouvelles, exceptionnelles, qui peuvent être tannées avec de nouvelles couleurs rares, incroyables, tout en respectant l'environnement et, ainsi, à créer un nouvel objet superbe, intemporel, ne ressemblant à aucun autre. L'aspect durable et intemporel n'empêche pas d'être à la mode. C'est même toute la subtilité, tout l'art du luxe.

Quand Ford racheta Jaguar, il lui appliqua ses propres méthodes de management, éprouvées, qui consistent essentiellement à réduire les coûts de production. Ce changement éroda tellement le rêve Jaguar que Ford dut se résoudre à revendre la firme au groupe indien Tata. Dans une stratégie de luxe, les lois du marketing traditionnel sont inversées.

Les marques de mode ne se préoccupent des coûts de production que pour une seule raison : elles ne peuvent faire payer le prix catalogue que durant à peu près la moitié de la vie du produit, après quoi elles sacrifient les prix. Ce que nous appelons « vie sur linéaire », c'est le temps qu'un article d'une marque de mode peut passer dans un point de vente classique, en rayon. Au début, le produit est 100 % à la mode, donc cher, mais, au fil du temps, quand tout le monde se met à l'acheter, il perd son lustre. Les derniers mois, c'est la mode « d'hier » : l'heure est venue de le transporter dans des *outlets* qui le vendront beaucoup moins cher, puisqu'il a perdu une partie de sa valeur. Même à prix réduit, le produit doit cependant rester rentable, de sorte que le coût de production est toujours une question importante. C'est le *business model* de Mauboussin.

Les marques de masstige sont généralement expertes en matière de « *design to cost* ». Coach, pour ménager ses marges exceptionnelles, s'appuie sur trois facteurs :

- un taux de renouvellement élevé (la marque introduit tous les mois de nouveaux modèles et de nouvelles couleurs) ;
- la délocalisation de la production en Chine, pour réduire les coûts et proposer des prix abordables (50 % moins cher que ceux des marques de vrai luxe) ;
- la culture d'une image de luxe (elle en imite les codes, ouvre des magasins exclusifs dans les grandes capitales).

Coach offre ainsi avec grand succès des produits dits de luxe, à rotation rapide, grâce à une méthode directement inspirée de son ancien propriétaire, Sara Lee, conglomérat de produits de grande consommation à rotation rapide. Comme toute marque de marché de masse doit lancer chaque année des extensions de ligne ou de marque, 70 % des ventes de Coach correspondent à de nouveaux produits.

La délocalisation des sites de production

Le plus clair de la production de Coach se situe en Asie ou ailleurs, dans des pays à bas salaires. Il n'en va pas de même pour Hermès, Gucci ou Loro Piana. Pour une stratégie de luxe, le site de production fait partie intégrante du rêve, il contribue à établir la singularité, l'incomparabilité et, du même coup, le prix élevé des produits. Les marques de luxe attachent une immense importance à la production dans le pays, voire dans les ateliers d'origine, qui contribue effectivement à leur valeur intangible. Pourquoi un client chinois ferait-il la queue devant le magasin Louis Vuitton des Champs-Élysées si les produits qui s'y trouvent venaient tous de Chine ? Non seulement chaque sac Louis Vuitton est fait en France, mais il est aussi « fait *de* France ». Seuls les vins élevés dans la région sacro-sainte de la Champagne peuvent s'appeler « champagne ». Les lieux, les terroirs et les pays d'origine agissent ainsi comme une sorte de garantie. Quelques marques italiennes ont cependant trouvé un moyen de contourner la contrainte de produire en Italie : elles vendent un rêve très fort, celui du « vivre à l'italienne ». Le caractère italien fait partie de l'ADN de Zegna ou de Prada, de sorte qu'avoir des usines réellement implantées dans la péninsule ne leur apporte pas grand-chose, surtout par comparaison avec les avantages qu'offre la production dans d'autres pays. Martin Margiela produit certains sweaters en Roumanie : outre le facteur coût, la marque a trouvé dans ce pays de nombreuses personnes sachant bien tricoter. La plupart des chaussures vendues par les marques de luxe françaises sont fabriquées en Italie pour bénéficier du savoir-faire local.

Beaucoup de marques de luxe insistent cependant sur le facteur « *made in* », tant pour des raisons culturelles que stratégiques. Plus qu'un lieu, un pays est une source de savoir-faire et de magie, qui créé de l'incomparabilité et renforce l'autorité symbolique. Certains vins pétillants australiens ont beau avoir le même goût que le champagne, au point qu'il soit impossible de les distinguer dans des tests à l'aveugle, ce ne sont pas des champagnes. Si certaines marques appliquent une stratégie de premium et réduisent le vin à une simple expérience sensorielle, indiquant leur note dans le guide Parker, décrivant la technologie et les efforts requis pour obtenir ce résultat, les marques de luxe se battent sur le terrain des intangibles. Cette distinction explique l'incompréhension persistante des adeptes des contrefaçons : ils disent qu'un faux Louis Vuitton ressemble à l'original. Mais il lui manquera toujours l'aura et le plaisir supplémentaire de posséder l'original. Seul ce dernier permet à la magie, source d'un surcroît de confiance en soi, d'opérer. Dès 1935, Walter Benjamin (2010) insistait sur la valeur de l'original, même si, techniquement, la reproduction d'une œuvre d'art était devenue possible, à l'instar de la photo. C'est ainsi que des milliers de personnes attendent parfois des heures pour voir, ne serait-ce que quelques minutes, des tableaux célèbres, toujours bien entendu des originaux, dans les grandes expositions.

Les marques de luxe ont une autre raison d'accorder tant d'importance à la production locale : plus le marché est mondialisé, plus elles doivent attacher d'importance à leurs racines locales. Ce raisonnement ne s'applique pas aux marques de masstige, dont le *business model* repose sur la capacité à extérioriser des marges importantes. Coach inscrit « Luxury, New York, 1941 » sur son site Web, mais il agit en fait comme une marque de produits de consommation à rotation rapide, afin d'assurer sa rentabilité. De la même manière, une stratégie de premium met en avant la performance et donc la comparabilité. L'endroit où sont fabriqués les produits Lancôme a relativement peu d'importance aux yeux de la plupart des femmes (mais il est crucial pour les Chinoises, qui ont toujours peur des contrefaçons). Dans la plupart des cas, Lancôme a l'air français et incarne la beauté française, et cela suffit. Chez Porsche, la 911 est encore construite en Allemagne, mais le Cayenne, le Boxster, le Macan et les autres modèles peuvent être assemblés dans d'autres pays. Dans les BRIC, les importateurs automobiles sont confrontés à des droits de douane très élevés, c'est pourquoi les marques s'organisent pour rapprocher la production des marchés cibles. En Chine, les dignitaires du Parti n'ont pas l'autorisation de conduire des voitures importées : ce fut une chance pour Audi, qui utilise les mêmes plateformes industrielles que Volkswagen, qui produit sur le territoire chinois. En revanche, peu de personnes envisageraient d'acheter une Rolls-Royce qui n'aurait pas été construite dans la mythique usine britannique. Rolls-Royce est « *made of* » Britain, pas juste « *made in* ». Cet argument n'est pas valable pour les marques de mode. Quand Burberry a adopté son *business model* de mode, la marque a cessé de produire au Royaume-Uni ; l'image de la mode pop anglaise lui suffisait. De ce point de vue, les coupés MINI sont plus près de la stratégie luxe que Burberry.

◼ L'orientation qualité

Aucune marque ne reconnaîtra jamais qu'elle n'offre pas la meilleure qualité, au moins par rapport au prix de ses produits. La qualité est la façon dont on envisage le métier. C'est pourquoi *cette* notion diffère selon le *business model*. Par définition, les marques premium revendiquent la médaille d'or en termes de performance. Dans le secteur du vin, elles se font concurrence pour obtenir les meilleures notes dans le Guide Parker ou la première place après la dégustation d'un jury (à la manière de la vodka Grey Goose, qui justifie ainsi le slogan de sa campagne publicitaire, « *The world's best tasting vodka* »). La stratégie de premium qu'avait initialement adoptée Lacoste reposait sur la durabilité exceptionnelle de ses polos, dont la production exigeait la consommation de 25 kilomètres de fil de coton. L'industrie automobile premium est jugée par les études JD Power, ces dernières portant sur la satisfaction des clients ou la fiabilité des véhicules, mesurée pour chaque modèle de chaque marque.

Mais au-delà des mesures tangibles, une autre question se pose : qu'est-ce que la qualité ? Pouvons-nous comparer une Porsche, qui peut fort bien être la seule voiture de son propriétaire, ce dernier l'utilisant pour aller tous les jours au bureau ou dans les magasins et en revenir, à une Ferrari, qui reste le plus clair du temps au garage et n'est utilisée que de temps à autre ? Conduire une Ferrari comporte une dimension de folie et d'excès qui caractérise ce que l'on attend du luxe, source de liberté, similaire à l'art. Dans une Ferrari, le vrombissement du moteur fait partie de l'expérience, mais ce bruit serait considéré comme un défaut par les ingénieurs allemands de Porsche ou d'Audi. Une Ferrari qui ne ferait pas de bruit serait-elle encore une Ferrari ? Cette question ne sera plus théorique le jour où une Ferrari électrique sera mise sur le marché. De nombreuses années durant, les intangibles qui allaient de pair avec les Jaguar étaient la seule consolation de leur propriétaire, la seule chose qui pouvait l'aider à pardonner leur manque de fiabilité.

La dimension de folie, apanage unique du luxe, est absente du *business model* de premium. Dans ce dernier, le fonctionnel l'emporte sur le style, le coup d'éclat. Dans le luxe c'est l'inverse. Ainsi, le verre en cristal Baccarat peut avoir des petits défauts que les amateurs considèrent non comme tels, mais comme la signature de l'artisanat. De la même manière, une robe de haute couture exige un nettoyage à sec attentif, tandis que les vêtements de masstige doivent être faciles à porter et à laver.

◼ Le rapport à l'innovation

Sachant que le luxe est l'incarnation d'un héritage, une passerelle entre le passé et l'avenir, l'innovation fait rarement partie de la stratégie du luxe, même si la situation est en changement du fait de l'irruption des nouvelles technologies (voir chapitre 12). Dans une récente enquête d'Ipsos sur le secteur du luxe à l'échelle mondiale, la question « doit être très bien placée en termes d'innovation » fut souvent cochée par les répondants dont on cherchait à cerner la perception de ce que devrait être une marque de luxe. Cette réponse, en hausse depuis, est symptomatique, car pour éviter d'être enfermées dans une image archaïque, les marques de luxe doivent désormais aussi innover. C'est ainsi que Chanel expérimente de nouvelles matières connectées ou de nouveaux modes de production. L'innovation est la seule manière, pour les marques, de révéler l'empreinte de leur passé tout en conservant la vitalité qu'exigent les clients aisés d'aujourd'hui. Il faut cependant respecter l'héritage : l'innovation ne peut donc être radicale. Les marques de luxe s'inscrivent dans la durée. Les créateurs de mode, au contraire, prennent davantage de risques afin de saisir à la fois le présent et l'avenir. Les marques de masstige introduisent systématiquement et souvent de nouveaux articles afin d'encourager les clients à venir souvent dans leurs magasins.

En outre, l'innovation va au-delà des produits. Tout ce que fait une marque peut être source d'innovation : le service ultra-individualisé, le CRM, l'agencement du magasin, l'expérience digitale en magasin, la décoration des vitrines, la communication digitale et par les médias classiques. Prenez le champagne Dom Pérignon. En 1961, c'était le champagne le plus cher. Pourtant, il créa une disruption dans tout le secteur en liant son destin médiatique au sulfureux James Bond. Cette innovation radicale a changé toute l'industrie du champagne, provoquant une vraie rupture. Or à l'époque, James Bond était un inconnu. Cela illustre bien que la marque de luxe doit en permanence recréer l'écart, en référence à son étymologie.

■ Rabais et super-soldes

La stratégie du luxe est très stricte à cet égard : chez Louis Vuitton, il n'y a ni soldes, ni super-soldes, ni magasins habilités à vendre à prix discount. Le prix d'un attaché-case Louis Vuitton ne dépend jamais du jour, du mois où il a été acheté. Rappelons que le luxe vend de la valeur à long terme alors que la mode prend de la valeur à court terme, car porter telle ou telle chemise ou l'*it bag* de l'été est une façon certaine d'être tendance. Mais comme les tendances sont éphémères, le *business model* de la mode n'a d'autre choix que d'offrir des réductions dès que la saison ou la tendance prend fin. Le masstige pratique lui aussi les réductions, afin de remplir ses magasins des nouvelles collections. Ainsi, 34 % du chiffre d'affaires de Ralph Lauren, aux États-Unis, est réalisé dans ses magasins d'usine, où les rabais atteignent 40 %. Pour limiter le risque de cannibalisation, Coach ouvre des magasins en centre-ville, mais ses magasins d'usine sont en banlieue.

■ La politique de licence

Qui fabrique les montres Chanel ? Chanel. Qui produit les parfums Chanel ? Chanel. Avec une stratégie de luxe, la marque ne peut que lentement *étendre* ses gammes de produits à de nouvelles catégories de produits, car, dans tous les cas, c'est elle qui produit. (L'exception à cette règle, ce sont les lunettes Chanel, dont la licence a été accordée à Luxoticca, décision régulièrement débattue dans la maison.) En revanche, les montres Ralph Lauren sont fabriquées par Cartier et ses parfums produits par L'Oréal. Les maisons de mode (comme Versace) quant à elles optent pour une extension rapide à d'autres catégories par le biais des licences, qui vont directement nourrir les profits de la marque. Les marques de masstige (comme Michael Kors) poursuivent un objectif de leadership de parts de marché *via* l'offre d'un style de vie complet : elles ont donc systématiquement recours aux licences. Les marques de luxe rejettent ces stratégies, pour une raison simple : leur actif le plus précieux est leur nom. Accorder des licences, cela veut dire abandonner le sort et la réputation de la marque à une tierce partie, dont les objectifs ne sont pas nécessairement les vôtres. Dans une stratégie du luxe, la marque doit conserver le contrôle total de la production et de la distribution. Chez Hermès, c'est la seule manière de savoir ce que l'on donne à manger aux alligators. La qualité, dans une maison de luxe, ne peut se cantonner à un seul maillon de la chaîne de valeur. Le prix des marques de luxe tient compte du fait qu'elles assument la responsabilité de tous les incidents qui peuvent survenir à n'importe quel point de la chaîne de valeur.

■ Le rôle du marketing

Le luxe et la mode sont des activités créatives : elles préfèrent surprendre que se précipiter pour imiter ce que font leurs concurrents. L'important, à leurs yeux, est d'éviter l'ennui qui risque de naître de l'accumulation de biens. Dans cette perspective, tous deux mettent l'accent sur l'offre, pas le marketing. Si une maison de luxe a un département marketing, il porte en général un autre nom et sa principale tâche est l'analyse des ventes. En revanche, Coach dépense 3 millions de dollars par an en enquêtes de consommation afin de savoir ce que veulent ses clientes. Mais comme l'a noté Tom Ford lorsqu'il était aux commandes de Gucci, les études de marketing ne ramènent que ce que les marques de luxe ont déjà raconté à leurs clientes ; sa mission à lui consistait à inventer ce dont elles auraient envie douze mois plus tard. Les marques premium ont elles aussi recours à des études de marché pour réduire leurs risques et évaluer les dimensions de performance, ou de valeur perçue les plus pertinentes aux yeux de leurs clients.

■ Le rôle de la vente en magasin

« *Le luxe, c'est le magasin* », a dit Bernard Arnault. Mais il est difficile de différencier les *business models* des diverses marques rien qu'en regardant leurs magasins. C'est la raison pour laquelle les consommateurs ont tendance à penser que toutes les marques possédant des magasins somptueux ou impressionnants font partie de la catégorie dite « de luxe ». Même Zara, le prototype de la mode à rotation rapide et bon marché, brouille les frontières en ouvrant des magasins *flagships* juste à côté de ceux des maisons de luxe. Leur décor et leur agencement sont à la hauteur de l'adresse. L'idée est de renforcer l'estime de soi des acheteurs, de leur faire oublier le prix.

Les marques de luxe cultivent un côté quasi religieux. La communauté des croyants doit sans cesse être renforcée par l'autorité symbolique de leur marque culte – tel est le rôle des magasins amiraux, conçus comme des cathédrales. Les produits y sont disposés comme des œuvres d'art, déguisant du même coup la nature commerciale du luxe. La magie opère. Le rôle fondamental des magasins, dans le *business model* du luxe, est de sélectionner la clientèle. Les portes restent en général fermées jusqu'à ce qu'un portier les ouvre ; cet obstacle symbolique exprime la sélectivité et le privilège. En outre, le *business model* du luxe préfère les magasins en exploitation directe aux franchisés, afin que les clients puissent bénéficier d'un contact direct, individualisé, avec la marque et non avec un sous-traitant ou un franchisé.

À l'autre extrême, les marques de masstige s'appuient beaucoup, elles aussi, sur l'impression que le magasin fait à ses visiteurs. Tous les magasins Ralph Lauren sont conçus pour faire croire que le créateur de la marque a connu personnellement les stars du passé comme Cary Grant, Greta Garbo ou Gary Cooper. Les dizaines de photographies en noir et blanc semblent le prouver. La marque raconte ainsi une histoire inventée de toutes pièces qui, petit à petit, finit par passer pour la vérité. Chaque magasin donne aussi le sentiment que l'on est dans la demeure de Ralph Lauren, au point que les clients peuvent même acheter les meubles et les tapis, ainsi que les vêtements qu'ils servent à présenter. Pour adopter l'élégant style WASP de la côte est des États-Unis, les clients doivent posséder toute la panoplie, et elle est vendue dans les magasins à des prix abordables. Quant aux marques de mode, si elles ont besoin d'une distribution sélective, elles ne vendent pas un rêve de style de vie comme le fait Ralph Lauren ; leurs boutiques comportent donc beaucoup moins d'ornements.

Enfin, dans le cadre de la stratégie premium, les *showrooms* des grandes marques automobiles, par exemple, permettent aux acheteurs de voir, de toucher et de s'asseoir dans chaque modèle. Contrairement aux *showrooms* des marques de luxe, ils mettent l'accent sur la performance du produit, pas sur la légende. Audi a mis au point un concept novateur, Audi City, *showroom* digital qui utilise une technologie de pointe. Les visiteurs peuvent imaginer et voir, sur des écrans géants, toutes les configurations possibles pour chaque modèle de la gamme. Cette expérience témoigne du culte que voue Audi à la haute technologie. Bientôt la réalité virtuelle s'insérera dans les points de vente.

À chaque pays du luxe
son *business model* ?

Nous avons ouvert ce chapitre sur les problèmes que pose la définition du luxe. Derrière ce terme ombrelle très vendeur, il existe des façons très différentes de manager l'entreprise. Après avoir montré, en détail, comment fonctionnent les différents *business models* possibles dans le marché du luxe, il devient nécessaire de répondre à la question de savoir ce qu'est le luxe, mais sous un angle nouveau. Comme le mot est à la mode et crée de la valeur aux yeux de maints clients, beaucoup de marques cherchent à s'en parer, quitte à inventer des sous-catégories pour cela comme « luxe accessible », « *casual luxury* », etc. Au-delà de cette compétition nominale, une autre bataille, plus profonde et d'une plus grande importance stratégique, fait rage : la concurrence entre les diverses visions du luxe, c'est-à-dire la définition des critères et des seuils qu'une marque doit respecter pour pénétrer dans le club magique des marques de luxe. Or celui qui imposera sa vision au marché, aux leaders d'opinion gagnera la mise : car sa vision dominante créera un obstacle quasi infranchissable aux autres marques, non conformes, exclues du club *ipso facto*.

Riches d'une longue histoire, les marques françaises et italiennes ont réussi un coup de maître stratégique en faisant de l'héritage, du passé légendaire, un critère crucial de la définition du luxe. Elles empêchent ainsi les nouveaux arrivants de pénétrer au sein de leur cercle très fermé. Cette vision s'impose même en dehors de l'Europe, de sorte que les marques de masstige venues du Nouveau Monde doivent elles aussi l'adopter. Ainsi Ralph Lauren est une marque récente, mais tout ce qu'elle fait, de la création au style des produits, en passant par la décoration de ses magasins, vise à simuler une histoire imaginaire de la marque. Le site Web de Coach reflète lui aussi ce besoin d'héritage imposé par l'Europe, comme nous l'avons vu.

Mais comme Ralph Lauren et Coach sont des marques américaines, elles expriment aussi leur culture nationale, avec une vision du « luxe pour tous », grâce à des prix abordables et au discount. Marc Jacobs plaide même pour une vision du luxe où le prix ne serait plus en cause (curieusement, cela ne lui était pas venu à l'idée lorsqu'il travaillait chez Louis Vuitton). Comme le montrent d'autres exemples, de Michael Kors à Victoria's Secret, les marques américaines adoptent volontiers le *business model* du masstige, donc promeuvent cette autre vision.

La comparaison des marques italiennes et françaises entre elles révèle des différences frappantes. Par exemple, l'énoncé de mission d'Altagamma exclut notoirement le mot même de « luxe ». Par contraste, le Comité Colbert *« rassemble 78 marques de luxe dont la mission est de mettre en œuvre la politique collective du luxe français »*. Les mots utilisés par Altagamma sont très significatifs : ses membres se distinguent par *« leurs innovations, la qualité, le service, le design et le prestige... Ils incarnent la culture italienne »*. Aucune trace de termes comme héritage, histoire, exclusivité, privilège, rareté ou intemporalité. En revanche, le mot « service » (aux consommateurs et aux clients de la distribution) y figure, ainsi qu'une référence au caractère italien des marques membres. Collectivement, il promeut la marque « Italie », capital hautement élégant et culturel. En ce sens, les marques italiennes semblent adopter un *business model* de mode haut de gamme, ce qui explique peut-être que Prada délocalise en Chine une part grandissante de sa production. Cela pose en effet moins de problèmes aux marques de mode qu'à leurs homologues du luxe. Sans surprise, les marques de luxe allemandes adoptent elles aussi le *business model* du premium, comme l'y oblige leur culture technique, tout comme les marques coréennes qui veulent monter en gamme (Hyundai).

Mais que feront les marques de luxe chinoises qui émergent déjà et sont appelées à se multiplier ? Cette question fera l'objet du dernier chapitre.

Chapitre 10

Rester ou ne pas rester indépendant ?[1]

Quels changements dans le marché du luxe conduisent les entreprises familiales à se vendre ?

Le 7 mars 2011, LVMH acquit une participation majoritaire au capital de Bulgari, célèbre maison italienne de joaillerie. L'accord refléta une révolution majeure en cours dans l'ensemble du secteur du luxe : les créateurs de produits exceptionnels et exclusifs doivent se transformer en créateurs d'expériences client exceptionnelles en magasin et en ligne. Comme les entreprises de luxe étendent leurs activités dans les BRIC, en particulier en Chine, ces immenses marchés se traduisent, pour les entreprises familiales, par d'énormes pressions financières et managériales.

Cette acquisition est aussi symptomatique du fait que la France, pays historique du luxe, ne crée plus de marques de luxe, mais rachète les marques italiennes (ou anglaises, et demain chinoises) pour équilibrer le portefeuille de ses grands groupes de luxe. À l'inverse, l'Italie, pays de créateurs entrepreneurs, a su donner naissance à des marques nouvelles, sans créer des groupes capitalistiques ayant la capacité de les garder.

---

1. Ce chapitre a initialement été publié sous forme d'article par la revue *Journal of Brand Strategy*, 1 (4), hiver 2012-2013, pp. 389-402, co-écrit avec le professeur Olivier Tabatoni.

Anatomie d'un accord historique

Si des rumeurs annonciatrices avaient déjà circulé, le secteur du luxe italien fut abasourdi par l'annonce que Bulgari, l'un de ses fleurons, rejoignait LVMH. Il s'agissait d'un accord amical aux termes duquel :

– En échange de 51 % du capital de Bulgari (152, 5 millions d'actions), la famille Bulgari obtenait 16,5 millions d'actions nouvelles de LVMH.

– Elle deviendrait ainsi le second actionnaire familial du groupe français.

– Pour les actionnaires minoritaires, LVMH lancerait une OPA au prix très attractif de 12,25 euros par action.

– Francesco Trapani, alors P-DG de Bulgari, entrerait au conseil de LVMH au titre de représentant de la participation de la famille, qui disposerait également d'un second siège d'administrateur.

– Francesco Trapani entrait au comité exécutif de LVMH, où il dirigerait la division montres et joaillerie.

Cette annonce reposa la question lancinante de la pérennité à long terme des entreprises familiales dans le secteur du luxe. Bulgari, qui avait pourtant juré ne jamais se vendre, y a répondu de la façon décrite ci-dessus. Mais Chanel reste une entreprise familiale et démontre que garder son indépendance n'est pas un problème quand on génère beaucoup de cash, quand on suit à la lettre la « stratégie de luxe » (voir chapitre 9) et que l'on ne manage pas à court terme. Quant à Hermès, que LVMH visait également (et dont il détenait 20 % des actions), la maison a su résister farouchement à toutes les offres du groupe, qu'elles soient amicales ou hostiles. Hermès affirme vouloir rester une entreprise familiale, stratégie qui s'est révélée extrêmement payante, la maison figurant parmi les marques de luxe les plus rentables du monde. Son mode de gouvernance y contribue largement, car en totalité dévoué à la préservation et à la croissance des actifs et non à des objectifs de volume à court terme. Nous analyserons ici l'accord LVMH-Bulgari sous les angles liés de la stratégie et de la finance, car ils concernent aujourd'hui l'ensemble du secteur du luxe.

Stratégiquement, l'accord révèle un changement majeur en cours dans l'univers du luxe : les grands noms du secteur investissent lourdement dans leur réseau de magasins – le plus souvent managés en propre – afin d'acquérir et de maintenir leur leadership dans les BRIC, principaux marchés de l'avenir. Cette évolution est critique pour beaucoup d'entreprises du luxe italien, en général familiales et sous-capitalisées – qui peuvent donc avoir le sentiment que la seule issue est d'entrer dans des groupes de luxe – aujourd'hui français (Kering, LVMH, EPI, etc.) et probablement chinois demain.

La perspective financière examine la nature de l'accord lui-même, surtout le rapport cours-bénéfice, très élevé, de 69. Pourquoi un PER (*price earning ratio*, ratio cours sur bénéfices) si élevé? Il repose certainement sur l'hypothèse que Bulgari sera plus rentable au sein d'un groupe spécialisé dans le luxe (LVMH en l'occurrence) que lorsque l'entreprise était indépendante.

L'acquisition de Bulgari : un modèle pour les entreprises familiales ?

Bulgari est l'un des fleurons du luxe italien. Cette entreprise renommée, fondée en 1884 par une famille d'orfèvres grecs émigrés en Italie, a créé son propre style et est devenue un symbole mondial de la joaillerie de luxe. Le fait que la famille Bulgari ait décidé d'en transférer la propriété à une entité extérieure est lourd de sens. Jusqu'à 2011, la firme avait toujours proclamé sa volonté de rester familiale. La solution actuelle est donc vraisemblablement la dernière que la famille ait jamais envisagée. Le fait qu'Antonio Belloni, le numéro deux de LVMH, soit italien, a certainement facilité l'approche et les négociations. Néanmoins, la famille Bulgari avait certainement de très sérieuses raisons, entre autres par rapport aux perspectives économiques de l'entreprise, pour en transférer la propriété à LVMH.

Cela ne veut pas dire que toutes les entreprises familiales du luxe doivent se faire racheter par un groupe. Chanel en est la démonstration la plus brillante. La seule façon de tirer des enseignements, de l'accord Bulgari-LVMH, pour les autres entreprises de luxe, est de comprendre toutes les facettes de sa logique.

■ La transmission des entreprises familiales

Une première raison de cet accord concerne l'ensemble du secteur italien du luxe : les entreprises les plus prestigieuses sont familiales et nombre d'entre elles sont dirigées par leurs fondateurs, dont la plupart ont dépassé 55, voire 65 ans. Donatella Versace est née en 1955, Domenico Dolce en 1958, Stefano Gabbana en 1962, Miuccia Prada en 1949, Roberto Cavalli en 1940, Renzo Rosso (Diesel) en 1955 et Diego Della Valle (Tod's), en

1953, sans parler de Giorgio Armani et de Karl Lagerfeld (Fendi), nés respectivement en 1934 et en 1933. La question de la transmission de leur entreprise se pose donc avec urgence. Le problème, c'est que, dans la plupart des cas, leurs héritiers ou héritières ne souhaitent pas relever le défi, à supposer qu'ils aient l'étoffe et l'expertise nécessaires. Un récent article est même allé jusqu'à dire que l'Italie était à vendre. Il faut, pour manager ces marques désormais mondiales, disposer de savoir-faire très spécialisés en logistique, finance, fiscalité, droit, ressources humaines, stratégie de prix, gestion de l'immobilier, des contrats, etc. Autant de compétences que n'ont pas forcément les descendants de la famille.

Une solution classique consiste à recruter des talents à l'extérieur, en général en allant les chercher dans la grande consommation où ils auront acquis les méthodes de management modernes liées à la mondialisation des marques. Comme pour toute transplantation, ces greffes ne prennent pas toujours. Elles suscitent souvent des problèmes de légitimité dans la gouvernance de l'entreprise. Dans les sociétés familiales de luxe, il y a, en général, d'un côté un organigramme officiel précisant clairement les pouvoirs et les responsabilités de chacun et d'un autre côté, on trouve aussi les membres de la famille, qui détiennent souvent des participations importantes et estiment avoir le droit hérité et inaliénable de donner leur avis sur toutes les questions stratégiques, même quand cela outrepasse clairement les pouvoirs et les responsabilités qui leur ont été officiellement confiés. Une telle situation a toutes les chances de créer des tensions avec les managers venus de l'extérieur qui constatent que deux systèmes de légitimité coexistent au sein de l'entreprise : l'un managérial fondé sur la qualification et le savoir-faire, et l'autre aristocratique où être membre de la famille est synonyme d'être copropriétaire de l'entreprise familiale.

On peut se demander pourquoi le luxe italien n'a pas donné naissance à des groupes comme Kering, LVMH, Richemont ou même EPI. Deux raisons, au moins, peuvent l'expliquer. La première, c'est que les dirigeants des entreprises les plus célèbres sont plus des entrepreneurs que des gestionnaires. Des hommes comme Diego Della Valle, Francesco Trapani ou Domenico De Sole (auparavant chez Gucci) ont un immense talent pour développer leur marque dans des marchés étrangers, mais pas pour diriger des groupes multimarques et multisectoriels.

■ Leadership et puissance financière

La seconde raison concerne le leadership et la puissance financière. Un groupe n'est pas une simple association entre pairs, comme Altagamma. Cette fondation italienne agit en défenseur et promoteur des causes communes. Par contraste, un groupe capitalise sur les synergies (approvisionnement, achats, production, ressources humaines, services juridiques, fiscaux, d'après-vente et institutionnels) et les « *parenting benefits* » (avantages pour une marque issus du fait d'être portée par un groupe puissant) afin de créer de la valeur pour les actionnaires (voir chapitre 11). Pour les marques membres d'un groupe, cela signifie que leur croissance et leur rentabilité, tout en étant reconnues comme leur appartenant, sont plus grandes au sein du groupe qu'elles ne l'auraient été si elles étaient restées des entités indépendantes.

Cette question est extrêmement controversée et la recherche académique avancée n'a pas encore démontré si l'une des stratégies avait un avantage clair sur l'autre. On l'a vu ci-dessus, le groupe Hermès a réagi avec hostilité à l'acquisition silencieuse par LVMH de 20 % de son capital, déclarant hautement que son avenir était de conserver son indépendance afin de préserver sa culture et son identité, deux éléments essentiels de sa stratégie et de sa réussite. En outre, du point de vue des marques de LVMH, ne vaut-il pas mieux avoir des concurrents de cette envergure hors du groupe pour tirer tous les bénéfices liés à la stimulation par la concurrence? À quoi servirait, par exemple, le rachat de Chanel par LVMH? Sûrement pas à Dior, qui perdrait en cela son aiguillon le plus sérieux qui le conduit à toujours se dépasser.

Le centre de gravité du luxe s'est déplacé de l'amont vers l'aval

Pourquoi Bulgari n'est-il pas allé en Bourse pour financer sa croissance ou n'a-t-il pas étendu ses activités existantes qui lui rapportent d'amples ressources financières comme celles tirées de ses licences (hôtels, spas, restaurants, cosmétiques, lunettes, etc.) ? La réponse est que ses problèmes ne se limitaient pas à un manque de liquidités et à un cash-flow depuis longtemps négatif.

■ Pression consumériste

Les marques de luxe sont à un moment décisif de leur évolution. Au départ, leur modèle économique est celui de l'artisanat d'art, produisant des pièces uniques pour des clients très riches, des chefs d'État ou des célébrités. C'est encore l'image mythique présentée au public, appelé à la révérer comme une icône religieuse. Les Journées européennes du patrimoine servent à conforter cette image. Or les grands noms de la haute joaillerie, comme Bulgari et Cartier, existent précisément parce que ce secteur a presque abandonné ce modèle de l'entreprise artisanale. Des artisans du luxe, il en existe encore, mais ils sont moins connus. Le joaillier Mellerio dit Meller, place Vendôme, en est un exemple. La maison appartient et est dirigée depuis sa création par la famille Mellerio. La génération actuelle est la septième, et les membres de la famille qui managent ont fait HEC Paris.

Dans le cadre du modèle économique traditionnel du luxe, la production, l'approvisionnement et la fabrication sont les principaux éléments de la création de valeur. Zegna insiste sur le caractère exceptionnel de ses tissus, surtout ses lainages rares. Corneliani parle à ses clients de son extraordinaire savoir-faire. Kiton décrit la capacité unique de ses tailleurs, à Naples, de concevoir et de couper un costume d'homme. Ce genre de luxe est particulièrement apprécié de la clientèle masculine, souvent traditionnelle, qui aime savoir que tel nouveau costume est un spécimen exclusif, réalisé dans les meilleurs tissus et grâce au savoir-faire de spécialistes toscans ou napolitains. C'est une valeur durable et elle illustre le point important que le luxe, contrairement à la mode, doit être fabriqué pour durer.

Cependant, le luxe subit la pression constante de la société de consommation, qui considère le bonheur comme allant de pair avec la possession d'objets et leur renouvellement. Aujourd'hui, le marché du luxe s'étend en séduisant non pas davantage de personnes qui vivent vraiment dans le luxe (les *happy few*), mais toutes celles, plus ordinaires, qui estiment avoir droit, une fois de temps en temps, à un peu de luxe, pour ajouter une touche exceptionnelle à leur vie quotidienne. Cela peut prendre la forme d'un repas dans un restaurant trois étoiles Michelin ou d'une flûte de Dom Perignon savourée au bar d'un établissement élégant ou une croisière en Antarctique sur un navire de la Compagnie du Ponant.

Pour les consommateurs, la recherche d'une expérience exceptionnelle commence au niveau de la vente et le *retailtainment* affecte aussi, aujourd'hui, le luxe. Les clients doivent continuer à aller dans les magasins des marques les plus prestigieuses, qui pour cela deviennent des lieux incroyables, magiques, et méritent à eux seuls la visite. Les magasins amiraux des marques de luxe sont particulièrement captivants, souvent conçus par les architectes les plus célèbres du monde – qui agissent pour ces marques à la manière de Léonard de Vinci pour François Ier. C'est d'ailleurs pour les marques de luxe une condition de survie, car à l'heure où la vie quotidienne se concentre dans la paume de la main, dans nos smartphones, et que tout achat commence par une expérience digitale, il est vital d'augmenter toujours plus la qualité de l'expérience vécue dans les points de vente physiques. Cela est d'autant plus vital pour séduire la génération Y, les *« digital natives »*, pour qui tout acheter en ligne pourrait devenir une seconde nature. À la différence des églises et autres lieux de religion, souvent vides sauf aux heures du culte, les magasins de luxe, nouvelles cathédrales de la société de consommation, n'ont pas le droit d'être vides : leurs coûts de location au mètre carré atteignent des sommets désormais dans les rues prisées par le luxe (Rodeo Drive, avenue Montaigne, Via Monte Napoleone, New Bond Street, etc.), ce qui met leur modèle économique en péril.

◼ Magasins en propre

Le centre de gravité du luxe s'est donc déplacé de l'amont vers l'aval. D'où l'importance cruciale des magasins en propre afin de pouvoir y offrir aux clients des moments mémorables, leur premier contact avec le luxe, et ce dans le monde entier. En outre, les magasins gérés en direct assurent une meilleure tenue des prix, le luxe étant par définition un *« everyday same high price »*, à la différence de la mode, où les rabais sont structurels. Cette révolution affecte directement beaucoup de maisons de luxe italiennes. Ainsi, une boutique Zegna n'avait jusqu'à récemment rien, en soi, de passionnant. C'était simplement un endroit où l'on trouvait les vêtements et accessoires Zegna. Il en allait de même de Brioni, de Kiton, de Canali et… de Bulgari. Tout cela devait changer.

À l'époque de son acquisition par LVMH, Bulgari avait suivi les principes de la « stratégie de luxe ». Il s'était intégré verticalement en achetant Crova, spécialiste historique de la haute joaillerie, entre autres. En outre, pour étendre la marque Bulgari à l'horlogerie sans avoir recours à des licences, il avait aussi racheté deux fabricants de montres, Daniel Roth et Gérald Genta.

Après ces acquisitions, Bulgari, comme d'autres maisons de luxe, s'est trouvé confronté au problème du financement de son développement international et de l'expansion accélérée de son réseau de magasins en propre, afin d'offrir à ses clients une expérience d'achat réellement exceptionnelle. Pour ce faire, il faut disposer de talents, de savoir-faire et de capacités de financement que Bulgari n'avait pas. L'entreprise avait été éprouvée par la crise économique de 2008, le chiffre d'affaires chutant de 18 % en 2008-2009. Les résultats ont souffert en outre de la hausse importante du prix de l'or et des pierres précieuses, cumulée avec une situation particulièrement défavorable en termes du taux des devises.

Les profits furent également très affectés par le déclin des ventes de montres (moins 25 %) et des accessoires (moins 27 %), alors que ces produits généraient habituellement des marges plus élevées. Ces gammes de produits étaient plus récentes, moins légitimes, et ciblaient des clients moins fortunés, elles ont donc davantage souffert de la crise que les produits plus anciens, plus légitimes et mieux établis, surtout dans les marchés matures comme les États-Unis et l'Europe.

Rattraper Tiffany et Cartier

La taille revêt une importance considérable pour le luxe moderne. Les entreprises de luxe commencent petit mais, si elles veulent survivre, elles sont condamnées à grandir. En Asie, la puissance et la gloire vont de pair. Une marque de luxe doit d'abord être une marque, c'est-à-dire un nom qui rayonne et attire de ce fait. C'est la raison pour laquelle la croissance de Louis Vuitton n'a pas encore été accompagnée d'une perte de sa prime de prix en Extrême-Orient. Certes les élites locales qui ont porté cette marque à ses débuts et fait son succès doivent la trouver de moins en moins exclusive : pour elles, c'est devenu une mégamarque. Mais la marque peut compter sur de grandes réserves de clientèle, en Chine par exemple, dans les nombreuses grandes capitales régionales. Or ces nouvelles clientèles, suiveuses, ont besoin de la notoriété de la marque comme visa universellement reconnu de savoir-vivre en société. À leurs yeux, être porté par tous conforte ce statut de label de savoir être.

En termes de chiffre d'affaires, à l'époque de son acquisition par LVMH, Bulgari avait dépassé Mikimoto (qui faisait 1 milliard d'euros de chiffre d'affaires), mais restait loin derrière Tiffany et Cartier (respectivement 2,5 et 5 milliards d'euros de chiffre d'affaires). Il en allait de même du bénéfice avant intérêts et impôts (70 millions d'euros pour Mikimoto, 330 millions d'euros pour Tiffany et 700 millions d'euros pour Cartier) et du résultat net (40 millions d'euros, 200 millions d'euros et 560 millions). Par-delà l'expansion rapide de la distribution de Bulgari, sa croissance future serait largement tirée par le transfert, grâce à LVMH, de savoir-faire considérables concernant les sacs et la maroquinerie, qui étaient jusqu'alors des points faibles de Bulgari.

LVMH, de son côté, avait une division joaillerie et horlogerie assez modeste. L'accord passé avec De Beers en 2001 n'avait pas encore produit de résultats significatifs, seuls quelques magasins ayant été ouverts. L'addition du chiffre d'affaires de 1 milliard d'euros de Bulgari lui a permis de passer au palier supérieur, mais l'essentiel était ailleurs. Bulgari avait obtenu sa croissance en appliquant à la joaillerie les règles de la mode. En fait, Bulgari est la marque de joaillerie la plus *fashion*. En offrant à Francesco Trapani, alors P-DG de Bulgari, la direction de la division montres et joaillerie, LVMH espérait diffuser au sein de l'ensemble du groupe le savoir-faire unique de Bulgari dans ce domaine, dans la perspective de permettre à plusieurs marques de mode du groupe de développer prochainement leurs propres lignes de bijoux.

En fait, les extensions de marque semblent désormais la norme chez LVMH. Louis Vuitton a ainsi annoncé depuis longtemps le lancement d'un parfum. Berluti vend désormais non seulement ses chaussures sur mesure mythiques, mais aussi du prêt-à-porter hommes, grâce à la venue du designer Alessandro Sartori, pris quelque temps à Zegna. Bulgari lui-même, bien que réputé comme joaillier, a décidé de se lancer dans les sacs à main de cuir. Cette tentative a échoué, la marque n'ayant aucune expérience ni légitimité en maroquinerie. Autant une marque de mode ou de masstige peut s'étendre très vite à maintes catégories de produit (*via* les licences) afin de proposer un style de vie, autant la marque de luxe, elle, ne le peut pas. Il lui faut plus de temps pour être capable de les produire elle-même (et non *via* des licences) et pour acquérir la reconnaissance du secteur en question, la légitimité.

Outre que du point de vue logistique et financier il est plus facile de vendre des sacs à main (quelques tailles convenant à toutes les femmes) que du prêt-à-porter ou des chaussures (dont il faut maintenir un stock en magasin avec des couleurs différentes, des tailles et demi-tailles), l'accélération de ces extensions de marque a une cause majeure : la Chine. On ne peut pas ouvrir des magasins somptueux dans quartiers les plus prestigieux en y vendant une seule ligne de produits : le simple fait d'augmenter la taille des points de vente impose des extensions de gamme. En outre, les clients chinois découvrent le luxe. Contrairement aux Occidentaux, qui associent un positionnement bien précis et un type de savoir-faire à chaque marque de luxe, ils perçoivent les marques comme des noms qui ajoutent du prestige aux rites fondamentaux du cadeau. Car le cadeau, en Chine, accompagne toutes les relations, dans le domaine des affaires comme dans la vie privée. C'est la raison pour laquelle, une fois que la Chine aura pris goût aux marques de luxe, ces dernières devront impérativement offrir plusieurs lignes de produits.

Cette stratégie permet aussi de créer et de maintenir la fidélité à la marque. Elle donne en effet au client de nouvelles raisons de venir dans ses magasins. Or à ce jour, les choix de marque sont plus régis par des logiques d'imitation que par une vraie identification à la marque. Le poids des réseaux sociaux en Chine, en amont de l'acte d'achat lui-même, ne fait que renforcer cela : c'est pourquoi, alors qu'en théorie le digital devait augmenter la largeur de choix, nous assistons en réalité à l'omniprésence de « méga-brands » du luxe qui agrègent les choix de la majorité suiveuse des acheteurs d'aujourd'hui. Tant que ces méga-brands peuvent nourrir leur besoin de croissance de strates toujours plus basses de clients, cette croissance sera maintenue, mais leur valeur de rêve n'existera plus auprès des élites. D'où le besoin des grands groupes du luxe de préparer dès ce jour leur relève, de trouver les relais de demain dans les marques plus jeunes ou moins développées.

Chine : le grand dilemme des entreprises familiales de luxe

Pour les entreprises de luxe, l'enjeu immédiat, c'est la Chine, avant les autres membres des BRIC. Ces marchés émergents les aideront à diversifier leurs risques géographiques et à éviter une dépendance excessive par rapport aux marchés matures comme le Japon, qui traverse toujours une dépression économique et psychologique. Les classes montantes des pays émergents, au contraire, sont optimistes, ce qui les incite à s'offrir du luxe, à se faire plaisir et à le montrer. Cela dit, il ne suffit pas, pour pénétrer la Chine, d'ouvrir quelques magasins ici et là. Louis Vuitton en a actuellement une cinquantaine. La marque a commencé par les capitales nationales, puis les provinces, suivies par les villes de second rang (plus de cinq millions d'habitants) et elle s'installe maintenant dans les villes de troisième rang. Notons que Zegna a systématiquement ouvert des boutiques dans les villes où Louis Vuitton venait de s'installer.

Les ressources financières indispensables pour gérer de lointaines expériences clients grâce à des magasins en propre sont particulièrement importantes en Chine, où les clients sont habitués à être courtisés par les marques les plus prestigieuses. L'économie expérientielle y est une réalité, comme on peut le voir facilement en se promenant dans les centres commerciaux de luxe ou les grands magasins, même s'ils semblent un peu désertés aux heures de plus faible fréquentation. L'économie expérientielle suppose de repenser la logistique et surtout la gestion du personnel local et des vendeurs, en contact avec les clients. Or les personnes au « *front office* » n'ont souvent aucune culture du luxe, et doivent l'acquérir par des programmes de formation accélérés en salle ou en ligne (comme l'e-movie *Luxury Attitude Academy*). Ainsi, le modèle d'exportation traditionnel valide quand le luxe consistait à fabriquer des produits exigeant énormément de savoir-faire est mort. L'ensemble du modèle organisationnel de l'entreprise familiale est en train de changer.

À l'ère du luxe expérientiel, force est donc de se demander comment financer la croissance dans les grands pays émergents. La question revêt plus d'acuité encore pour un joaillier, puisque, dans ce métier, les acheteurs ont particulièrement besoin d'être rassurés par une marque qui leur inspire une confiance absolue. S'il suffit parfois de quelques mois pour se faire un nom dans le domaine de la mode, il faut des années pour créer la confiance dans la joaillerie, et les marques de ce secteur reposent entièrement sur cette confiance. En renforçant leur réputation, elles réduisent leurs coûts de transaction. C'est la raison pour laquelle « un diamant est éternel ». La marque confère aussi au produit un message émotionnel et, dans le cas de la joaillerie, c'est un message d'amour.

Il est grand temps que les joailliers s'implantent en Chine, où un changement majeur se prépare, d'ordre culturel, puisque l'on passera de bijoux sans marque aux bijoux de marque. En fait, dans le monde entier, les marques ne représentent que 12 % des ventes de joaillerie. La « démocratisation » des diamants diminue l'effet rareté, et cela doit être compensé par le charisme des marques et la confiance qu'elles inspirent. Mauboussin a joué les précurseurs. La marque, naguère représentative de la haute joaillerie de luxe, conserve son magasin place Vendôme pour des raisons de prestige, mais sa stratégie consiste à capter la demande croissante de bijoux low cost. D'un côté, elle mise sur la notoriété résiliente acquise en cent soixante ans, de l'autre, elle délocalise la production, ce qui lui permet d'en réduire drastiquement le coût.

Il n'y a évidemment pas de comparaison entre le fléchissement des ventes de Bulgari et la stratégie délibérée de descente en gamme de Mauboussin, mais les deux marques capitaliseront sur cette évolution majeure vers la joaillerie de marque. C'est la raison pour laquelle LVMH avait besoin de Bulgari, et vice versa. LVMH n'avait pas de marque de haute joaillerie lui permettant de rivaliser avec Cartier et Tiffany.

Au total, 88 % des bijoux vendus sans marque, dans le monde entier, sont achetés en Chine. Il faut donc avoir une taille suffisante pour réussir sur ce marché. Travailler en Chine exige un investissement non seulement considérable (pour construire et gérer un réseau de magasins en propre), mais aussi à long terme (pour établir la notoriété de la marque et la confiance qu'elle doit inspirer). Cela constitue un sérieux problème pour les marques familiales italiennes et les maisons de luxe familiales d'une manière générale. Ces firmes sont en effet généralement sous-capitalisées et la volonté de la famille d'en conserver le contrôle est souvent une limitation très claire. D'où la question critique : où trouver le capital indispensable ?

Pour son développement en Chine, Zegna a créé une filiale commune 50/50 avec un groupe chinois et commencé à délocaliser une part croissante de sa production, allant ainsi à l'encontre de l'un des principes essentiels d'une pure « stratégie de luxe ». Prada a opté pour une introduction en Bourse sur la place de Hongkong, non loin de son marché cible, la Chine continentale. Hongkong a accueilli à bras ouverts cette étoile du luxe, sans poser trop de questions. C'était l'endroit idéal pour renforcer la notoriété de la marque au sein de l'élite politique chinoise et ainsi s'assurer un soutien institutionnel. En Chine, il est important de démontrer que l'entreprise qui s'implante rendra au pays qui l'accueille une partie des gains qu'elle y réalise. Entre-temps, Prada a donc annoncé son intention de délocaliser en Chine 20 % de sa production. Bulgari a opté pour une approche très différente, puisqu'il a choisi de s'assurer l'accès à des capitaux dont il avait le plus grand besoin en rejoignant le conglomérat français LVMH, au prix de son indépendance. Pourquoi ?

La source du capital n'est pas neutre pour la gouvernance

Les marques de produits de grande consommation (PGC) passent assez facilement d'un groupe à l'autre. Coca-Cola voulait s'offrir Orangina, boisson gazeuse premium mais, en fin de compte, c'est Schweppes qui l'a acquise, et Orangina-Schweppes appartient désormais au japonais Suntory. Ces transferts de propriété sont souvent fluides, car une marque de PGC se définit par son positionnement, c'est-à-dire le problème du consommateur qu'elle prétend résoudre ou le besoin du consommateur qu'elle se propose de satisfaire. La marque de grande consommation est une construction virtuelle incarnée par les produits et la communication, en ligne et dans les médias traditionnels. Les consommateurs, eux, n'attachent guère d'importance au fait que Gillette, les biscuits Lu ou Orangina appartiennent à un groupe ou à un autre.

Dans la gouvernance des entreprises de PGC, avoir des parties prenantes totalement séparées ne pose aucun problème : investisseurs, managers et employés. Les premiers apportent le capital, les deuxièmes vendent leur temps et leurs compétences. Les uns comme les autres sont transitoires. Seuls les employés ajoutent à la marque une partie de leur identité.

Les marques de luxe sont, au contraire, totalement définies par leur identité. La notion de « positionnement » n'est pas pertinente dans leur cas. L'héritage, l'histoire, le style, les racines, les valeurs et la culture délimitent cette identité. Elles ne peuvent donc être transférées d'un groupe à l'autre sans en perdre une partie au passage, un peu comme les arbres meurent souvent quand on les transplante d'un jardin à l'autre. Les marques de luxe prospèrent dans un écosystème culturel – c'est leur humus, la source sous-jacente de leur identité et de leur croissance future, dont l'importance cruciale est connue de tous les jardiniers sérieux.

C'est la raison pour laquelle LVMH maintient toujours les marques telles qu'il les trouve : il tient à préserver les composantes intangibles et extrêmement fragiles de leur identité. Le groupe Pernod Ricard applique une stratégie similaire. Il a racheté Martell, prestigieuse marque de cognac, à l'américain Seagram. Ce dernier a géré d'abord la firme depuis son siège new-yorkais, puis l'a délocalisée afin de la rapprocher de ses marchés cibles aux États-Unis. Pernod Ricard a ramené Martell à Cognac, c'est-à-dire à ses racines. Cette stratégie a fonctionné. Martell perdait des parts de marché sous la férule de Seagram ; mais sous la gouvernance de Pernod Ricard, il connaît une croissance rapide et est en passe de rattraper Hennessy.

Il en va de même pour les capitaux. Selon le proverbe, l'argent n'aurait pas d'odeur. C'est faux. En effet, pour une marque de luxe, c'est une chose d'en recevoir d'un fonds de placement, mais c'en est une autre d'en recevoir de LVMH ou d'un autre groupe de luxe. Ces derniers comprennent en effet les principes d'une vraie stratégie du luxe, ce qui n'est pas le cas d'un fonds de placement. Ces groupes ne sont pas seulement des sources de financement, d'argent, ils apportent en plus des compétences, de l'expertise, des synergies, des talents, du soutien institutionnel et, par-dessus tout, sont généreux en matière de temps. Aucun fonds financier ne peut donner le temps qu'il faut pour construire des marques prestigieuses, celui nécessaire à Bulgari pour devenir l'égal de Louis Vuitton en termes de prestige et de battre Cartier sur le terrain de la séduction. Bernard Arnault donna dix ans à la griffe Christian Lacroix pour décoller. Au contraire, le fonds suédois EQT Partners, qui a racheté Vertu à Nokia en 2012, l'a revendu dès 2016 à un autre fonds, basé à Hongkong, Godin Holdings.

L'accord Bulgari-LVMH a offert à la marque joaillière une opportunité unique d'obtenir des talents et des ressources financières tout en conservant son identité et en bénéficiant simultanément de l'appartenance à un groupe qui réinvente le luxe dans le monde entier, jour après jour. L'accord réglait aussi la question de la succession puisque Francesco Trapani prenait la direction de la division montres et joaillerie de LVMH.

Dans le même temps, la famille Bulgari est devenue la seconde famille propriétaire de LVMH, sans perdre son indépendance ni sa personnalité. Elle s'est ouvert un plus vaste destin, tout en gardant un œil, et une part de contrôle, sur sa marque éponyme. L'accord était donc avantageux pour Bulgari, mais LVMH y a trouvé également son compte, puisqu'il a considérablement étoffé sa division montres joaillerie, alors à la traîne par rapport à Tiffany et à Cartier. Et, plus important encore, il s'est ainsi préparé à saisir l'opportunité créée par la demande nouvelle et croissante pour une joaillerie de marque.

Les éléments gagnant-gagnant très spécifiques de cet accord le rendent emblématique de l'évolution radicale des marques de luxe. C'est seulement grâce à eux qu'il peut être considéré comme un modèle dont pourraient s'inspirer d'autres affaires de famille. Beaucoup d'entreprises familiales italiennes, faute de trouver des éléments aussi favorables dans les accords qu'on leur proposait, ont fini par décider de ne pas vendre leurs bijoux de famille.

Le prix de Bulgari : trop cher ou à la mesure du rêve financier ?

■ Un PER très élevé

Concernant la perspective financière de l'accord, de nombreux observateurs ont été extrêmement impressionnés par le PER de Bulgari : 69. Résultait-il de comportements irrationnels, en particulier de la part de LVMH ? De tels ratios sont-ils communs dans le secteur du luxe ? Un ratio aussi élevé distinguait-il Bulgari, joyau extraordinaire digne d'une évaluation stratosphérique ? Plus généralement, quels éléments et quelle intention stratégique, s'il y en avait une, justifieraient un PER aussi élevé ? Telles sont les questions auxquelles nous allons tenter de répondre ci-après.

Le PER mesure le prix d'une société (sa capitalisation boursière) par rapport à ses résultats financiers (généralement représentés par le bénéfice net après impôt). Les investisseurs utilisent souvent cet indicateur pour juger si l'appréciation boursière d'une entreprise est élevée ou non eu égard à sa rentabilité. Autrement dit, le PER révèle combien les investisseurs acceptent de payer chaque euro de résultat/bénéfice courant, et, du même coup, combien d'années ils sont prêts à attendre pour rentrer dans leurs fonds. Un PER élevé indique que les investisseurs sont tellement enthousiasmés par l'entreprise qu'ils acceptent de la payer très cher par rapport à ses résultats courants.

Il est important de noter que dans le PER, le cours et le bénéfice sont deux concepts très différents. Ce dernier renvoie au résultat net obtenu lors du dernier exercice qui, par défaut, est considéré comme probable, annuellement, dans un avenir prévisible proche ; on peut également calculer un PER prévisionnel en utilisant, en général, des estimations de résultats pour les douze prochains mois, ces estimations dérivant généralement des projections d'un groupe d'analystes. D'un autre côté, le « prix » fait référence à la capitalisation boursière, qui résume les attentes concernant tous les futurs profits (c'est-à-dire les cash-flows) que la firme générera jusqu'à la fin de sa vie. Donc si les bénéfices sont une mesure comptable, le « prix » est fondé sur les attentes en termes de résultats futurs de l'entreprise. Comme nous l'avons déjà montré longuement, le prix dépend des « rêves », ceux que font les financiers.

Les rêves portent sur deux éléments principaux (les « générateurs de valeur ») qui ont un impact sur la valeur de la firme : sa rentabilité et sa croissance. Sans aucune rentabilité prévisible, une firme n'a pas non plus de valeur. Soit dit en passant, certains se demandent comment les jeunes start-up, qui perdent de l'argent, obtiennent parfois des appréciations boursières fantastiques. La réponse est simple : les investisseurs sont convaincus qu'elles généreront des résultats positifs à l'avenir, même si elles accumulent les pertes pendant la phase de démarrage. C'est le cas de Tesla aujourd'hui.

■ Quelle croissance?

Le second générateur de valeur est la croissance, mesurée à l'aune de celle du chiffre d'affaires. Nous l'avons vu, une croissance ne dégageant pas de profits n'est pas créatrice de valeur. Cela dit, une fois que la firme franchit le seuil de la rentabilité, la croissance devient son principal générateur de valeur. Pour les analystes financiers, une rentabilité « suffisante » est un taux de retour sur investissement qui rémunère les investisseurs pour le risque qu'ils ont pris. En résumé, le PER d'une société dépend du rapport entre les résultats observés et les attentes des investisseurs en termes de rentabilité et de croissance.

La plus grande prudence est de mise lorsqu'on compare implicitement les entreprises à partir de leur PER. Ce ratio met en regard les résultats et les attentes. On peut donc avoir un PER élevé avec de mauvais résultats dans un contexte de rêves raisonnables, et aussi avec des résultats raisonnables dans un contexte de rêves supérieurs à la moyenne. Pour apprécier pleinement la signification d'un PER, il est donc nécessaire d'examiner attentivement à la fois les résultats obtenus et les rêves qui définissent le contexte. Il faut par conséquent examiner les données concernant les entreprises cotées en Bourse du secteur du luxe.

Le tableau 10.1 présente le PER et la rentabilité de plusieurs firmes de luxe pour 2012. Nous avons collecté les données sur douze mois sur le site de Thomson Reuters. La rentabilité est mesurée en marge nette (c'est-à-dire le revenu net après impôt divisé par le chiffre d'affaires).

Tableau 10.1 : PER et rentabilité des grandes entreprises du luxe

Marque/Société	PER	Marge nette (%)
Bulgari	69	7
Hermès	51	20,3
Shiseido	39	2,4
Prada	36	12,5
Estée Lauder	30	8,7
Tiffany	25	11,9
Ralph Lauren	24	10,5
Richemont	20	17
L'Oréal	19	12
LVMH	17	16,9
Pernod Ricard	17	14,1
Swatch	17	18,4
PPR	16	5,6

Nous avons collecté les mêmes informations, concernant l'exercice 2012, pour plusieurs entreprises florissantes dans d'autres secteurs d'activité. Elles figurent dans le tableau 10.2. Sans constituer un benchmark exhaustif, cela permet de comparer les PER et les marges des firmes de luxe avec les chiffres correspondants d'autres entreprises de premier plan.

Tableau 10.2 : PER et rentabilité d'entreprises ne relevant pas du luxe

Société	PER	Marge nette (%)
Google	20	26,8
Pepsico	16	9,9
P&G	16	13,9
IBM	15	14,7
Apple	15	24,1
Exxon	10	8,9
BMW	7	7,8

L'examen des tableaux 10.1 et 10.2 permet au moins trois observations intéressantes.

Premièrement, les PER des entreprises ne relevant pas du luxe sont inférieurs à 17. Même des firmes extrêmement florissantes comme Apple n'excèdent pas ce chiffre (NDA : à l'époque). Dans le tableau 10.2, seul Google a un ratio de 20. Aujourd'hui, des PER situés entre 15 et 17 sont la norme pour les grandes entreprises. En août 2012, le PER moyen des firmes figurant dans l'indice Standard & Poor's 500 était de 16,1. Pour la période de cent quarante ans comprise entre 1871 et 2011, le PER moyen est égal à 15,5 (Multpl, 2012).

Deuxièmement, la plupart des firmes retenues dans notre échantillon du luxe ont des PER supérieurs à la moyenne, quelle que soit leur rentabilité. Les marchés financiers semblent donc avoir des attentes plus élevées pour les maisons de luxe que pour d'autres grandes entreprises. Comme nous l'avons déjà noté, il semble qu'elles fassent littéralement rêver les investisseurs. Ces derniers prennent certainement en compte l'appétit de luxe des pays émergents, qui pourraient alimenter une croissance rapide. En outre, ils sont eux-mêmes clients du luxe.

Troisièmement, Bulgari, Hermès, Shiseido, Prada et Estée Lauder constituent un groupe à part, avec des PER supérieurs à 30. Mais concernant la rentabilité, Shiseido et Estée Lauder doivent être analysés différemment des autres membres du groupe. Leur rentabilité relativement faible (2,4 % pour Shiseido et 8,7 % pour Estée Lauder) semble indiquer que leur PER élevé découle de ces résultats inférieurs à la moyenne. C'est surtout vrai de Shiseido, eu égard aux nombreuses difficultés qu'a connues le Japon en 2011. Une fois que ces firmes généreront de meilleurs résultats, approchant ceux de Ralph Lauren et de Tiffany, leur PER reviendra sans doute dans une zone située entre 20 et 30.

La rentabilité de Prada, plus proche de celle des autres maisons de luxe, devrait déboucher sur un PER comparable à celui de Ralph Lauren ou de Tiffany. Le PER très élevé de la firme italienne, 36, ne peut donc être justifié que par de fortes attentes de croissance. Ces dernières sont peut-être imputables à sa récente introduction en Bourse sur la place de Hongkong, qui devrait lui fournir les fonds nécessaires pour financer sa croissance.

La situation d'Hermès est encore différente. Le marché apprécie sa rentabilité de 20 %, supérieure à la moyenne, d'où un PER de 51. La comparaison avec Google et Apple, dont la rentabilité est comparable, permet de penser que le PER extrêmement élevé d'Hermès implique des attentes extraordinaires. La seule explication, c'est que les marchés pensent qu'Hermès maintiendra sa rentabilité tout en enregistrant une croissance très rapide. Manifestement, le sellier fait rêver les marchés financiers.

Attentes de croissance forte : pas de dilution de la valeur de la marque

Reste Bulgari et son PER de 69. Sachant que sa rentabilité, 7 %, est comparable à celle d'Estée Lauder, le PER devrait se situer aux alentours de 30. Il doit donc y avoir autre chose. La seule explication possible à ce PER stratosphérique, c'est que les marchés financiers ont des attentes exceptionnellement élevées concernant sa croissance future. À ce niveau, cela suppose qu'ils s'attendent à des changements stratégiques qui permettront cette croissance et pourraient également améliorer sa rentabilité. Ces évolutions se produiront-elles vraiment chez Bulgari, sous la férule de LVMH ? La déclaration de Francesco Trapani, à l'annonce de l'accord, contient une promesse qui permet de l'espérer : « *Notre entrée chez LVMH permettra à Bulgari de renforcer sa croissance mondiale et de réaliser d'importantes synergies.* » Si ce changement ne se produit pas, le PER de Bulgari baissera sans doute rapidement pour se stabiliser aux alentours de 30, voire au-dessous, une fois que sa rentabilité normale aura été établie.

Quel a été l'impact de l'accord LVMH-Bulgari sur le cours du titre LVMH ? Le marché a-t-il pensé que ce groupe payait trop cher cette acquisition ? Bloomberg a calculé à l'époque que le coût total de l'opération, y compris l'OPA et l'achat des obligations convertibles, s'élevait à 4,3 milliards d'euros. L'acquisition de Bulgari par LVMH a été financée par une émission de 16,5 millions d'actions nouvelles. Initialement, les investisseurs se sont demandé si une dilution d'environ 3 % du résultat par action entraînerait une diminution de la valeur de LVMH. Après tout, quand une entreprise émet des actions nouvelles, ses résultats doivent être partagés par un plus grand nombre d'investisseurs. Il faut néanmoins faire preuve de prudence eu égard à cette dilution. Si l'émission d'actions nouvelles dilue effectivement le résultat par action, il ne faut jamais oublier que la valeur d'une firme est la somme de ses cash-flows futurs et non de ceux du passé. La question clé est donc la suivante : quel effet ces nouveaux capitaux auront-ils sur les bénéfices futurs de la firme ? Pour répondre à cette question, il est nécessaire d'examiner la façon dont ils seront investis.

Si une entreprise émet des actions nouvelles mais se révèle incapable de convaincre le marché que ces nouveaux fonds seront bien utilisés, il y a bel et bien un effet de dilution, et le cours du titre baisse. Mais si, au contraire, le marché croit fermement que ces nouveaux fonds génére-ront des cash-flows suffisants, le cours augmente même si le bénéfice par action diminue. Dans les heures suivant l'annonce de l'accord, les analystes sont tombés d'accord pour penser que les coûts de l'acquisition seraient modérés pour LVMH — neuf mois de cash-flow, à en croire les analystes de CA Cheuvreux —, mais que le groupe en tirerait un avantage concurrentiel significatif. En fin de journée, le cours de LVMH avait pro-gressé de 3 euros (2,7 %), signe clair que le marché considérait que l'opéra-tion, loin de diluer la valeur du groupe, aurait au contraire un effet relutif.

Durant l'année suivante, comme le montre la figure 10.1, LVMH (repré-senté par une ligne continue sur le graphique) a fait mieux que l'indice CAC 40 (pointillés), autrement dit que la moyenne des 40 plus grosses capitalisations boursières sur la place de Paris. De même, quand on com-pare le groupe LVMH au groupe PPR (en tirets, devenu Kering), proprié-taire de Gucci et d'autres marques de luxe, il apparaît que LVMH n'a pas souffert de l'acquisition. En fait, Bulgari ne représente que 5 % du chiffre d'affaires de LVMH et ne peut donc avoir qu'un impact limité sur le cours de ce dernier, ne l'oublions pas. Si l'on regarde à présent l'évolution du cours de Bulgari durant cette même année (figure 10.2), il semble que le marché n'ait pas révisé ses estimations initiales de façon significative.

Bref, le PER de Bulgari est clairement plus élevé que celui de ses pairs, ce qui indique de fortes attentes en termes de progrès de la rentabilité et d'accélération de la croissance. L'acquisition de Bulgari n'a apparem-ment pas entraîné de dilution de la valeur de LVMH et cela conforte l'opinion initiale selon laquelle les synergies et les autres avantages de son appartenance au groupe LVMH permettraient à Bulgari d'améliorer sa rentabilité.

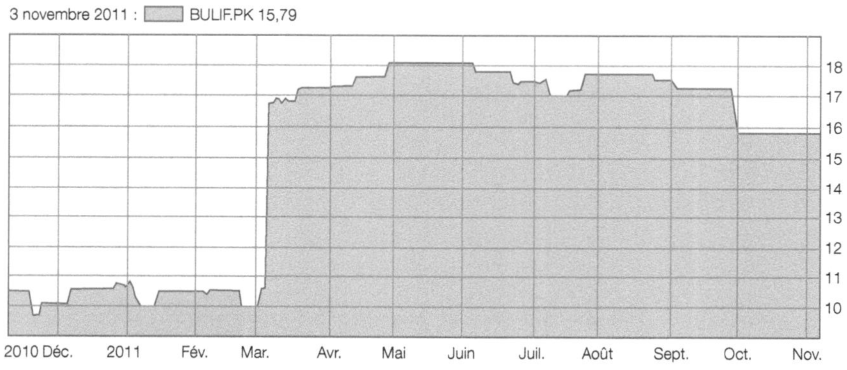

Figure 10.1 Évolution du cours de LVMH par rapport à celui de PPR (Kering)
et l'indice CAC 40 en 2011

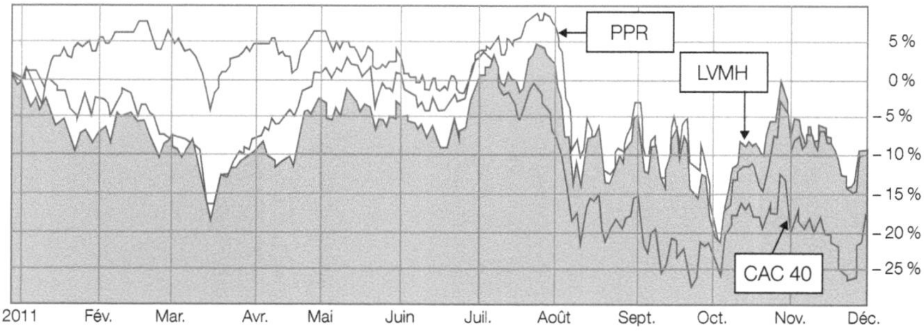

Figure 10.2 Le cours de Bulgari en 2011

Le nécessaire appui des marchés financiers

Ce chapitre a tenté de répondre à la question de la pérennité à long terme des entreprises familiales de luxe. Comme nous l'avons vu, elles doivent se transformer, passer de la fabrication de produits rares à la création d'expériences d'achat exceptionnelles. Cela suppose de jongler avec un paradoxe : à tout moment, elles doivent maintenir leurs valeurs, l'excellence en termes de production et les liens tissés avec un nom de famille, mais elles doivent aussi, au-delà de leurs clients traditionnels, toucher des consommateurs amateurs de *retailtainment*. Et cela implique d'énormes investissements dans un réseau de magasins en propre et dans le renforcement de la marque. Elles doivent atteindre une taille suffisante pour exister sur les marchés à forte croissance. Leurs profits suffisent rarement à financer des investissements d'une telle ampleur. Seuls les groupes les plus florissants, comme LVMH, Richemont, Hermès, Pernod Ricard et Estée Lauder pour les entreprises cotées, mais aussi Chanel, Armani ou même Prada pour les autres, sont capables de générer suffisamment de cash-flows pour financer leur expansion ; les autres rencontreront davantage de difficultés. Ce sera surtout vrai des firmes qui ont commencé trop tard leur mondialisation, celles qui n'ont pas réussi à établir leur marque (construire une marque de luxe coûte extrêmement cher) ou celles dont les choix stratégiques ont débouché sur un échec. C'était le cas de Bulgari, qui avait un cash-flow négatif depuis un certain nombre d'années en raison de l'échec de sa diversification dans les sacs à main (*The Economist,* 2011). C'est aussi le cas de Corneliani, vendu à Investcorp en 2016.

Seuls les marchés financiers peuvent apporter le financement indispensable à ces entreprises. Reste à choisir entre tenter leur chance seules ou au sein d'un partenariat, en général avec un leader expert du secteur (LVMH, Richemont, Swatch, Kering, etc.). Nous avons vu avec Bulgari les limites de la première option : la firme était cotée depuis 1995, mais ses besoins constants de financement bridaient sa capacité d'expansion. En outre, moins une entreprise est importante, plus l'argent dont elle a besoin lui coûte cher et les grands groupes jouissent d'un accès aux capitaux plus facile. Le désir de la famille de conserver une participation majoritaire était une autre contrainte : diluer la propriété aurait livré Bulgari aux mains d'investisseurs qui se seraient davantage intéressés à leur retour sur investissement qu'à la puissance de la marque, ce qui n'aurait pas manqué de la détruire. Le choix a donc consisté à entrer dans le giron de LVMH pour optimiser la valeur de la marque et réaliser ses ambitieux objectifs de croissance (*New York Times,* 2011).

Comme nous l'avons montré, le prix payé par LVMH intègre complètement cet espoir de croissance forte et les marchés financiers ont partagé ce point de vue (sinon, l'acquisition aurait été sévèrement sanctionnée par le cours de LVMH). LVMH devait donc pouvoir financer le développement de Bulgari et lui apporter certaines compétences, en particulier en termes de développement de la marque et d'expérience client, d'accès à la technologie de l'information, de logistique, de certaines synergies et d'autres actifs nécessaires pour transformer le joaillier italien en leader de son secteur.

Notons que les groupes de luxe ne subissent pas la décote que les marchés imposent généralement aux conglomérats, la valeur du groupe devenant alors inférieure à la somme de ses parties. Dans d'autres secteurs plus matures (par exemple ThyssenKrupp, Siemens, Total, etc.), cette dépréciation peut atteindre de 10 à 20%. Dans le cas du luxe, les marchés sont conscients que les éléments les plus rentables subventionneront les plus faibles, mais ils sont convaincus que les groupes parviendront à redresser ces derniers. C'est probablement une spécificité de l'industrie du luxe: le potentiel de croissance est tel, pour une marque puissante, que les analystes estiment que l'argent réinvesti au sein du groupe finira par créer de la valeur.

Le défi, pour LVMH, sera à présent de ne pas décevoir les marchés financiers. Cela suppose de développer Bulgari sans diluer son charisme fragile et unique – la valeur d'une marque de luxe est tout entière dans cet intangible si précieux. LVMH a, jusqu'à présent, réussi à ne pas trop se focaliser sur les synergies du groupe, préservant ainsi l'indépendance de la marque au sein de son portefeuille. Mais pourra-t-il résister à la tentation pour le pôle montres et joaillerie, que l'acquisition de Bulgari lui a permis d'agrandir? La réponse à cette question influencera sans doute la décision d'autres entreprises de luxe familiales en situation d'accepter ou de refuser les offres que leur feront les leaders du secteur.

Développer des marques de luxe au sein d'un grand groupe : un équilibre délicat[1]

Trop de synergies dilue la marque

La récente acquisition du célèbre joaillier Bulgari par LVMH, examinée au chapitre précédent, laisse prévoir une vague de consolidations. Pour faciliter leur croissance, de nombreuses entreprises de luxe familiales devraient-elles rejoindre des conglomérats existants ou constituer elles-mêmes de nouveaux groupes ? Nous explorons ici les sources de la valeur créée par les groupes de luxe au niveau corporate. Leur degré d'intégration, à ce jour modéré, reflète un équilibre entre la recherche de synergies et la volonté de préserver l'autonomie de chaque marque, cette dernière étant essentielle au maintien de son capital symbolique.

---

1. Ce chapitre a initialement été publié sous forme d'article dans la revue *Marketing Review St Gallen*, 1, 2012, pp. 24-29, écrit par Vincent Ijaouane et Jean-Noël Kapferer.

Néanmoins il existe des différences importantes de degré d'intégration selon que l'on parle de groupes de produits cosmétiques et de beauté de type L'Oréal, d'automobiles (VW, BMW, Fiat, etc.), ou agissant dans les produits de luxe personnels (LVMH, Kering, Richemont).

En outre, la part importante prise par les marques italiennes dans le portefeuille de marques des groupes français (Gucci, Bottega Veneta, Brioni chez Kering ; Bulgari, Loro Piana, Pucci, Fendi, Acqua di Parma chez LVMH) pose une autre question plus fondamentale : le luxe à la française est-il encore capable d'inventer des marques nouvelles ? Les Italiens semblent avoir un vrai talent entrepreneurial encore très vivace, mais ont du mal à créer des groupes, du fait probablement de ce talent entrepreneurial, etc. Cela fait le bonheur de la France qui a su bâtir des groupes consolidant des maisons jusque-là indépendantes. Cela dit, le débat entre rester indépendant ou entrer dans un groupe subsiste : Armani, Chanel, Hermès, Prada et Ralph Lauren montrent bien que la question de l'apport réel d'un groupe au développement d'une marque luxe est ouverte. Nous analyserons ici les façons dont l'appartenance à un groupe peut ou non apporter de la valeur à ses marques.

La concentration du luxe en question

Dans la plupart des secteurs d'activité, la concentration est une tendance lourde, impulsée par les groupes leaders. Les bénéfices de la taille sont bien connus : *big is beautiful,* n'est-il pas ?

Même si elle cultive dans son *storytelling* une image de marques familiales indépendantes, de maisons, l'industrie du luxe n'est plus l'exception qui confirme la règle. LVMH, né en 1987 de la fusion d'un maroquinier et d'une maison de champagne et de cognac, possède aujourd'hui plus de soixante-dix marques. Plus récemment, Kering, conglomérat centré à l'origine sur le négoce du bois et la distribution, puis des vêtements de sport (Puma), s'est doté d'une branche luxe avec l'acquisition du groupe Gucci, dont il ambitionne de faire le second groupe de luxe du monde. Richemont (Cartier) et Prada (Miu Miu) sont d'autres exemples célèbres. Mais il existe d'autres groupes, plus petits, comme EPI (Weston, Figaret, Charles Heidsieck, etc.), Puig en Espagne, etc.

La validité de ce genre de concentration a très vite suscité quelques doutes. Dès 2006, Rigby, D'Arpizio et Kamel, de Bain & Co., ont expliqué que *« les bénéfices habituels de la taille − puissance de négociation face aux fournisseurs, partage des dépenses administratives et marketing, volume, clients stratégiques — ne semblent tout simplement pas s'appliquer à la plupart des acteurs multimarques du luxe ».* Pour faire bonne mesure, ils ont ajouté quelques faits troublants. Dans l'industrie du luxe, les entreprises ne possédant qu'une seule marque ont connu, entre 1994 et 2004, une croissance supérieure de 60 % à celle des marques appartenant à des conglomérats, sans pour autant que leur rentabilité soit plus faible.

Le rachat malheureux de Jaguar par Ford a mis en évidence que des marques de luxe pouvaient être en danger quand elles sont gérées par des groupes étrangers au secteur du luxe qui leur appliquent les méthodes qui ont fait leur succès dans la gestion des portefeuilles de marques de grande consommation (voir Bastien et Kapferer, 2012). Mais pourquoi le luxe serait-il un cas particulier ? Parce que, contrairement aux produits de grande consommation, la valeur de chaque marque dépend très largement de son capital symbolique. Quand un changement de propriété intervient, les parties prenantes ont parfois le sentiment que l'authenticité et la culture héritée de la marque n'y survivront pas. Certes le « familisme » est nuisible au développement des marques de luxe indépendantes : nommer aux postes clés des membres de la famille seulement parce qu'ils portent le nom du fondateur n'est pas une garantie de compétence au moment même où la globalisation des marchés exige encore plus d'expertise en management. Mais, à l'inverse, la nature du groupe qui acquiert une marque de luxe et la finance a un impact sur le développement à long terme de celle-ci selon qu'il saura ou non préserver ce capital symbolique. La gouvernance mise en œuvre dans ces groupes va avoir un impact majeur : le rôle de la gouvernance est en effet de préserver, voire développer les actifs du bilan. Elle devra savoir s'opposer à d'autres objectifs, plus liés, eux, au compte de résultat et à la Bourse.

La croissance des groupes de luxe pose des problèmes spécifiques

Quand les groupes de luxe sont cotés en Bourse, ils se retrouvent soumis à une pression grandissante : il leur faut afficher de bons chiffres de croissance tout en maintenant leur capital de marque élevé. Cependant, le sentiment de privilège qu'ils créent est mis en danger par les pressions visant à « booster » le développement en accroissant leur pénétration de marché et leur diffusion, en descendant en gamme, en proposant cet oxymore appelé « luxe abordable ». En outre, comme Domenico De Sole, l'ex-P-DG du groupe Gucci, l'affirmait déjà sans ambiguïté, le risque est grand : « *Si vous êtes coté en Bourse et voulez continuer à créer de la valeur pour vos actionnaires, vous n'avez pas le choix. Vous ne pouvez pas descendre en gamme à cause de l'effet que cela entraîne sur les marges et la rentabilité.* » La récente vague d'acquisitions a été rendue possible par la décision de beaucoup d'entreprises familiales célèbres d'abandonner leur autonomie et de partir à la recherche de synergies positives.

L'arrière-plan théorique : la création de valeur au sein des groupes

À la différence de tous les autres secteurs, la constitution de groupes de luxe ne peut s'appuyer uniquement sur une motivation de réduction des coûts. Si c'était le cas, comment créeraient-ils de la valeur ? Selon la théorie de la diversification, la performance des conglomérats est liée à leur capacité à générer un « effet de groupe » plutôt que des effets industriels ou purement business. Cet effet de groupe, ou *corporate effect*, peut se définir comme la création de valeur au niveau du groupe, ce qui correspond à la fois aux relations verticales entre le centre (le niveau *corporate*) et les filiales du groupe et aux relations horizontales entre ces dernières.

Les groupes ont également vocation à trouver des synergies. Rappelons qu'une synergie est l'effet grâce auquel le résultat global d'un système de deux ou plusieurs entreprises est supérieur à la somme des résultats individuels des entreprises qui le composent. L'étude des synergies s'est généralement cantonnée aux synergies tangibles axées sur la productivité (en particulier les économies d'échelle). À la suite de Knoll en 2008, nous les intégrons au sein d'un système plus large comportant... les synergies opérationnelles, les synergies de puissance sur le marché, les synergies financières et les synergies managériales, qui découlent respectivement d'interactions à effet de levier entre les différentes fonctions des entreprises composantes, au niveau opérationnel, de la puissance sur le marché, de la gestion financière et du déploiement optimal des ressources humaines (voir figure 11.1).

Objectifs et méthodologie de cette recherche

Une marque qui entre au sein d'un groupe doit lui apporter de la valeur. Réciproquement, un groupe doit apporter de la valeur à la marque. Mais quelle est la réalité de cet effet de paternité, dont les groupes de luxe sont censés faire bénéficier leurs marques ? Comme le notent Moore et Birtwistle en 2005, peu d'attention, voire aucune, n'a été consacrée à la façon dont les conglomérats regroupant diverses marques de luxe assurent ce que Goold, Campbell et Alexander (1994) appellent « l'effet de paternité » *(parenting advantage)*, ces stratégies, structures et processus au moyen desquels « la société mère crée de la valeur au bénéfice des entreprises du groupe ». Selon eux, le savoir-faire en développement de marques et le partage des ressources du groupe sont les principales sources de cet avantage. Est-ce vraiment le cas ?

C'est pour répondre à cette question que nous avons entrepris une étude de cas à la fois comparative et collective. Nous l'avons vu, trois grands conglomérats dominent le secteur du luxe : LVMH, Kering et Richemont-Cartier. Tous trois sont *multibusiness* en ce sens qu'ils possèdent des marques différentes et offrent chacun un groupe de produits très divers au sein de l'industrie du luxe — mode et maroquinerie, montres et joaillerie, parfums et produits de beauté, stylos, vins et spiritueux. Ces cas ont été choisis parce qu'ils sont représentatifs des conglomérats de luxe. Quinze dirigeants ont été interrogés, sélectionnés en fonction de critères de compétence et de pertinence. Nous avons interviewé chaque fois au moins deux représentants, dont le directeur financier, de chacun des trois groupes retenus pour l'étude de cas collective. Le mode d'entretien était semi-structuré, avec conversations ouvertes ; la synthèse des résultats de nos investigations est présentée ci-dessous.

Figure 11.1 Comment les groupes du luxe créent de la valeur ajoutée

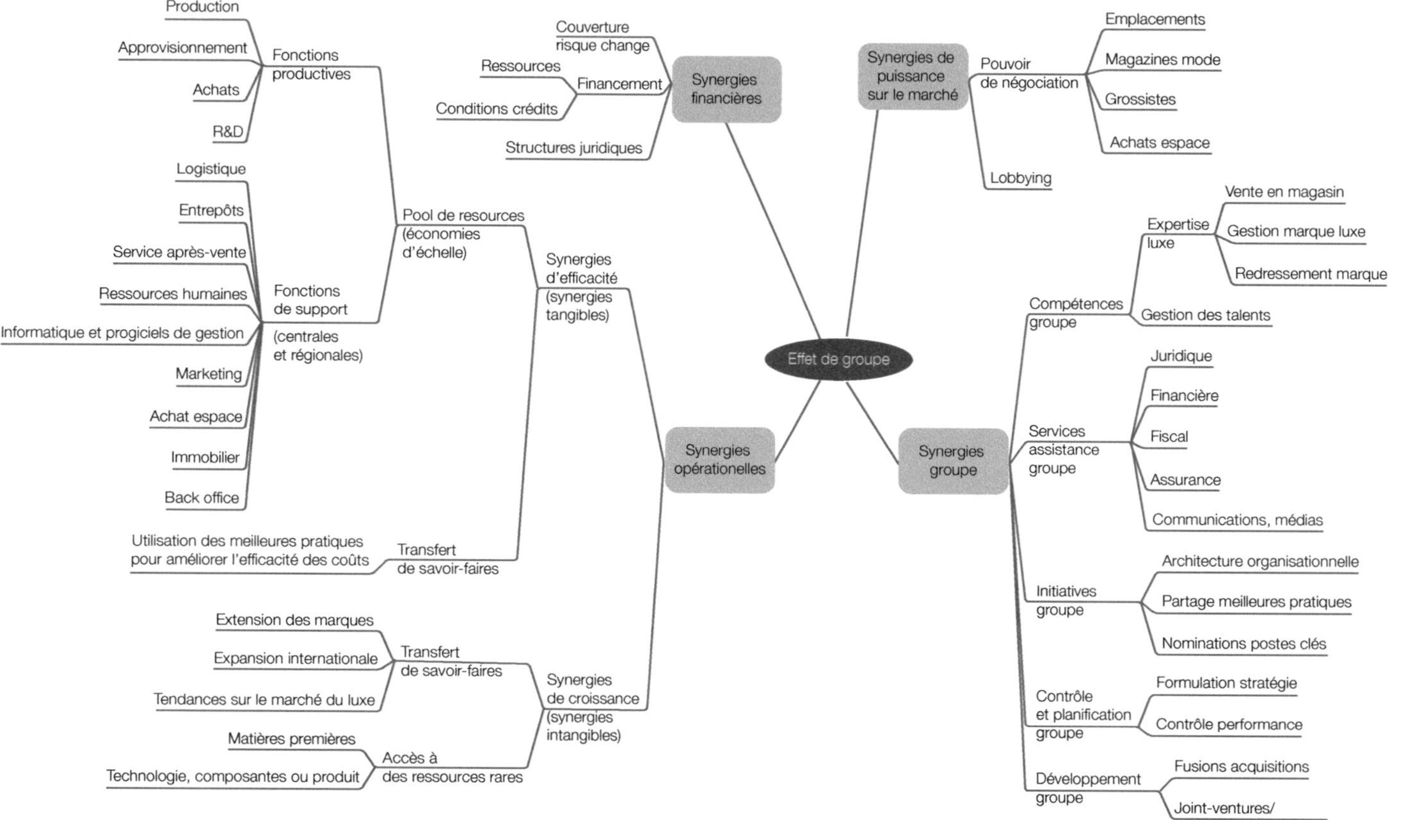

Conclusions de l'analyse transversale

■ Les synergies opérationnelles

Premier constat : les synergies opérationnelles ne sont pas aussi importantes dans le luxe que dans d'autres industries liées aux biens de consommation. Nous avons cependant découvert qu'il existait bel et bien des synergies d'efficience et de croissance, qui contribuent à l'effet de groupe. En outre, nous avons constaté que les premières, qui créent de la valeur grâce aux économies d'échelle, résultent de la mise en commun des ressources. On distingue les ressources opérationnelles nécessaires à la production et celles indispensables aux activités de support.

Si ces dernières peuvent en général être partagées sans trop d'inconvénients, il n'en va pas de même des activités de production. Comme nous l'avons montré, cela résulte de la nature même du luxe, plus précisément de l'importance de posséder une identité de marque distincte. Intégrer sa production avec celle d'autres marques pourrait, potentiellement, nuire à son image et à son intégrité dans l'esprit de ses clients. Nous avons néanmoins constaté que, suivant la catégorie de produit, de nombreux domaines peuvent générer des synergies d'efficience : la recherche-développement pour les parfums, les achats pour la maroquinerie, l'approvisionnement et l'assemblage pour les montres (voir figure 11.2). Ce n'est pas un hasard non plus si Porsche Cayenne est la voiture la plus rentable : elle partage la plateforme industrielle de la Touareg, mais vend sa version la moins chère 73 000 euros, contre 55 000 euros chez VW.

Les synergies liées aux activités fonctionnelles dites « de support » sont beaucoup plus évidentes et généralisées dans toutes les entreprises et activités que nous avons étudiées. Elles découlent tout simplement de la possibilité de partager les coûts dans les fonctions non intrinsèques au produit de luxe. Elles sont systématiquement présentes à deux niveaux différents :

- les activités fonctionnelles centralisées (pour les opérations impactant l'ensemble des marques), gérées comme des services centraux partagés ;
- les activités fonctionnelles régionales (pour les opérations qui les impactent dans une zone spécifique), gérées comme des plateformes fonctionnelles.

Ces dernières représentent une opportunité pour les marques, qui peuvent ainsi combiner avec succès l'efficacité de la centralisation et le besoin de réactivité locale. Les économies réalisées grâce aux activités fonctionnelles régionales découlent essentiellement de la logistique, en particulier le transbordement et les entrepôts, ainsi que de la gestion des ressources humaines, de l'informatique et de l'achat d'espace publicitaire.

Concernant la logistique, les marques de montres centralisent souvent la distribution et les livraisons. De la même manière, la distribution des spiritueux est totalement intégrée. L'utilisation de plateformes communes régionales de stockage s'est généralisée pour plusieurs catégories de produits. Pour les montres, la mise en commun des services après-vente des diverses marques d'un groupe est une source majeure de synergie : elles utilisent en effet des centres techniques régionaux pour assurer leur service après-vente.

Figure 11.2 Importance des diverses synergies dans les groupes de luxe

		Mode	Maro-quinerie	Montres	Bijoux	Parfums et cosmétiques	Spiri-tueux	Global
Pooling ressources fonctions productives	Production	◔	◑	◕	◔	◔	◑	◑
	Achats	◔	◑	◕	◔	◕	◕	◕
	Approvisionnements	◔	◑	◔	○	◔	◕	◔
	R&D	○	○	◔	○	●	◔	◔
Pooling ressources fonctions soutien	Logistique	◑	◑	◑	◑	◕	◕	◑
	Entrepôts	◑	◑	●	◑	●	●	◕
	Service après-vente	○	◔	●		○	○	◔
	Ressources humaines	◑	◑	◑	◑	◕	●	◑
	Informatique et progiciels gestion	◕	◕	◕	◕	◕	●	◕
	Marketing	◔	◔	◔	◔	◔	◕	◔
	Achat espace	◑	◕	◕	◕	◕	◕	◕
	Immobilier	◔	◔	○	◔	○	○	◔
	Back office	◑	◑	◕	◕	◕	●	◕
Transferts savoir-faire	Meilleures pratiques	◔	◔	◕	◔	◑	◕	◑
Synergies d'efficacité		◔	◑	◕	◔	◕	◕	

En outre, quelques activités fonctionnelles peuvent générer des synergies, mais ne sont pas toujours mises en commun. Tout dépend du niveau d'intégration. L'immobilier (développement des magasins), l'informatique et les progiciels de gestion intégrée, le marketing régional (surtout pour les montres), l'achat d'espace, les ressources humaines et diverses opérations de back-office sont généralement organisés par catégories de produits.

La frontière entre les synergies d'efficience et celles de croissance est floue. Le transfert de savoir-faire, par exemple, génère les deux. D'un côté, un tel transfert permet aux marques de partager les meilleures pratiques, contribuant ainsi à réduire divers coûts (production, sous-traitance d'assemblage, licences, processus, etc.). Il ouvre également d'autres opportunités, comme de permettre aux marques d'élargir leur offre de produits. Les montres de luxe vendues par des marques de mode en sont un bon exemple (témoins les couples suivants : Tag Heuer et Louis Vuitton, Boucheron et Gucci, Richemont et Ralph Lauren). Ce type de transfert peut aussi faciliter et accélérer l'expansion des marques dans de nouveaux pays, grâce à la connaissance du marché local et aux relations des marques du groupe qui y sont déjà implantées (par exemple l'accès de LVMH au marché américain des parfums grâce aux marques Bliss, Hard Candy et Urban Decay). Enfin, les marques peuvent s'informer mutuellement des tendances du marché dans différents secteurs, ce qui leur permet de mieux s'adapter à la demande ou simplement d'avoir une meilleure vision du marché.

Cela dit, il ne faut pas surestimer l'étendue de ces partages d'expériences et de « *best practices* » entre marques de luxe. Sur un plan personnel, nous avons constaté que les marques de luxe menaient leurs activités de formation intra-marque, même au sein d'un même groupe. On ne met pas dans la même salle des managers de marques concurrentes du même groupe. L'exception réside lorsqu'il existe un vrai pôle, avec un vrai patron du pôle, comme c'est le cas du pôle parfum chez LVMH, ou du pôle bijouterie-horlogerie chez Kering.

Outre le transfert de savoir-faire, notre étude révèle une autre source importante de synergies de croissance intersociétés : l'accès à des ressources rares. Il en existe deux grandes catégories.

— *Les matières premières*, comme les pierres précieuses, certaines étoffes ou encore le raisin (par exemple l'achat stratégique de vignobles).

— *Une technologie, des composants, des produits spécifiques ou des capacités de production.* C'est ainsi que le groupe Gucci s'était assuré l'accès à des mouvements de montre en prenant une participation majoritaire dans Sowind Group, spécialiste suisse de haute horlogerie (marques Girard-Perregaux et Jean Richard) et aux ateliers de production des chaussures de luxe Sergio Rossi, dont il a également pris le contrôle. Pour sa part, intéressé par leurs capacités de production, LVMH s'est offert les montres Roger Dubuis.

Les plateformes communes de développement sont relativement insignifiantes pour les marques de luxe. Ce type de synergie est fréquent pour les produits de haute technologie, mais comme la fonction rêve l'emporte souvent sur la fonction utilitaire pour les produits de luxe, ils font la part plus belle à la créativité et à l'affectif qu'à l'innovation ou à la perfection technique. Enfin, les opportunités habituelles découlant de synergies immatérielles (ventes croisées, partage de *leads/prospects*, offres groupées multimarques), de même que les activités communes de marketing (par exemple les campagnes d'image ou les programmes de fidélisation des clients) et les marques ombrelles ne sont pas pertinentes, ou très marginales, dans l'industrie du luxe, où chaque marque entretient des relations privilégiées avec ses clients et veille à ce que ses équipes commerciales et de merchandising restent autonomes.

Les groupes qui ne relèvent pas du luxe réalisent en général des synergies dans la création et la distribution. Mais, dans le luxe, la distribution exclusive permet de vendre la singularité de la vie d'une marque dans des conditions idéales. En règle générale, la création et la distribution n'y sont pas organisées pour créer des synergies : les risques que cela entraîne (destruction de valeur chaque fois que le groupe écorne le capital-marque des entités qui le composent) sont en effet trop élevés. Le groupe Poltrona Frau est le seul à avoir créé de prestigieux magasins multimarques dans les BRIC afin d'atteindre plus vite son point mort, mais les résultats semblent mitigés à ce jour.

Compte tenu des prix croissants des surfaces de vente, dans les meilleures rues des meilleures villes, la gestion centralisée de l'immobilier progresse. Comme celle de la diffusion de la compétence digitale dans toutes les marques d'un même groupe : utilisation du digital comme média, canal de vente mais aussi facteur de relation avec les clients (CRM, communauté, etc.).

Les synergies renforçant la puissance sur le marché

Quand Knoll a créé sa classification des synergies transversales en 2008, il a reconnu que, faute de preuves empiriques suffisantes, celles qui visent à renforcer la puissance sur le marché restent largement théoriques, d'autant que les législations antitrust font de plus en plus souvent obstacle à leur réalisation. Nous souscrivons à cette réserve : notre propre étude de cas révèle en effet que ces synergies ne contribuent pas de façon significative à l'effet de groupe. Deux autres raisons expliquent selon nous qu'il soit si difficile de les réaliser dans l'industrie du luxe.

Premièrement, la concurrence à laquelle se livrent les divers acteurs de ce secteur n'a rien à voir avec celle qui fait rage dans d'autres industries de biens de consommation.

La seconde explication est liée au désir de la plupart de ces groupes de luxe de ne pas imposer les marques fraîchement acquises à leurs partenaires (par exemple les grossistes), renonçant ainsi à exploiter le poids que leur confère leur « part de marché » existante. Les groupes ont en effet conscience du risque de nuire, à long terme, à leurs marques phares, tant en termes d'image qu'en ce qui concerne leur propre puissance, qui serait directement touchée en cas de piètres performances de ces nouvelles marques.

Nous avons néanmoins identifié deux opportunités de création de valeur. Tout d'abord, les centres commerciaux dédiés au luxe se multiplient dans les BRIC. Aucun ne peut voir le jour sans Kering ou LVMH. Avec ses nombreuses marques, ce dernier peut à lui seul créer ce type de structure et en assurer la croissance. En outre, ces conglomérats ont toujours en portefeuille une ou plusieurs marques leaders qui leur confèrent à elles seules une puissance de négociation considérable face à leurs différents interlocuteurs comme les grossistes, les grands magasins ou les directeurs de centres commerciaux (obtention du meilleur emplacement), les journalistes (magazines de mode ou de luxe), ainsi que pour l'achat d'espace publicitaire.

Les synergies financières

Ce point, souvent ignoré, est pourtant d'une importance cruciale. Notre étude montre que tous les conglomérats de luxe ont regroupé leurs ressources financières en *pools*. Ces dernières n'ont donc plus à négocier seules leurs lignes de crédit, mais reçoivent les fonds nécessaires en fonction d'un budget approuvé par le groupe et par elles-mêmes. Cela leur permet de bénéficier d'un accès au crédit facile, ce qui est souvent vital, sachant que les marques en phase de lancement ont fréquemment du mal à trouver les ressources financières indispensables pour se développer et atteindre leur seuil de rentabilité souvent très élevé. En outre, elles obtiennent ces crédits à de bien meilleures conditions, car le groupe, plus diversifié et plus grand, a souvent un meilleur profil de risque. Enfin, certains conglomérats disposent de beaucoup de cash et utilisent les levées d'emprunts pour augmenter leur effet de levier et la rentabilité pour les actionnaires.

Nous avons également identifié la possibilité, pour les marques d'un conglomérat, de se protéger des fluctuations de taux de change en mettant en place une couverture du risque de change en *pool* au niveau du groupe. Elles peuvent alors se concentrer pleinement sur leur gestion opérationnelle sans craindre que leur performance ne soit trop à la merci de ces fluctuations.

Enfin, grâce à l'intégration des filiales locales au sein des entités juridiques de la société mère et d'autres montages juridiques sophistiqués, les marques d'un groupe bénéficient d'une structure juridique et fiscale optimisée.

■ Les synergies managériales

Notre enquête révèle l'importance primordiale des synergies managériales, au moins dans l'industrie du luxe. Souvent négligées dans les études portant sur les synergies, elles découlent des savoir-faire du groupe, des initiatives qu'il prend, de ses structures de planification et de contrôle et de son rôle en matière de gestion des ressources humaines, en particulier le développement des dirigeants.

Dans l'industrie du luxe, les sociétés mères créent de la valeur en apportant aux marques leur expertise en matière de distribution (expérience client en magasin, distribution sélective, vente sur Internet, gestion des licences et connaissance du marché). Les conglomérats excellent également en termes de gestion de la marque : en particulier, ils aident leurs filiales à se positionner en tant qu'authentiques marques de luxe. En effet il ne faut pas confondre être perçu comme marque de luxe et être vraiment managé suivant la stratégie de luxe. Sans une implication du corporate et les investissements patrimoniaux que cela implique, certaines marques en leur sein pourraient être tentées de dériver vers un *business model* de marque de mode. Les groupes de luxe ont aussi régulièrement démontré leur capacité à redresser des marques en difficulté (management du changement). Cela dit, on ne doit pas surestimer l'existence de ce « partage des meilleures expériences ». Ainsi LVMH n'a pas de fonction centrale marketing et n'est donc pas vraiment équipé pour collecter l'information, l'analyser et la faire redescendre aux maisons sous forme de *best practice*. Certaines branches du groupe (surtout vins et spiritueux) sont plus intégrées et peuvent donc faire cet exercice de partage et d'analyse, mais ce n'est pas vraiment la norme.

En revanche, la gestion des talents semble être un important vecteur de création de valeur pour les groupes de luxe multimarques. Ils optimisent le potentiel humain de leurs marques en offrant à leurs collaborateurs des perspectives de carrière attrayantes, en particulier *via* la mobilité inter-sociétés, voire interbranches, qui est très avancée chez Kering ou LVMH. C'est en fait en faisant tourner des managers seniors et des patrons de maison que l'on dissémine dans ces groupes les bonnes pratiques et le savoir-faire, y compris à travers des branches d'activité différentes. Un cas très significatif est le transfert de Michael Burke du poste de P-DG de Fendi à celui de P-DG Bulgari, puis à celui de P-DG de Louis Vuitton.

De fait, les groupes de luxe offrent bien plus d'opportunités de développement des talents que la plupart des entreprises exploitant une marque unique. Indirectement, ces stratégies de ressources humaines contribuent à attirer, motiver et conserver dans les groupes de luxe les candidats potentiels les plus prometteurs. Il y a là une importante différence par rapport aux entreprises familiales.

Nous l'avons constaté : les sièges des groupes peuvent également générer de la valeur par le biais du développement des dirigeants : d'une part en leur permettant de partager à un haut niveau les idées et les meilleures pratiques de management au sein d'universités internes (comme la LVMH House à Londres), d'autre part en procédant à des nominations stratégiques aux postes clés de leurs diverses marques. Ces managers représentent une ressource très rare : ils doivent en effet posséder trois savoir-faire ou compétences complémentaires relativement exceptionnelles :

- connaître intimement toutes les facettes du produit ;
- maîtriser les activités commerciales et financières de l'entreprise ;
- être capables de gérer ces stars que sont les grands créateurs de la marque.

Quelles conséquences pour le développement des marques de luxe dans les groupes ?

Dans les groupes de luxe, les synergies ne sont pas vraiment destinées à réaliser des économies. Les marges sont telles que la logique de réduction des coûts ne s'impose pas, en tout cas pas à n'importe quel prix : toute recherche de synergie doit être conduite avec prudence pour éviter de nuire à la marque. En règle générale, le mot « synergie » entraîne des réactions négatives de la part du personnel ; mais dans le cas de l'industrie du luxe, les dirigeants eux-mêmes, conscients de ses inconvénients potentiels, abordent la question avec circonspection.

Comme le confirme le fait que les marques étendent leur réseau de magasins en propre, toutes les activités impliquant des contacts avec le client final ont un potentiel limité en termes de synergies. La production, en revanche, pourrait s'inscrire dans une logique différente. Traditionnellement autonome, cela pourrait changer à l'avenir, dans la mesure où la perception des clients le permettrait.

En matière de gouvernance, il s'agit de trouver le juste équilibre entre l'autonomie des filiales et la centralisation du groupe. Nous sommes convaincus que si l'on souhaite protéger l'identité, la culture et la stratégie de chaque marque, une organisation par type de produits permettrait aux marques de la division, surtout les plus faibles et les plus petites, de bénéficier d'une puissante infrastructure, ainsi que des ressources mises à leur disposition par le groupe. Chaque entité (ou maison) se comporte dès lors comme une entreprise autonome, avec son propre P-DG et son propre directeur de la création, les deux « gardiens du temple ». Nous tenons à mettre en garde les dirigeants de la holding : les synergies transversales ne doivent être mises en place qu'avec la plus grande prudence. Il est en effet très dangereux de croire que « plus on fait de synergies, mieux on se porte ». Le capital symbolique des marques de luxe est fragile. Pour le préserver, elles doivent impérativement garder leurs racines et leur liberté au sein d'un cadre donné.

Mettre en place trop de synergies risque d'entraîner les marques à réaliser des performances inférieures à leur potentiel – elles perdent en effet en partie leur sens des responsabilités eu égard aux activités concernées. Par ailleurs, considérer les marques comme entièrement responsables de leur compte de résultat tout en leur imposant les objectifs du groupe ne facilite pas le bon fonctionnement des mécanismes de coordination et de collaboration.

Enfin, nous attirons aussi l'attention des dirigeants de la holding sur l'importance du capital humain et de la gestion des savoirs (entre autres le partage des meilleures pratiques), deux atouts incontestables que les groupes doivent préserver et exploiter à bon escient s'ils veulent obtenir, sur la durée, des performances supérieures à celles de leurs pairs.

Pour conclure, notons que l'on ne saurait confondre un groupe de luxe (Kering, Richemont, LVMH) et un fonds spécialisé. En effet, les groupes de luxe ont acquis un savoir-faire très spécifique qui garantit aux nouvelles marques acquises une écoute et surtout une compréhension de ce qu'est vraiment le luxe, dans son mode opératoire. Leurs dirigeants ont une idée claire de ce que luxe signifie vraiment et veillent à maintenir l'homogénéité de leur portefeuille de marques de ce point de vue-là. En outre, ils savent insuffler dans toutes leurs marques les nécessaires accélérations, telles que celles actuelles sur le digital ou le développement durable.

Partie IV

Aux nouvelles frontières du luxe

Chapitre 12

Luxe et nouvelles technologies : un choc culturel

Les intégrer, mais jusqu'où ?

Nous vivons dans un monde qui se transforme sous l'impact des nouvelles technologies. Cette évolution semble même s'accélérer, se muer en disruption. Désormais, on ne sait plus vivre sans smartphone et les applications qui vont avec. La voiture électrique, hier une utopie, est devenue une urgence poussée par les grandes villes du monde entier. Tous les constructeurs automobiles planifient la sortie imminente de leurs premiers modèles autonomes, qui n'ont plus besoin de chauffeur... Or rien ne semble plus loin du luxe que cette course au changement, certains diront au progrès, dans laquelle nous entraînent ces nouvelles technologies. Le fait est que depuis des lustres le luxe mondial semble avoir tourné le dos à la course au progrès technique, partant dans une voie autre, creusant un sillon fait d'héritage, d'histoire, de légendes, ce qui autorise toutes les créativités et les audaces artistiques. Ainsi, les marques de luxe horlogères sont classées en fonction des complications, véritables prouesses artistiques, aux antipodes des progrès constants de l'industrie horlogère depuis le quartz jusqu'aux montres connectées, Apple Watch en tête. Un écart semble se creuser entre le monde de la technologie, en bouillonnement permanent – dont est friande la génération Y – et le monde du luxe, qui cultive, lui, une conception intemporelle du beau. Cet écart est-il viable ?

Cette distance ressentie entre luxe et nouvelles technologies n'a pourtant pas toujours existé. Le luxe est aujourd'hui un luxe de marques, mais n'oublions pas qu'il fut d'abord un luxe d'innovations techniques : le tout premier Guide Michelin fut publié en 1900 pour les rares propriétaires aisés d'une automobile. À cette époque, posséder une voiture était un marqueur d'une vie de luxe, comme prendre les grands dirigeables trans-atlantiques, puis les premiers avions. On le voit, le progrès technique étant très cher à ses débuts, faute de volume, il visait nécessairement les riches. C'est ce cycle que Tesla reproduit actuellement avec sa superbe voiture électrique, la Tesla S, vendue plus de 140 000 euros à des ache-teurs soucieux non de faire des économies d'essence mais d'apparaître aux yeux de tous comme en avance, voire supérieurs en ayant l'automo-bile qui change le monde, ce que les autres automobilistes attachés aux berlines à moteur classique n'ont pas.

Le grand écart Orient/Occident, jeunes et moins jeunes

Il en résulte une situation inédite et un challenge : le luxe a pris depuis les années 1970 une option stratégique, celle de vénérer le passé, la légende comme fondement de sa différence avec le premium. Or le monde change comme jamais sous l'influence des nouvelles technologies dont la vitesse de diffusion étonne. Elles changent notre rapport aux objets, à notre vie même, donc à notre perception de ce qui est extraordinaire ou désormais banal, hors du commun ou attendu : elles devraient aussi influencer ce qui sera perçu comme luxe ou pas, et ce qui fera encore rêver demain.

À l'Ouest, le temps semble arrêté dans le monde du luxe et dans sa com-munication. Par exemple, les maisons de luxe les plus notoires, celles de la haute couture, rachètent leurs fournisseurs afin de préserver leurs savoir-faire, héritage de leurs grandes traditions (plumassiers, chapeliers, brodeurs, etc.). Ces maisons soutiennent les filières des métiers d'art sans lesquelles ces savoir-faire ne trouveraient plus d'artisans de talent loca-lement. Les petites mains, les machines à coudre sont toujours là. On comprend cette attitude : elle est stratégique pour le secteur. En effet, la référence à son passé légendaire donne au luxe une assurance, une exclusivité et une valeur ajoutée, sans parler de barrière à l'entrée des nouveaux challengers.

Mais cet écart apparent, entretenu par le *storytelling*, entre luxe et nou-velles technologies, ne présente-t-il pas un risque de mise hors du temps, voire hors jeu ? Cela est d'autant plus vrai pour les jeunes nés avec ces technologies, les clients du luxe demain. Aujourd'hui, les Chinois et les Coréens sont avides de nouvelles technologies et changent de smartphone dès le lancement d'un nouveau modèle. Qui plus est, les clients d'aujourd'hui sont moins inquiets face à la technologie que ceux d'hier. C'est le résultat des partenariats déjà noués entre producteurs de nouvelles technologies et marques de grande consommation ou premium, car les industriels n'ont de cesse d'identifier de nouveaux débouchés pour leurs inventions. Ainsi, dans la mode, ces technologies les ont déjà trouvés *via* des associations avec les marques de sport (Nike, Adidas, Puma) qui saisissent bien les potentialités disruptives offertes par les fibres intelligentes, connectées, et deviennent aussi communicantes. Les designers de la *fast fashion* eux aussi intègrent des fibres et matières de ce que l'on appelle déjà la technologie portable *(wearable technology)*. Plus proche du luxe, dès 2012, la marque de lingerie premium Valisère a fait sensation en présentant en édition limitée un corset en « e-broderie », doté de cinquante LED (diodes electroluminescentes) de la taille de simples paillettes, reliées par des coutures dessinant visuellement des arabesques scintillantes dans la nuit, créant une incroyable et magique beauté.

Luxe et technologie : une vieille histoire

Le luxe ne peut être hors de son temps : il ne l'a jamais été, il ne le pourra pas non plus dans cette étape majeure de notre histoire. Rappelons qu'au XVIIe siècle, l'horlogerie faisait partie des cadeaux diplomatiques de l'Occident vers l'Orient. Pour ces présents on choisissait les produits les plus luxueux, raffinés, aux décors les plus précieux, reflétant aussi la pointe des avancées technologiques de l'époque, afin d'apporter la plus grande précision possible.

Plus près de nous, on ne saurait oublier comment Rolex a bâti sa légende et sa réputation. Certes, la marque est devenue le symbole de la réussite en Asie, sorte de talisman nécessaire à chacun. Partout dans les rues de Hongkong, on ne voit que des néons dessinant le nom Rolex. Les dernières publicités de la marque rappellent les hommes d'État qui en ont porté une, mais le mythe s'est construit à l'origine, petit à petit, par l'avancée technologique permanente et le statut de ses clients amateurs de la première heure. Ainsi en 1926, Rolex créa la première montre étanche de l'histoire, surnommée Oyster (l'Huître), qui traversa la Manche au poignet d'une nageuse en 1927, marquant le début de sa célébrité. Puis vint en 1930 l'invention du mouvement automatique à rotor, en 1945 la première montre qui affiche la date, en 1953 la première montre étanche à 100 mètres de profondeur, puis en 1956 la Day-Date qui affichait le jour de la semaine en lettres, etc. Certes, la publicité de Rolex met aujourd'hui exclusivement en avant ses clients qui ont fait l'histoire, et ne parle quasi plus de la fonction « donner le temps », contrairement à ses débuts, lorsque la marque dut acquérir ses galons.

Ces illustrations montrent que le luxe ne s'est pas construit à son origine hors de la technologie. Comme l'art d'ailleurs : Van Gogh peignait avec les couleurs et matériaux de son époque. En 2016, Anish Kapoor a acheté l'exclusivité des droits d'utilisation d'un noir unique au monde, le Vantablack, produit depuis 2014 par la société britannique Surrey NanoSystems : une variété de noir qui peut absorber 99,96 % de la lumière, ce qui est exceptionnel.

En matière de vins de luxe, bien que le *storytelling* collectif ne parle que de barriques en bois rares, de savoir-faire humain, de terroir uniques, la haute technologie n'est pas loin. Comme le rappelle le géographe Jean-Robert Pitte, la qualité a une histoire et n'est pas due au seul territoire physique. Il suffit de visiter les chais de Cheval Blanc ou Ausone à Bordeaux, deux grands crus classés, pour y découvrir les derniers progrès en matière de cuves, car le vin est certes art, tradition, savoir-faire, mais à l'heure du réchauffement climatique, il est aussi science. Au Château Pape Clément, grand cru classé de graves, Bernard Magrez, visionnaire en la matière, a introduit la surveillance des vignobles par drone afin de repérer l'évolution de ce vignoble parcelle par parcelle, pour composer les meilleurs bouquets de goût et de complexité.

La technologie au service de l'artisan ?

Les châteaux de la Loire eux-mêmes, chefs-d'œuvre de l'art et du luxe royaux, firent appel aux derniers progrès de l'architecture. Aujourd'hui, l'entreprise 3D-Pierre (devenue Hérès) reconstruit de vrais châteaux façon XVIIe et XVIIIe siècles partout dans le monde pour les UHNWI. Comme le rappelle son fondateur, Louis-Joseph Lamborot, l'entreprise dispose d'un ensemble de tailleurs carriers uniques au monde, qui justifient les prix dix fois supérieurs à ceux des carriers chinois appelés à refaire un banc en marbre pour tel ou tel château. Mais ses artisans interviennent là où la technologie s'arrête. Ils mettent la dernière main, en l'occurrence la première aussi. Hérès exploite toutes les ressources des logiciels les plus avancés de la 3D développés par Dassault Systèmes. En revanche la finition, tout ce qui fait la pureté des lignes, leur exactitude, leur conformité aux canons du style, relève de l'artisanat afin de respecter la plus pure tradition de l'architecture classique, royale française des XVIIe et XVIIIe siècles, celle codifiée par François Mansart et Jules Hardouin-Mansart, Jacques-François Blondel, Claude-Nicolas Ledoux, ou encore Alexandre-Théodore Brongniart. On le voit, la haute technologie sert à concentrer la valeur ajoutée sur le détail qui va faire le luxe. D'une façon paradoxale, la technologie est là pour sauver l'artisan.

Créativité en *front office*, technologie en *back-office* ?

Hors des exemples des automobiles ou de l'hôtellerie et services, luxe et haute technologie semblent avoir suivi deux voies séparées. Il suffit d'aller sur le site Internet de la marque de luxe la plus rentable au monde, Hermès : tout ne parle que d'artisanat, de respect de l'héritage, de savoir-faire historique, d'ultime qualité parce qu'humaine... au point même que certains clients pourraient croire que les sacs iconiques sont 100 % faits main, sans aucune intervention de machines. Du côté de Louis Vuitton, la marque de luxe la plus puissante au monde à ce jour, on semble avoir substitué la créativité à la technologie, d'où un processus d'artification de la marque mené tambour battant (voir chapitre 3), où l'artisan s'éclipse devant les artistes et directeurs artistiques bien plus médiatisables sur les réseaux sociaux.

Cela ne veut pas dire qu'Hermès néglige la technologie, on l'a vu dans l'association de boîtiers et bracelets-montres Hermès avec la technologie de l'Apple Watch. Louis Vuitton non plus, mais son action porte essentiellement sur la création d'une expérience client vraiment multicanal, dans le monde entier, facilitée par un système d'information unique qui permet en temps réel de connaître exactement l'état du stock disponible magasin par magasin. Cette connaissance va extrêmement loin dans la précision : elle facilite la vente sur Internet, car si un vendeur d'un magasin retire du rayon un sac superbe afin de le montrer à un prospect qui visite ce magasin, celui-ci est alors ôté du stock dit « disponible à la vente en magasin ou sur Internet » ; il y retournera si la vente en magasin ne se fait pas, grâce à une puce RFID détectée par des bornes en magasin. La puissance commerciale de Louis Vuitton n'est en rien due au hasard.

Le luxe ne peut donc pas négliger la technologie, il ne l'a jamais fait (même s'il ne la met pas en avant dans la communication, à la différence des marques premium). Il le pourra encore moins demain, ne serait-ce qu'en raison des exigences du développement durable, qui sollicitent beaucoup d'innovation, voire la stimulent. Néanmoins le monde change et la pression technologique se fait plus forte. Surtout, la technologie aujourd'hui aide à la création d'expériences digitales remarquables, en magasin et tout au long du parcours client, des *touchpoints*. Ces expériences sont ultra-fidélisantes, et pour reprendre les termes d'un dirigeant du luxe *« capables de scotcher le client à la marque après une seule expérience d'achat et les services qui la suivront »*. Cela change totalement du marketing de grande consommation où la répétition d'achats crée, par inertie, de la fidélité passive d'abord, éventuellement affective plus tard.

La haute technologie au cœur même du métier ?

Ce qui change surtout en ce début de XXIe siècle est que la haute technologie veut s'immiscer très en amont de la chaîne de valeur, au cœur même du métier. Mais le faut-il ? Jusqu'où aller, si le luxe veut rester luxe ? Rester hors technologie c'est se perdre, se figer et décevoir peut-être les clients de la génération Y, baignés dans la technologie et pour qui tout va de soi. Mais imiter les marques premium dans leur fuite en avant technologique, est-ce l'attente des clients du luxe, à long terme ? Est-ce l'intérêt du secteur ? Que restera-t-il de sa différence, donc de sa valeur ? Abordons ce dilemme majeur.

Depuis peu de temps, le luxe voit surgir des offres disruptives émanant d'acteurs inattendus, car non issus de son secteur et qui séduisent fortement les acheteurs aisés, éduqués, qui sont aussi ceux du luxe. Ces offres ont en commun d'être issues des nouvelles technologies. Citons dans le haut de gamme Tesla, Apple Watch, Solarin (smartphone hypersécurisé et crypté, impénétrable par les hackers), ainsi que des alternatives nouvelles comme AirBnB dans l'hôtellerie, ou le service de livraison ultrarapide et très premium d'Amazon, sans oublier les chauffeurs Uber, demain la Google Car... Deux possibilités s'offrent alors aux marques de luxe : soit subir cette nouvelle concurrence sans changer les fondamentaux actuels du luxe, en les revendiquant même haut et fort, soit intégrer les nouvelles technologies dans l'offre même de ces marques, au cœur de leur métier. Cette seconde voie « challengerait » la conception même que le secteur du luxe a promue de lui-même depuis des décennies, son rapport au temps et la place de l'humain dans la relation.

◼ Apple Watch : y aller ou pas ?

L'Apple Watch est-elle une menace pour le secteur du luxe ? Compte tenu du prix d'une belle iWatch, 799 euros au minimum, et de son succès, on peut penser que ce nouveau venu a séduit des clients du luxe. C'est pourquoi des marques ont préféré lui emboîter le pas et produire une montre connectée au plus vite, seules ou le plus souvent avec un partenaire extérieur maîtrisant la technologie. C'est le cas de Tag Heuer, marque premium, positionnée dans le segment des prix accessibles et surtout ayant la technologie dans son ADN : elle vend une montre connectée à 1 350 euros. Mais qu'en sera-t-il de Hublot ? de Patek Philippe ? de Girard-Perregaux ? Quelle doit être leur réaction ?

Apple a annoncé vouloir agir comme une marque de luxe dans la commercialisation de l'Apple Watch. Bien avant qu'Apple n'envisage une montre, nous avions remarqué que la marque de Cupertino avait adopté certains éléments majeurs qui singularisent une « stratégie de luxe » : distribution exclusive ou en tout cas sélective, prix en hausse constante, connaissance intime de chaque client final, délivrance de services, expérience client en magasin très valorisante, sans parler des coups marketing comme le partenariat avec Hermès.

Il est trop tôt pour avoir le recul nécessaire sur ce nouveau produit et son impact systémique. Mais reconnaissons déjà qu'une partie des clients du luxe, ayant largement les moyens de s'offrir les produits des grandes marques horlogères de luxe, n'hésitera pas à s'offrir cet ovni dont tout le monde parle, ce qui crée un effet de mode. Hier, ces personnes contemplaient à leur poignet un tout autre objet, plus proche de l'art, compliqué à l'envi, qui donnait aussi l'heure. En outre cet objet incorporait lui-même du temps mythique :

- celui des mille heures passées par des artisans chevronnés et rares, eux-mêmes issus d'une grande tradition ;
- celui d'une mécanique intemporelle, hors du temps, indémodable ;
- celui d'une pérennité assurée, au point même de penser passer cette montre à ses propres descendants.

On reconnaîtra là l'un des trois piliers du luxe : son rapport unique au temps. Mais bien des clients habituels des montres de luxe suisses, qu'ils soient russes, chinois ou américains, seront très fiers d'arborer cette nouveauté technologique, devenue héros du « buzz » et ayant fait la une de *Vogue China* en novembre 2014, comme une star. La montre hier était objet de contemplation, donnant le temps mais aussi traversant le temps. Elle devient un objet *serviciel* : donner la météo, prévenir des sursauts de la Bourse, mesurer votre pouls, etc. Elle acquiert donc une fonction nouvelle pour la première fois depuis que les montres existent (en dehors de sa fonction ostentatoire qu'elle conserve d'ailleurs dans l'iWatch). Comment ces clients vont-ils arbitrer entre des complications horlogères qui ne servent à rien d'autre qu'être inutilement belles et intemporelles et cette fonction servicielle qui pour l'instant, située sur leur poignet, en acquiert le monopole... Peut-être demain se situera-t-elle ailleurs (par exemple des lunettes connectées, un bracelet) ? La réponse est incertaine. Certains clients se lasseront peut-être vite de cet objet tant qu'il restera non autonome, simple appendice de leur smartphone, ce qui les asservit encore plus à la technologie et à l'information permanente. D'autres s'en trouveront valorisés, et ayant pris l'habitude de toujours consulter leur poignet, ils deviendront des fidèles des montres connectées.

On voit bien que, pour une marque de luxe, la production et la commercialisation ou non de montres connectées n'est pas une simple réaction concurrentielle. Elle sera un acte majeur : en effet, la montre connectée introduit des ruptures fondamentales avec les canons d'une « stratégie de luxe » :

— Les marques de luxe ont pris l'option de s'intégrer en amont, au niveau de la production pour mieux tout contrôler. Or, ici, il faudra s'allier avec un acteur puissant, extérieur au secteur, voire au continent s'il est asiatique. Qui plus est, elles vont intégrer quelque chose dont elles n'ont pas le savoir-faire.

— En outre, on devra intégrer au cœur même du mécanisme, du produit, des éléments hors contrôle de la marque, et dont la réparation même lui échappera faute de compétence. C'est la fin de l'omni-contrôle de la marque de luxe en aval. Une perte de souveraineté.

— La montre connectée signifie la fin du mythique artisan, figure centrale du *storytelling* des marques de luxe, héritier d'une longue tradition horlogère et de métiers rares et précieux

— Enfin les clients devront jeter leur belle montre connectée au minimum tous les trois ans. C'est la conséquence du progrès technologique permanent. Ainsi, trop dépendre de la seule technologie, c'est faillir à l'obligation de durabilité. L'Apple Watch, avec boîtier Hermès ou pas, sertie de diamants ou non, est par construction même vouée à l'obsolescence rapide, ce qui est contraire au luxe. L'engouement médiatique dont elle a fait l'objet reflète plus, selon nous, un phénomène de mode, d'impulsion du désir né de la pression à acheter une nouveauté, portée par une campagne de marketing de masse, relayée par les très influentes unes du magazine *Vogue* et les blogs de style de vie sur les réseaux sociaux.

■ Tesla, la voiture venue d'ailleurs

Tesla permet de poser d'autres questions sur le rapport entre luxe et technologie. En premier lieu, c'est un succès total aux États-Unis : en 2015, Tesla y a vendu 25 202 modèles S, dépassant de loin les ventes d'Audi A7 (7 721), Audi A8 (4 990), Mercedes Classe S (21 934), Jaguar XJ (3 611) et Lexus LS (7 165) ou BMW Série 7 (9 292). Dans la balance ont joué les facteurs suivants :

- une vraie innovation qui donne bonne conscience, portée par un P-DG charismatique, naturalisé américain donc incarnant le rêve américain ;
- un moteur de 500 CV ;
- une voiture très basse, à propulsion, donnant des sensations fortes, un vrai plaisir de conduire et impressionnant le passager avec son énorme écran central tout digital ;
- un « buzz » portant sur cette entreprise du troisième type, annonciatrice d'un monde nouveau.

Ces chiffres de vente semblent dépeindre d'un côté un vrai innovateur et de l'autre un groupe de suiveurs européens attardés dans les technologies polluantes du siècle dernier. Porté par l'innovation des moteurs hybrides développés par Toyota, Lexus avait déjà utilisé ce levier de dé-positionnement de la concurrence. Tesla capitalise sur deux clés du succès des start-up digitales : « la prime au premier entrant » et « *the winner takes all* ». En outre, Tesla a su utiliser une stratégie mixte faite de luxe (rareté et ostentation) et de mode (priorité). Mais l'ostentation est d'un genre nouveau ici : l'écolo-ostentation. Comme nous l'avons dit plus haut, ce ne sont pas les économies d'essence qui motivent les acheteurs, mais le fait d'apparaître aux yeux de tous comme très supérieurs sur une échelle d'un genre nouveau, celle des « *game changers* ». En outre, luxe oblige, cette voiture, qui est très belle, provoque d'abord une émotion forte. Donc Tesla a compris que le développement durable avait besoin du luxe pour acquérir ses lettres de noblesse et atteindre plus vite le point mort. Renault avec Zoe ou Nissan avec Leaf ont suivi la voie exactement inverse : viser des militants de l'écologie prêts à sacrifier leur plaisir pour une bonne cause. Ni Zoe ni Leaf ne font rêver.

Comment ont réagi les concurrents traditionnels ? Ne voulant pas être perçus comme des dinosaures, ils ont tous accéléré leur programme électrique. La future Porsche 100 % électrique sera produite avant 2020 avec une autonomie de 500 kilomètres, et offrira toutes les garanties de sécurité, sportivité et durabilité attendues d'une Porsche. En outre, elle sera autonome : inutile de conduire soi-même quand on roule en ville dans un embouteillage. La Porsche conduira toute seule.

Contrairement à ce qui se dit, Tesla n'a pas démontré que le secteur automobile n'avait plus de barrières à l'entrée. Cette voiture est certes un ovni né dans la Silicon Valley, montrant qu'aujourd'hui on peut créer une marque automobile à partir de zéro, sans appartenir au secteur automobile grâce à une bonne intégration entre fournisseurs et sous-traitants. Il y a néanmoins deux conditions à cela : la vendre 140 000 euros et bénéficier d'aides financières majeures de l'État. Ce qui ne garantit toujours pas à ce jour la rentabilité : Tesla est largement déficitaire. Mais Wall Street et les investisseurs n'en ont cure, car ils positionnent la marque comme une start-up digitale et non un constructeur automobile. Ils survalorisent donc sa croissance à terme, supposée infinie. Tesla a joui de prêts inespérés du gouvernement américain pour près d'un demi-milliard de dollars et de valorisations financières exceptionnelles. D'où sa capacité de financement considérable, hors du commun, qui lui a permis de surinvestir dans les batteries, tout en étant en perte. Les investisseurs misent sur le futur.

Au niveau industriel, les constructeurs automobiles traditionnels ont néanmoins retenu la leçon. Tesla est un signal de taille. L'enjeu des marques automobiles, y compris celles du luxe, sera de faire face à une disruption profonde dans l'automobile, tenant en trois mots : le digital (et ses services personnalisés associés), le connecté (la voiture autonome, et en particulier la Google Car) et l'électrification. Aucun acquéreur de voiture de luxe dans les années à venir n'acceptera que son achat onéreux ne soit pas au niveau requis sur ces trois points. On estime qu'en 2027, 50 % des automobiles vendues dans le monde seront électriques ou hybrides. Y déroger, c'est faire comme Morgan, une voiture anglaise certes vendue plus de 60 000 euros, mais représentant une volonté affichée de ne pas se moderniser pour continuer à donner aux pilotes les sensations de conduite des années 1960. Morgan est finie à la main, construite presque artisanalement : cela en fait une *« vintage car »* pour passionnés, pas une voiture de luxe. Le luxe automobile devra donc se mettre au niveau technologique s'il ne veut pas très vite finir au Salon Rétromobile.

Que reste-t-il à l'humain ?

Des start-up comme Uber ou AirBnB « challengent » le luxe. Pourquoi aller à l'hôtel quand tant d'appartements privés sont disponibles à Paris dans les meilleurs quartiers et rues ? Vivre quelques jours dans un appartement du Marais devient accessible à tous.

Uber menace les chauffeurs de taxi traditionnels en offrant des chauffeurs privés dans des voitures ultrapropres, où que ce soit, à un prix connu d'avance et prépayé, avec en plus la possibilité de noter le service délivré. De fait si la technologie augmente l'expérience client et répond à ses attentes servicielles, elle met en danger les métiers du luxe. Dans un palace, à quoi sert désormais un concierge ? Le client a déjà trouvé et fait sa réservation *via* son smartphone Vertu ou sa carte Amex Centurion... À quel accueil digital s'attendre si le client de ce palace a réservé par TripAdvisor ou Booking.com ?

La technologie oblige l'humain à s'interroger sur sa vraie valeur ajoutée. Lionel Meyer et Erik Perey, coauteurs du livre *Luxury Attitude*, ne cessent de la rappeler : l'humain d'hier est fini. De plus, la technologie s'humanise et ne va donc laisser à l'humain que son rôle d'humain. Avec AirBnB, il ne reste plus que le contact direct avec le propriétaire, toutes les formalités sont prégérées (réservation, contrat, paiement, etc.).

La question du nouveau rôle dévolu à l'humain se pose à toutes les marques. Celles vendant des produits savent que les clients en connaissent déjà plus sur les produits et la marque que les vendeurs lorsqu'ils entrent dans un magasin. Chez Porsche, le vendeur traditionnel de voitures, c'est fini. Comme chez Gucci. Mais prenons un hôtel de renom : doit-il remplacer son sommelier par un iPad ou une tablette Samsung grâce auxquelles le client aura tout loisir de regarder des photos de chaque bouteille de la cave à vins de cet hôtel ? C'est supprimer la relation humaine avec le sommelier. En outre, le ticket moyen du vin consommé est supérieur lorsque l'on se laisse porter vers des vins plus exceptionnels par le sommelier, alors que la consultation de la seule carte encourage plutôt à raisonner en fonction du prix.

Cette dimension humaine de la relation reste très travaillée par Louis Vuitton. Son centre d'appels intégré pour l'Europe permet de répondre en quatorze langues aux sept cent mille appels par an, dont chacune des langues nordiques alors que la marque n'a qu'un seul magasin dans chacun des pays concernés.

Big data : confidence et confiance ?

Comme le rappelle ContactLab, entreprise en pointe sur le *big data*, d'ici à 2020, les marques de luxe auront de l'information personnalisée sur tous leurs clients. Il leur restera à l'exploiter au mieux. Chacun imagine les capacités incroyables d'augmentation des services ultra-personnalisés, d'augmentation de la qualité du parcours et de l'expérience client, de la segmentation ultra-fine. Cela convient aux clients des classes moyennes, mais celui du luxe veut-il que ses achats somptuaires soient fichés, exploités et l'information revendue ? Il a un lien de confiance avec la marque, d'où ses achats en confidence. À trop exploiter les données, qu'adviendra-t-il de cette confiance ? Les marques devront se demander au préalable ce qu'elles veulent améliorer *via* le *big data*. Comment rester luxueux dans leur usage des données ?

Du « comment » au « jusqu'où » intégrer la technologie

La futur du luxe n'est écrit nulle part. Chaque marque de luxe devra décider de son propre futur. Le luxe ne s'est pas construit par le benchmarking ou les sondages demandant aux clients ce qu'il faut faire. Pour se différencier et garder leurs valeurs et leurs compétences rares, certaines marques choisiront de rester en marge de ce maelström technologique, d'entrer en résistance, comme seul refuge ou antidote à ce temps qui s'accélère sans bien savoir où il va. Mais même dans ce cas, le luxe devra se méfier de l'image exclusivement artisanale qu'il tend à donner dans sa communication, son *storytelling*, ses mythes et légendes. À quoi servent les Journées européennes du patrimoine ? À montrer les lieux sacrés car secrets, à révéler les gestes des artisans. Visiter les ateliers de Boucheron est un ravissement. Cependant le luxe doit veiller à ne pas laisser croire que tout est fait main, si ce n'est pas le cas — transparence et éthique obligent — ce qui semble être une dérive de son *storytelling*, en particulier en Asie. Combien de journalistes asiatiques visitant Paris avouent leur déception lors de visites d'ateliers d'y voir aussi des machines ! Leur rêve se brise. Or si la main est idéale pour la finition ou pour des tâches qui le nécessitent, elle ne peut tout faire. Les ateliers de demain utiliseront des imprimantes 3D, à leur façon, celle du luxe.

La technologie sera en tout cas nécessaire pour rendre le luxe plus serviciel, vraiment omnicanal et non pas seulement dans les dires. Ainsi trop souvent dans les marques de luxe, il est possible de payer par PayPal quand on achète en ligne, mais pas en magasin. L'expérience proposée en ligne ne se retrouve pas en magasin. Or, dans le luxe, c'est l'expérience client qui fidélise : elle laisse une trace durable et fait que le client ne remet pas les compteurs à zéro lors de chaque achat de luxe. Il repart de la dernière marque achetée et qui a su le ravir avant, pendant et même après l'achat. D'où aussi l'enjeu de la livraison : le rachat de Colis Privé par Amazon montre d'où viendra aussi la concurrence. La technologie sera un levier puissant pour accroître l'expérience de luxe. Ce qui sera l'attente de génération Y, fascinée et habituée aux apports de la technologie.

Celle-ci permettra d'être encore plus vertueux en matière de développement durable, par exemple pour supprimer les rejets dangereux des tanneries. Nous l'avons analysé (chapitres 1 et 8), les études mondiales montrent que le développement durable n'est pas une motivation d'achat, un levier de préférence pour une marque de luxe. En revanche, il peut agir comme un frein, un stoppeur d'achat, voire un détonateur de boycott si des méfaits ou comportements non éthiques sont révélés sur les réseaux sociaux. Il faudra de l'innovation technologique pour remplacer les process d'hier par des modes de fabrication plus orientés développement durable, donc toujours plus coûteux au début.

De même, la mode intégrera un jour proche les matières premières dites intelligentes, les nouvelles fibres qui tiennent chaud ou maintiennent la fraîcheur du corps. N'oublions pas que Coco Chanel elle-même innova en prenant des matières très modernes en son temps pour le trop fameux tailleur Chanel. Certes, la mode veut être prise pour de l'art, dans un processus apparent de dé-publicitarisation, de dé-commercialisation, décrypté au chapitre 3. Mais à la différence de l'art, la mode produit aussi des objets qui doivent délivrer une fonction : le sac Gucci de demain sera toujours beau, rare, bien fait, mais devra aussi tenir compte de la vie des femmes de notre temps, qui apprécieront que cet objet soit connecté, offrant alors des services très personnalisés. Car l'avenir du luxe se trouve aussi dans la personnalisation de l'expérience et des services.

De la possession au partage des objets

On ne saurait conclure ce chapitre sans aborder un aspect majeur d'Internet, nouvelle technologie en permanente évolution qu'est l'économie collaborative. Jusqu'à présent, le luxe a été porté par le plaisir de la possession et les avantages symboliques qui en découlent. Mais si on a déjà dix sacs en cuir, qu'apporte le onzième? Les sites comme AirBnB proposent aux propriétaires de mettre à disposition leur logement quand il est libre d'occupants. Toutes ces innovations rendent le luxe d'hier accessible à tous: avoir un appartement meublé rien que pour soi dans le Marais, un chauffeur stylé qui vient vous chercher, etc. Si l'échange de produits croît, les marques de luxe doivent-elles attendre que se développent des sites d'échange, de prêt, de ventes de consommateur à consommateur de produits de seconde main, ou devraient-elles le proposer elles-mêmes pour contrôler ce marché naissant de la seconde main?

Chapitre 13

L'impact de la génération Y sur le luxe

Signaux avant-coureurs ou simples rumeurs ?

Partout on ne parle plus que de la génération Y. Alors que les *baby boomers* s'éclipsent de la scène, lentement et à regret, la génération X ne fait déjà plus la une. On scrute désormais la génération dite Y, celle des personnes nées entre 1980 et 2000, aussi appelées *millenials*, car coïncidant avec le nouveau millénaire. Comme une marque, cette génération a déjà son *storytelling* fondateur : on disserte sur l'origine du mot Y. Serait-ce parce que leurs écouteurs éternellement fichés dans leurs oreilles sont liés par un fil en forme de Y sur leur poitrine, cela soulignant leur imprégnation totale dans la technologie ? Serait-ce parce qu'après la génération X viennent naturellement Y, puis Z ? Ou enfin parce qu'en anglais Y se prononce « *why* », cette génération étant alors celle qui pose la question du sens, du « pourquoi » ?

Articles, conférences et livres ne manquent pas pour nous décrire ceux qui demain, nécessairement, seront les clients du luxe. Ils convergent dans leur portrait du profil type de cette génération. Or en philosophie des sciences, l'unanimité est mauvais signe. Cette convergence des sources serait-elle le signe manifeste d'un « effet de rumeur », chacun se nourrissant de ce qu'un autre a déjà dit ? De plus, comment postuler une homogénéité transclasses sociales, transcultures, transpays ? Une personne née en 1980, qui a donc plus de 35 ans aujourd'hui, est-elle comparable à une autre qui aurait moins de 20 ans ? Les enfants Y de Chine nés de familles avec un seul descendant autorisé, dans un pays en croissance longtemps à deux chiffres, sont-ils comparables aux enfants nés en France, un pays en stagnation relative et en crise de confiance en lui depuis le début des années 1990 ?

Génération Y en Chine : pas un, mais deux segments distincts

L'hypothèse selon laquelle les *millenials* seraient un segment homogène ne résiste pas à l'analyse de la Chine, là où se fait la croissance du marché du luxe aujourd'hui. On doit en effet y distinguer la génération post-1980 *(ba ling hou)* et celle née après 1990 *(jiu ling hou)*. La première a vu ses parents dans le besoin, une Chine qui n'est pas celle d'aujourd'hui, et a vécu la transformation économique radicale du pays à partir de 1978. En termes de valeurs, ils ont gardé un souci de prudence et un penchant pour la sécurité. Pour eux, le critère de *value for money* est essentiel même dans le domaine du luxe.

Le second groupe est bien sûr plus jeune, mais aussi plus gâté. Il n'a pas connu les temps difficiles et est typiquement composé de ces fameux « petits empereurs » aux petits soins de leurs deux parents et quatre grands-parents. Ils sont très matérialistes et conscients du monde qui les entoure, même hors de Chine. Mais ces deux groupes se rejoignent en ce qu'ils sont très orientés technologie, très experts du digital, très connectés à leur groupe, reposant beaucoup sur l'avis de leurs pairs en ligne. Cela ne saurait être oublié par les marques de luxe occidentales qui projettent des images et des réalités européennes sur ce pays-continent, en y sous-estimant le poids des médias sociaux et de l'endossement par ses pairs. Tout processus d'achat de luxe y commence désormais par le Net.

Prédire leurs futurs comportements

Le problème fondamental des études menées sur la génération Y est qu'elles sont trop souvent réalisées sur des jeunes qui fantasment, car ils n'ont pas l'argent. De plus, quelles que soient les générations, à l'adolescence, on est idéaliste, collaboratif, intégré à sa tribu, les copains d'abord... Les soixante-huitards étaient aussi idéalistes à l'époque : la preuve en fut 1968, qui voulait changer la société, faire l'amour et pas la guerre, interdire d'interdire. Les muses de ces années-là n'étaient pas les marques ou des célébrités du cinéma mais Che Guevara, Fidel Castro, Mao, Trotsky ou Herbert Marcuse, tous adulés par une jeunesse bourgeoise en quête de sens. Ailleurs, ce fut le mouvement hippie qui voulut changer la planète. Aujourd'hui, les *millenials* consomment par le Net de la familiarité virtuelle avec Karl Lagerfeld, Gisele Bündchen, etc., devenus des icônes populaires du monde du luxe qui désormais s'affiche partout, au cœur des villes, sur les murs et dans la main de chacun, *via* son smartphone. Ces jeunes connaissent tous les recoins du marketing des marques et exploitent tous les leviers de ce que les plus anciens appellent les « nouvelles technologies », car ils les ont vues arriver, à la différence de la génération Y, qui est née dedans, du moins avec.

Les sociologues rappellent qu'on est plus l'enfant de son temps que l'enfant de ses parents. Les *millenials* sont donc surtout des *digital natives*, experts de l'économie collaborative ou des réseaux sociaux, accros aux bons plans dénichés sur Internet et partagés entre membres de la tribu. Pour eux, pas cher signifie gratuit. Enfin, ils vivent par le *self-branding* (l'autopromotion), leur mise en image permanente sur les réseaux sociaux, au sein de la tribu, donc sans les réticences de leurs parents à préserver une forme d'intimité. Tout est prétexte à sa propre mise en scène extériorisée.

Pour le luxe, la question fondamentale est celle du futur de cette génération Y. En effet rien n'est plus segmentant que ce que l'on appelle le « cycle de vie ». Nous passons par des phases tout au long de notre vie et chacune a ses règles, ses codes, ses valeurs, ses contraintes qui « impactent » fortement nos décisions, nos choix économiques et sociaux. Par exemple, l'arrivée du premier enfant est une vraie rupture en termes de répertoire de consommation, tout comme le départ des grands enfants du foyer, ce qui crée un bond en revenu disponible. Comment se comporteront ces jeunes interviewés aujourd'hui dans les sondages, lorsqu'ils entreront dans quelques années dans la vie active, et pour certains lorsqu'ils seront aisés, ou recevront leur première prime ? Ils seront porteurs de plusieurs identités qui coexisteront en eux, entrant à l'occasion en conflit entre elles-mêmes : leur identité générationnelle (mais cela existe-t-il ?), celles liées à leur niveau de vie et d'aspiration, sans parler de la tribu à laquelle ils s'associent.

Laquelle de ces identités déterminera leur comportement d'achat lié au luxe ? On sait que les nouveaux riches à penchant écologiste n'achètent pas pour autant de petites voitures hybrides comme les défenseurs du développement durable le recommandent. En effet, ils doivent aussi défendre leur statut : s'ils achètent une automobile au-dessous d'un certain prix, ils dérogent aux impératifs de leurs pairs professionnels. D'où le succès de la Tesla S, qui permet de se montrer en avance sur le plan écologique, tout en affichant aux yeux de tous sa capacité à investir 145 000 euros pour le modèle Performance. Quant aux enfants de déjà riches, les études nous montrent qu'ils privilégient les « expériences », le luxe expérientiel. C'est normal quand on a déjà tout eu depuis sa plus tendre enfance : posséder un jouet de plus ne fait plus rêver. Est-ce propre à la génération Y ?

Extrapolations

La question liée aux *millenials* est donc celle de la pérennité de leurs comportements actuels et de leurs valeurs. Elle est aussi celle d'une génération qui exploite toutes les ressources du digital, aime la technologie, et pour qui la vie et les amis tiennent dans un smartphone toujours allumé. Elle est celle enfin d'une génération née en même temps que l'explosion du luxe dit « accessible ». Mais qu'en sera-t-il en 2025 ? Garderont-ils le réflexe de l'économie de partage, collaborative ? Si oui, ils chercheront les Uber dans tous les domaines, ce qui leur permettra d'accéder à des luxes inaccessibles jusqu'alors, comme le site OpenJet qui, qui d'un clic de smartphone, met en rapport avec un jet privé pouvant transporter de l'aéroport où l'on est à celui où l'on veut aller. Il en coûte 8 000 euros à quatre pour un aller-retour Paris-Nice dans un jet privé. Le modèle économique n'est pas exactement celui d'Uber, car les propriétaires de jets ne peuvent pas transporter de passagers. En revanche, pendant que leur appareil est immobilisé sur un tarmac, beaucoup le laissent en gérance à des sociétés spécialisées qui ont leurs propres pilotes et sont habilitées à transporter des passagers.

La génération Y gardera-t-elle le réflexe de toujours rechercher les bonnes affaires permises par le digital et les nouvelles technologies ? On peut le penser. Elle sera séduite par le concept original de la chaîne Les Nouveaux Ateliers qui, depuis 2011, propose aux hommes grâce à une cabine 3D de prendre deux cents mesures afin de leur confectionner un costume vraiment sur mesure, avec les meilleurs tissus, à un prix imbattable. L'argument de vente est de mettre le sur mesure à la portée de chacun : deux costumes pour le prix d'un, sachant que le prix moyen s'élève à 750 euros. Le secret réside dans le fait que tout est fabriqué dans une usine géante en Chine. Le paradoxe cependant est qu'en rendant un luxe accessible, on le fait sortir du luxe, car il cesse d'être un stratifiant social. De plus, si l'on entre dans un marché avec le prix bas comme motivation principale, on perd cette notion sacrificielle qui qualifie le luxe. En outre, le client n'est plus sûr de faire un achat pour le produit en lui-même car l'offre « deux pour un » lui dit que la valeur réelle du costume dont l'étiquette serait 695 euros est largement inférieure. Comme analysé au chapitre 7, dès que l'on raisonne en termes de rapport qualité/prix, on pense en réalité « premium » et non luxe. Cependant, Hugo Boss, qui fait fabriquer ses costumes avec des tissus inférieurs en Europe de l'Est mais ne pratique pas le « deux pour le prix d'un », devra désormais s'inquiéter.

La génération Y sera-t-elle toujours accro aux bons plans, ceux qu'elle devait dénicher, faute de moyens ou par jeu ? Car ses recherches en ligne, ses achats malins d'hier peuvent devenir une seconde nature, une source de trophées valorisants aujourd'hui. Dans les années 1970, la publicité vantait la personne qui « avait trouvé moins cher que chez Darty ». Aujourd'hui, identifier l'offre rare, non par l'unicité exceptionnelle du produit, mais par le site où l'on peut acheter moins cher un produit iconique de marque de luxe, disponible pendant quelques heures seulement, accroît la valeur de trophée de cet objet et glorifie l'esprit *hacker* de ceux qui veulent contourner la distribution exclusive des marques, et leur souci de vouloir tout contrôler, en particulier les prix.

Les *millenials* suivront-ils les repères de qualité provenant des experts institutionnels ou le *crowdsourcing* restera-t-il la seule vraie source crédible ? Regarderont-ils quels sont les restaurants étoilés Michelin (même une étoile) dans une ville ou se reposeront-ils sur les avis de TripAdvisor ? Sur Internet, les avis des uns valent ceux des autres. Donc si tout le monde trouve un restaurant bon, c'est qu'il l'est. Fondateur d'un concept d'hôtel très novateur, Mama Shelter (un deux-étoiles mais avec un iMac et de la literie haut de gamme), Serge Trigano souligne combien Internet a tout changé : « *Désormais, on peut voir les chambres, le bar, les plats, faire des comparaisons en quelques secondes... Tout le monde est devenu décorateur et critique gastronomique* » (*Le Monde*, 25 mars 2016). C'est pourquoi, alors qu'*a priori* on pouvait penser que la courbe dite de la « *long tail* » donnerait sa chance à tous les petits, les obscurs, le phénomène des « *rankings* » sur le Net crée en réalité un hit-parade social et encourage l'imitation des autres. Comme au cinéma où tout le monde continue à voir les mêmes films.

Les *millenials* garderont-ils le goût de la propriété qui était courant chez leurs parents ? Par exemple, faut-il posséder une Porsche, la partager, la louer ou l'utiliser quand bon vous semble grâce à des clubs exclusifs auxquels on adhère et qui le permettent? Bentley elle-même pourrait proposer des programmes de mobilité en Mulsanne pour un ou trois mois. Le second marché du *vintage* doit-il être abandonné aux start-up du Net, comme Vestiaire Collective ou Bag Borrow or Steal? Cette question préoccupe les plus grandes marques, dont Louis Vuitton. Pourquoi cette marque laisserait-elle en permanence à d'autres le soin de gérer le second marché, celui des produits de seconde main? Après tout, la meilleure façon d'acheter une Ferrari ancienne n'est-elle pas d'en parler à son concessionnaire Ferrari?

Les *millenials* iront-ils encore dans les magasins de luxe? Ils ont ces magasins désormais dans leurs mains, à quoi bon traverser la ville pour les visiter? En outre, adepte de l'e-commerce, la génération Y ne sera-t-elle pas habituée à tout avoir immédiatement, comme le propose Burberry *(« See now, click to buy now »)* ou Amazon, sans attendre? Les promoteurs du Net fustigent le luxe, qui serait un peu « en retard » sur le plan digital. Ces zélotes encouragent les marques de luxe à faire comme toutes les autres marques, à investir tous les réseaux sociaux, à vendre tout sur le Web... donc à perdre leur différence. On peut faire l'hypothèse qu'une saturation de signes se produira sur Internet, avec un effet banalisant sur les marques de luxe. En matière technique, une innovation chassant une autre, dans une surenchère jamais close, le luxe n'a rien à gagner à long terme à vouloir à tout prix briller dans cette course. Face à l'omniprésence du Net dans les processus d'influence, il faudra recréer en permanence de l'exclusivité dans les magasins eux-mêmes, et y offrir des moments expérientiels privilégiés pour chacun, préalablement identifiés en ligne. Là, les clients ou prospects seront l'objet d'attentions et se sentiront des VIP. C'est aussi dans les magasins que devra s'affirmer la supériorité symbolique de la marque.

Les *millenials* imposeront-ils leur impatience digitale aux marques de luxe? Un débat majeur a été ouvert par certaines marques américaines en septembre 2015: elles veulent en effet changer l'ordre des choses et mettre en tête de la Fashion Week à New York un défilé de vêtements prêts à acheter: tout client pourra cliquer sur ce qu'il voit sur l'écran de son smartphone ou de sa tablette et se faire livrer immédiatement le produit afin de le porter les jours suivants. Le fameux défilé ouvert seulement à un public restreint ne viendrait qu'en second, plus tard. L'argument serait que les consommateurs ne veulent plus attendre. Il faut donc satisfaire leur désir d'impulsion, ce qui en plus est bon pour le business. Or dans le luxe, l'attente est au contraire créatrice de valeur.

Enfin, la génération Y se sera forgé ses habitudes, ses réflexes sur le Net. Pourra-t-on aller contre ? Prenons Amazon : *a priori,* ce distributeur d'Internet ne concerne pas le secteur du luxe, abrité par les directives européennes sur les conditions strictes qui donnent le droit à une distribution sélective. Mais ces directives ne sont qu'européennes, les États-Unis ayant toujours été réticents à l'idée de distribution sélective, perçue comme une entrave déguisée à la libre circulation des biens, à la baisse des prix et à la concurrence. Qui plus est (voir aussi chapitre 6), Internet est né porté par un mythe fondateur libertaire. Or, on le sait, la stratégie d'Amazon est de devenir le distributeur numéro un au monde sur la base du choix le plus large jamais proposé. Si l'entreprise est ainsi devenue partie intégrante du répertoire d'achat des *millenials,* voire un automatisme chez eux, les marques pourront-elles lui dénier la distribution de leurs produits ? Cela concerne aussi les marques de mode ou de luxe. Les premières sont sujettes à l'obsolescence rapide : elles pourraient être tentées de trouver en Amazon un circuit pratique pour évacuer leurs invendus. Les marques de luxe, elles, ne devront pas céder.

Chapitre 14

Le soft power en marche : les marques chinoises de luxe

La Chine est-elle mûre pour ses propres marques ?

Il n'est pas une conférence en Chine où la question de l'avènement futur des marques chinoises de luxe ne soit posée. Il est vrai qu'en Asie, la domination des esprits et des porte-monnaie par les marques de luxe occidentales est frappante. Il suffit de visiter les zones duty-free des aéroports et les nombreux grands magasins à 100 % dédiés au duty-free pour le constater.

Seules les marques de cosmétique asiatiques rivalisent avec les occidentales : en Corée, le groupe Amore Pacific constitue une barrière à l'entrée pour les marques de L'Oréal, et jouit en Chine de l'aura de la technologie coréenne. Sans oublier que la femme asiatique fait naturellement plus confiance à des marques asiatiques pour comprendre et respecter sa peau. En outre, certaines marques de luxe comme Sulwhasoo tirent leur crédibilité et leur attractivité, même en Chine, de la tradition de la médecine coréenne et de la certitude que ce ne sont pas des produits contrefaits.

Néanmoins, la cosmétique est avant tout un marché de marques premium et peu de vrai luxe. Or l'empire du Milieu est aussi celui du temps long, qui comprend que, craint par sa taille, il doit rassurer par le *« soft power »*. La renommée récente des artistes peintres chinois en Occident s'inscrit dans une démarche planifiée en haut lieu et à laquelle les marques de luxe françaises apportent d'ailleurs leur concours : la Fondation Vuitton à Paris consacre la moitié de l'année 2016 aux artistes chinois. L'émergence de marques chinoises de luxe sera tout aussi stratégique pour ce pays.

Tout n'est qu'une question de temps

Quand la Chine s'éveillera-t-elle à son propre luxe ? N'est-elle pas déjà en train de le faire, du moins en ce qui concerne les élites locales qui ne se retrouvent plus dans ces marques de luxe occidentales, devenues des « mégamarques » de luxe, de plus en plus grosses ? Une perspective historique rappellera aussi aux sceptiques que les joyaux de Chine parvenaient en Occident par la fameuse route de la soie, ouverte sous la dynastie des Han, au IIe siècle avant J.-C. Si la Chine est actuellement l'usine du monde, grâce aux effets de volume et au low cost, cela ne va pas durer. D'autres pays ont des coûts humains inférieurs désormais. De plus, le marché intérieur lui-même est désireux de plus de qualité. Cela se traduira par une montée en gamme locale. Mais le luxe n'est pas le premium en mieux ou en plus cher, il est ailleurs et il faut en maîtriser les codes, ce qui va bien au-delà de s'auto-décerner le titre de marque de luxe. Deux facteurs majeurs vont contribuer à stimuler l'émergence des marques de luxe en Chine, au-delà de celles qui y existent déjà :

— Le gouvernement chinois tire, certes, des recettes importantes des importations des marques occidentales de luxe, mais il mène aussi une politique anti-corruption qui se focalise sur les signes les plus visibles de cette corruption : les marques occidentales !

— Pour faire face à l'actuelle baisse de croissance de la Chine, le Premier ministre chinois, Li Keqiang, a annoncé le 19 mai 2015 un plan décennal, « Made in China 2025 », symbolisant la volonté de passer du « fabriqué en Chine » actuel à « inventé en Chine ».

— Peng Liyuan, la femme du président Xi Jinping, est devenue l'ambassadrice des marques créatives de Chine en les portant dans ses déplacements internationaux : de tels messages ne sont pas dus au hasard.

– Plus fondamentalement, au sein de l'élite chinoise, très internationalisée, on ressent l'envie de passer à autre chose que le déjà-vu, le trop-plein de marques occidentales. Cela ne concerne pas les classes moyennes ou les nouveaux riches des villes de rang trois ou quatre, mais les clientèles qui ont épuisé les mystères de la découverte des magasins du luxe européen. Leur attente porte sur l'émergence de marques de niche, de créations authentiquement d'inspiration chinoise, ce qui ne signifie pas un retour au vêtement traditionnel ou au col Mao. C'est pourquoi, à l'instar de l'explosion des artistes contemporains chinois, on doit s'attendre à l'émergence de nombreuses maisons créatives, soucieuses de délivrer un produit quasi fait main dans ses détails, avec une forte créativité d'inspiration chinoise. La visite des centres commerciaux haut de gamme en donne déjà une idée : elles sont là, certes pas encore au rez-de-chaussée, là où trônent les marques géantes du luxe occidental, mais au premier ou deuxième étage, à côté de la deuxième division de nos marques occidentales. Le luxe chinois se construira non par l'étiquette *« made in China »* mais *« handmade in China »* : il devra cependant suivre les mêmes premières étapes que celles suivies en leur temps par les marques de luxe européennes.

Les marques chinoises de luxe en Chine

La question des marques chinoises de luxe a deux volets : local et international. Qu'il y ait déjà des marques chinoises de luxe en Chine est avéré : c'est normal pour un pays qui a eu une tradition d'artisanat d'art remarquable. C'est d'ailleurs cela que la maison Hermès veut ressusciter en Shang Xia, dont elle est actionnaire à 90 %. Cette marque offre une gamme large de produits, allant de tasses à thé aux manteaux en cachemire, aux meubles en bois précieux. Néanmoins, si l'on se concentre sur le seul secteur de la mode de luxe qui s'exporte, on en trouvera peu, à quelques exceptions près, dont celle notable de la maison Guo Pei, qui a ouvert son atelier à Paris en 2015 et a été autorisée à y défiler en janvier 2016 lors des prestigieux défilés de haute couture. C'est là un signal majeur qui va créer des émules.

On ne saurait non plus oublier l'histoire de l'empire du Milieu : il existe une tradition bijoutière en Chine depuis des siècles, un savoir-faire, sans parler de celui du jade. Il suffit de visiter le site *made-in-China.com* et d'utiliser le mot-clé *« luxury jewel »* pour vérifier que pléthore de sous-traitants proposent leurs services et leur savoir-faire aux marques occidentales. Mais un sous-traitant n'est pas une marque, or c'est elle qui qualifie le produit de luxueux, qui le met en valeur au sens strict (même si le *storytelling* s'évertue à ne mettre en avant que la rareté du produit et de l'artisan).

Les marques locales qualifiées « de luxe » en Chine existent bien, sont souvent régionales, donc méconnues ici mais pas là, et *a fortiori* inconnues des étrangers. Parmi les plus connues, citons entre autres :

– Qeelin, marque de joaillerie fondée en 2004 par le designer chinois Dennis Chan et un Français, Guillaume Brochard, fonde sa distinction sur le rajeunissement des codes de la joaillerie chinoise tout en respectant ses grands symboles traditionnels.

– Longio, jusqu'alors sous-traitant de marques de luxe européennes, a désormais une offre sous sa marque, dont des modèles en jade inspirés de la culture traditionnelle chinoise.

– Chow Tai Fook, autre marque de joaillerie, est née à Hongkong et se concentre sur le marché du mariage, occasion des plus beaux cadeaux.

Il existe bien d'autres marques moins connues, candidates au qualificatif de luxe : par exemple la marque joaillière Shirley, créée en 1996 par Shirley Zhang à Shenzhen, comparable à Qeelin, mais avec une source d'inspiration plus internationale, comme son nom l'indique. Sur le plan de la mode, Shiatzy Chen, surnommée le Chanel de Taiwan, a largement pénétré la Chine continentale.

Hors des secteurs traditionnels du luxe, on trouve également de nombreuses marques très haut de gamme. C'est le cas dans la décoration intérieure, avec une marque allant jusqu'à revitaliser les savoir-faire du papier peint traditionnel chinois du XVIIIe siècle en recréant des filières et des écoles. Créée à Shenzhen en 1998, Smart House Library propose aux riches clients chinois désireux de décorer leur nouvelle maison d'y vivre comme les présidents des pays occidentaux, en s'inspirant de la Maison-Blanche ou de l'Élysée. Pour sa part, Rosewood puise dans la grande tradition des meubles en palissandre chinois, une matière première très rare, et promeut en cela un vrai style de vie royal et une certaine classe à ses acheteurs. La Chine étant un pays de cadeaux, la marque de bouquets de fleurs de luxe The Beast a été créée en 2011 par Amber Xiang, d'abord *via* sa page Weibo, avant d'ouvrir ses propres points de vente, devenus en outre des cafés culturels. Enfin, plus rare, mais très liée à la culture locale, ChinPaoSan est une marque de funérailles de luxe : les tombes sont de réels monuments d'art assurant la sérénité du défunt dans des lieux de paix.

Les marques chinoises de luxe hors de Chine

L'enjeu du luxe est l'international. Cela est vrai de toute marque, qu'elle soit occidentale ou asiatique. Si l'on devait circonscrire la sphère d'influence d'une marque à son seul pays d'origine, elle serait jugée exotique. Qui serait attiré par un luxe exclusivement autrichien ou chinois ? C'est la capacité à pénétrer les marchés étrangers qui fait accéder au statut de marque de luxe, c'est-à-dire de l'espéranto du goût.

À ce jour, peu de marques chinoises ont réussi à l'étranger, ou alors hors du segment du luxe : c'est le cas d'Herborist, créée à Shanghai en 1998 et désormais septième marque du marché continental, orientée aussi vers l'Europe. Cependant Herborist est une marque premium. C'est vrai en Chine et ailleurs, ce qui ne retire rien à son mérite, sachant que les facteurs clés de son succès ont consisté à miser sur ses racines (« l'empire du Milieu révèle ses secrets de beauté : découvrez les pouvoirs des plantes précieuses »), ainsi que sur le « *made in* Shanghai » et la réassurance offerte par le fait d'être international. Dans le prêt-à-porter féminin, mais avec une forte orientation développement durable, la marque ICICLE, née à Shanghai, a ouvert des bureaux à Paris. D'autres marques suivront. Un facteur clé de la réussite future des marques chinoises à l'international sera la puissante diaspora chinoise : cela tranche avec le Japon, les Japonais n'aimant pas s'expatrier. Or les Chinois de l'étranger restent chinois et fiers de leur pays, dans sa dimension culturelle du moins.

Il serait donc dangereux de prendre appui sur le faible nombre de vraies marques de luxe chinoises en Chine même et *a fortiori* à l'étranger pour en déduire que peu de challengers viendront de là. Outre que la Chine a le temps long devant elle, n'oublions pas que très peu de marques japonaises ont réussi sur le plan international. Pourtant, le Japon s'est fortement développé sur le plan économique et cela bien avant la remontée spectaculaire de la Chine. Six marques japonaises se sont notoirement développées à l'étranger : Issey Miyake, Comme des garçons, Yohji Yamamoto, Mikimoto, Shiseido et Lexus. Sans tomber dans « l'essentialisme », on peut imputer cela au fait que le Japon a gardé sa mentalité insulaire et exporte peu de cadres supérieurs ni de grands patrons. Chose intéressante, les trois créateurs de mode japonais qui se sont fait un nom à l'étranger ont misé sur une forme avancée du design, tout en respectant les fondamentaux japonais des tissus, des coupes et de la philosophie zen. S'habiller Issey Miyake, c'est certainement se faire remarquer, non par l'outrance, mais par l'avant-gardisme. Il sera donc intéressant de suivre l'inspiration à laquelle se référeront les créateurs chinois de demain. Ils viendront certainement, mais pour l'instant, ce sont les capitalistes chinois qui prennent les devants.

Développer ou racheter ? Les facteurs de succès des acquisitions de marques

Concernant les marchés internationaux du luxe, les stratégies chinoises d'expansion dans le luxe sont avant tout financières : il est plus simple et sûr d'acheter un grand vignoble bordelais déjà établi que de lancer une marque de vin chinoise. Certes, LVMH développe avec un partenaire local, VATS, le premier vin de luxe chinois, dans le Yunnan, Ao Yun, avec l'ambition d'en faire le meilleur vin rouge chinois. La première récolte a eu lieu en septembre 2015. Mais les investisseurs chinois ont à ce jour racheté cent châteaux bordelais : c'est plus rapide. Il en va de même des rachats de marques éteintes ou en déclin à des fins de relancement, imitant en cela des fonds taïwanais ou de Hongkong comme Godin Holdings. Ainsi, Fung Brands est propriétaire de Clergerie, Delvaux et Cerrutti. La maison Lanvin appartient à la milliardaire taïwanaise Shaw-Lan Wang depuis 2001. Quant aux stylos et briquets Dupont, ils sont la propriété du groupe du Chinois Dickson Poon. Pour sa part, Fosun a acquis Caruso en Italie. En 2016, le Chinois Shandong Ruyi a racheté au fonds américain KKR les trois marques du groupe SMCP (Sandro, Maje et Claudie Pierlot) afin de financer leur développement international. Cela dit, ces marques de prêt-à-porter sont premium et non de luxe, car, comme l'a écrit *Le Monde*, « *le* made in *France n'est pas leur affaire* » (4 avril 2016). La création de valeur se faisant par la réduction des coûts, les jeans colorés de Sandro fabriqués à 8 euros en Tunisie sont vendus 135 euros en boutique. Hors du secteur de la mode, le plus grand constructeur de yachts dans le monde, Ferretti, est passé sous le giron d'une entreprise d'État chinoise, Shandong Heavy Industry Group. Enfin, dans le monde de l'automobile, Volvo a été racheté par Geely, tout comme DS est une joint-venture entre PSA et le chinois Chang'an. Enfin, le 11 avril 2016, Bang & Olufsen est devenu chinois.

Cette stratégie d'acquisition par les groupes chinois peut poser plusieurs questions très concrètes si ces marques veulent *rester* de luxe :

– La question de la gouvernance : les investisseurs chinois voudront-ils garder un management séparé ou placer des personnes de leur société à la tête de ces marques rachetées ? Une partie importante de la remontée de

Volvo est due au fait que la marque semble rester profondément suédoise dans son management, ce qui ne l'empêche pas de penser aux spécificités du marché chinois pour ses modèles futurs. C'est aussi un facteur de succès des marques italiennes : garder un management italien.

– La question du respect des racines et de la spécificité du luxe : remarquons que Geely a eu la sagesse de laisser Volvo revenir à ses racines et faire ce que cette marque maîtrise parfaitement. Il en va de même pour Jaguar et Land Rover, détenus par le géant indien Tata. Or ces trois marques étaient avant détenues par Ford, qui leur avait appliqué ses techniques et méthodes de gestion appliquées aux automobiles normales, pertinentes pour un marché de masse, mais pas pour le luxe ni le premium. Ce fut un échec qui a conduit Ford à jeter l'éponge et à revendre ces trois marques. Ford avait pratiqué sa gestion éprouvée de réduction forcenée des coûts, alors que le luxe consiste à investir plus de coûts visibles pour récolter de la valeur, conduisant ces trois marques à perdre leur âme sur l'autel des synergies (voir aussi chapitre 11).

– La question du « *made in* » : les investisseurs voudront-ils rapatrier la production en Chine et déroger alors à l'une des anti-lois clés d'une vraie stratégie de luxe (Bastien Kapferer, 2012, p. 119) : ne pas délocaliser. Cela dit, les marques italiennes, plus tournées vers la mode et le « vivre à l'italienne » ont abandonné cette règle sacrée pour une partie d'entre elles (Prada, Dolce & Gabbana, Cerrutti, Armani, etc.). Dans le cas de l'automobile, ira-t-on vers une approche comme celle d'Apple pour ses iPhone : « *designed in California, made in China* » ? Si même BMW et Audi fabriquent certains de leurs modèles en Chine, on imagine que les investisseurs chinois auront peu de réticence à les imiter.

– La question du financement : maintes marques ont été achetées par des groupes alors même qu'elles étaient au bord de la faillite. Fendi a perdu de l'argent pendant neuf ans et il a fallu la patience et les reins solides de LVMH pour rétablir la situation la dixième année. *Idem* pour Gucci, qui a été financièrement rétabli par Kering. Qu'en sera-t-il des groupes chinois ? Ils ont le cash, mais auront-ils la patience ? La tentation de faire évoluer la marque de luxe vers une marque de mode sera grande, car les retours sur investissement y sont plus rapides.

Passer dans le giron de groupes européens

Une façon symétrique de devenir une marque chinoise de luxe à vocation internationale consiste à être rachetée par un groupe de luxe européen. De ce point de vue, il sera intéressant de suivre la démarche originale d'Hermès avec Shang Xia et de Kering avec Qeelin.

Ce que fait Hermès est totalement conforme à sa propre philosophie : prendre son temps, ne pas brûler les étapes, fonder la légitimité par la tradition retrouvée, l'artisanat d'art, la qualité extrême, etc., l'image viendra après, comme la marque. Comme le rappelle Patrick Thomas, ex-P-DG de la maison Hermès, Shang Xia a dix ans devant elle. L'impatience des médias et des spécialistes qui attendent un décollage immédiat des ventes et, ne le trouvant pas, en déduisent que l'aventure n'est pas un succès, traduit une méconnaissance du luxe : on ne lance pas une marque de luxe. Louis Vuitton s'est bâti grâce à la crédibilité lentement acquise auprès des élites de son temps par la qualité des commandes spéciales réalisées par le fondateur, Louis Vuitton lui-même. Seule une marque de masstige comme Michael Kors peut se vanter d'être la « marque de luxe à la plus forte croissance depuis trois ans ». La vitesse de réussite n'est pas la signature du luxe, mais de la mode ou du *masstige*. La difficulté pour Shang Xia en Chine sera que les magasins qui veulent réinstaller les racines de l'artisanat de luxe seront naturellement plus austères que ceux de Michael Kors, qui mettent tant en scène le style de vie de la jet-set, naturellement attractif auprès des nouveaux riches ou de la classe moyenne.

Shanghai Tang, créé à Hongkong, est une marque du groupe Richemont. Son destin très international illustre une problématique inverse : peut-on s'appeler Shanghai Tang et ne pas être reconnu comme authentiquement chinois en Chine ? Il est vrai que la marque de prêt-à-porter a misé sur une interprétation occidentale du mythe de Shanghai, tel qu'il a pu être diffusé par exemple par le cinéma. Outre la question du niveau de qualité nécessaire pour être qualifié de luxe, la marque a ressenti le besoin de se relégitimer dans son pays d'origine même, là où précisément elle est vécue paradoxalement comme une marque venue d'ailleurs.

Les dix freins au développement de marques de luxe chinoises

N'est pas luxe qui le dit. Il y a en effet loin de la coupe aux lèvres. Bien des marques qui se qualifient de « luxe » sont, après analyse, en réalité plutôt des marques mode, premium ou masstige. Quant à celles qui se qualifient de « luxe accessible », elles sont en réalité des marques de mode un peu plus chères seulement que les enseignes dites de *fast fashion* (Zara, C&A, H&M, Mango, Primark, etc.).

En Chine, le cash ne manque pas. Les projets trouvent leur financement aisément. Alors qu'est-ce qui peut y freiner le développement de marques de luxe ? Enseignant à l'université Tsinghua à Pékin depuis 2009 auprès de chefs d'entreprise chinois, qui, dans ce secteur, sont le plus souvent des femmes, nous avons pu identifier dix freins à ce développement :

— L'impatience : quand il est dit qu'il faut donner du temps au temps, et que le luxe induit un rapport spécifique au temps, il y a acquiescement oral, de principe. Mais, dans les faits, les investisseurs sont plus impatients. Et le marché aussi : les clients chinois attendront-ils dix ans que Shang Xia prenne toute sa dimension, dans un pays où tout change si vite d'une année à l'autre ?

— Le besoin de réussir vite conduit aussi à ne pas s'en tenir à une vraie distribution sélective, et à vite réduire les prix. En Chine, on étend souvent trop le nombre de points de ventes, dans des sites pas assez distinctifs. Ainsi, le joaillier Chow Tai Fook dit viser deux mille points de vente !

— La notion même de créativité dans un pays où imiter le maître est la forme suprême de l'accomplissement : or il n'y a luxe que si personne ne l'a déjà fait avant vous. Néanmoins, la réussite de la maison Guo Pei, désormais admise dans le cercle élitiste de la haute couture parisienne, montre que d'autres viendront. À la différence du Japon où l'austérité et l'ultra-classicisme sont des vertus artistiques, les produits chinois sont exubérants, à l'instar des motifs de Guo Pei, donc plus en rapport avec la conception européenne de la notion de luxe.

— Pour l'instant, luxe et mode ne sont pas distingués en Chine ; or il s'agit de *business models* totalement différents (voir chapitre 9). Plus grave encore, les Chinois prennent le « premium » pour le luxe : ils n'ont pas encore saisi l'écart majeur entre ces deux notions. Pour eux, une marque chère avec un produit star qui se vend bien dans de nombreux magasins est donc une marque de luxe. Or ce n'est pas le prix qui fait le luxe, mais l'inverse.

– Il n'y a pas de luxe sans service, or la fonction de vendeur dans un magasin, même celui d'une maison de luxe, n'a pas de statut en Chine. Les marques de luxe ont donc du mal à recruter le niveau de personnes nécessaire.

– Les clients ne font foncièrement pas confiance au « *made in China* » pour la qualité irréprochable des produits. Or le désir de luxe n'existe qu'en dépassant la raison. La réputation des marques occidentales est telle que leur qualité va de soi. Le client peut alors se laisser aller à son plaisir. Ce n'est pas le cas des marques « faites en Chine », qui doivent encore prouver leur qualité.

– Les marques chinoises ne mettent pas assez en avant leur « rêve de marque », car le luxe vend du « rêve ». Pour les managers, la préoccupation majeure est de prouver la qualité du produit, se rapprochant alors du *business model* du premium.

– Le luxe est un pont entre le passé et le futur. Marqué par des décennies de révolution culturelle, le pays doit retrouver la fierté de son passé, même celui d'avant Mao Zedong. Cela freine la création d'un mythe fondateur de la marque, de racines légendaires. Il est vrai qu'un contresens est souvent fait : par définition, une marque jeune n'a pas d'histoire, mais cela ne doit pas l'empêcher de sourcer son inspiration dans une grande histoire.

– La Chine est très sensible aux célébrités, c'est-à-dire aux codes de la mode. Ainsi, Qeelin s'est dotée des services de la star de cinéma Maggie Cheung. Or les célébrités passent et dans le luxe, le héros, c'est la marque et le produit, pas la célébrité. Cependant en Chine, la culture est actuellement autre. Guo Pei a fait l'effet d'une bombe en habillant la chanteuse Rihanna au bal du Met à New York, ce qui a suffi à attirer l'attention sur cette designer.

– Enfin, et ceci fait toujours grincer des dents les managers en Chine, il ne faut pas tout vendre sur Internet. Comme ce pays est le plus connecté au monde et qu'Amazon est un nain comparé à Alibaba (voir aussi chapitre 6), il faut certainement être présent sur le Net pour bâtir sa notoriété, insuffler le « *brand content* », vendre des produits d'accès, etc., mais garder toujours un peu de mystère, de rituel et de stratification sociale... en magasin.

Bibliographie

■ **Chapitre 1**

Arnault, B., « The perfect paradox of star brands », *Harvard Business Review*, 79 (9), 2001, pp. 116-23.

Bain & Company, « World Luxury Market report », 2013.

Baudrillard, J., *La société de consommation*, Gallimard, coll. « Folio », 1996.

Becker, C., *La marque rouge*, Le Cherche Midi Éditeur, 2014.

Beraha, F., *Apprendre de la Chine et s'y orienter*, L'Harmattan, 2012.

Chadha, R., Husband, P., *The cult of the luxury brand*, Nicholas Brealey, 2006.

Dion, D., Arnould, E., « Retail luxury strategy : assembling charisma through art and magic », *Journal of Retailing*, 87 (4) 2011, pp. 502-20.

Girard, R., *La violence et le sacré*, Hachette Littérature, coll. « Pluriel », 1998.

Griskevicius, V. Tybur, J, Van den Bergh, B., « Going green to be seen : status, reputation, and conspicuous conservation », *Journal of Personality and Social Psychology*, 98 (3), 2010, pp. 392-404.

Han, Y.J., Nunes, J.C., Drèze, X., « Signaling status with luxury goods : the role of brand prominence », *Journal of Marketing*, 74, juillet 2010, pp. 15-30.

Kapferer, J.-N., Michaut, A., « Are luxury purchasers really insensitive to sustainable development ? », *in Sustainable Luxury*, Greeleaf publishings, 2014.

Kapferer, J.-N., Valette-Florence, P., « The paths of luxury desire : beyond rarity », *Journal of Product & Brand Management*, 2016.

Kapferer, J.-N., Valette-Florence, P., « Are luxury and fashion contradictory », Singapore LVMH luxury sympsium, 2016.

Liu, X., Burns, A., Hou, Y., « Comparing online and in-store shopping behaviors towards luxury goods », *International Journal of Retail and Distribution Management*, 41 (11/12) 2013, pp. 885-900.

Longinotti-Buitoni, G.L., Longinotti-Buitoni, K., *Selling Dreams : How to make any product irresistible*, Simon & Schuster, 1999.

Nia, A., Zaichkowsky, J.L., « Do counterfeits devalue the ownership of luxury brands ? », *Journal of Product & Brand Management*, 9 (7) 2000, pp. 485-497.

Okonkwo, U., *Luxury Online : Styles, systems, strategies*, Palgrave MacMillan, 2010.

Rambourg, E., *The Bling Dynasty*, Wiley, 2014.

Shipman, A., « Lauding the leisure class : symbolic content and conspicuous consumption, *Review of Social Economy*, 62 (3) 2004, pp. 277-289.

Stanley, T., Danko, W., *The Millionaire next door*, Gallery Books, 2008.

Thomas, D., *Deluxe : How luxury lost its luster*, Thorndike Press, 2008.

■ Chapitre 2

Amaldoss, W., Jain, S., « Pricing of conspicuous goods », *Journal of Marketing Research*, 42 (1) 2008, pp. 30-42.

Amaldoss, W., Jain, S., « Trading up : strategic analysis of reference group effects », *Marketing Science*, 27 (5) 2008, pp. 932-942.

Arnould, E., Price, L., Curasi, C., « Magical special possessions », *European Advances in Consumer Research*, 4 1999, pp. 264-266.

Bain & Company, « Luxury Report », 2011.

Bataille, G., *La part maudite*, Éditions de Minuit, 1949.

Castarède, J., *Histoire du luxe*, Eyrolles, 2008.

Catry, B., « Le luxe peut être cher, mais est-il toujours rare ? », *Revue Française de Gestion*, 33/171, 2007, pp. 49-64

Chadha, R., Husband, *The cult of the luxury brand*, Nicholas Brealey, 2006.

Clifford, S., « Even marked up, luxury goods fly off the shelf », *New York Times*, 4 août 2011.

Dubois, B., Paternault, D., « Understanding of the world of international luxury brands », *Journal of Advertising Research*, 35 (4), 1994, pp. 69-76.

Fukuyama, F., *The end of history and the last man*, The Free Press, 1996.

Girard, R., Gregory, P., *Violence and the sacred*, Continuum Press, 2005.

Groth, J.C., McDaniel, S.W., « The exclusive value principle », *Journal of Consumer Marketing*, 10 (1), 1993, pp. 10-16.

Hagtvedt, H., Patrick, V.M., « Art and the brand : the role of visual art in enhancing brand extensibility », *Journal of Consumer Psychology*, 18 (1) 2008, pp. 212-222.

Hubert, H., Mauss, M., *Sacrifice : Its nature and functions*, University of Chicago Press, 1981.

Ipsos, « World Luxury Tracking », HEC Conference, 2 mai 2011.

Kapferer, J.-N., « Luxury after the crisis : pro logo or no logo ? », *The European Business Review*, septembre-octobre 2010.

Kapferer, J.-N., Tabatoni, O., « Is luxury really a financial dream ? », HEC Research Reports, 2010.

Karpik, L., Scott, N., *Valuing the unique*, Princeton University Press, 2010.

Kowinski, W. S., *The malling of America*, Xlibris Corporation, 2002.

Maslow, A., *Hierarchy of needs : a theory of human motivation*, Kindle e-book, 2011.

Nueno, J. L., Quelch, J. A., « The mass marketing of luxury », *Business Horizons*, vol. 41, iss. 6, pp. 61-69, 1998.

Phau, I., Prendergast, G., « Consuming luxury brands : the relevance of the rarity principle », *Journal of Brand Management*, vol. 8. No. 2, pp. 122-138, 2000.

Podolny, J. M., *Status signals : A sociological study of market competition*, Princeton University Press, 2005.

Silverstein, M., Fiske, N., « Luxury for the masses », *Harvard Business Review*, 81 (4) 2003, pp. 60-70.

Worchel, S., Lee, J., Adewole, A., « Effects of supply and demand on ratings of object value », *Journal of Personality and Social Psychology*, 1975.

◼ Chapitre 3

Amaldoss, W., Jain, S., « Pricing of conspicuous goods », *Journal of Marketing Research,* 42 (1), p. 30-42, 2005.

Bain & Company, « The luxury market 2012 ».

Bastien, V., Kapferer, J.-N., *Luxe oblige*, Eyrolles, 2012, 2ᵉ éd.

Benjamin, W., *L'œuvre d'art à l'époque de sa reproductibilité technique*, Gallimard, coll. « Folioplus Philosophie », 2008.

Blum, D.E., *Shocking: The art and fashion of Elsa Schiaparelli*, Yale University Press, 2003.

Chadha, R., Husband, *The cult of the luxury brand*, Nicholas Brealey, 2006.

Clark, T., *Starbucked*, Little, Brown, 2007.

Hagtvedt, H., Patrick, V.M., « The broad embrace of luxury: hedonic potential as a driver of brand extendibility », *Journal of Consumer Psychology,* 19 (4) 2009, pp. 608-618.

Heinich, N., Leduc Browne, P., *The glory of Van Gogh*, Princeton University Press, 1997.

Ipsos, World Luxury Tracking Survey, 2013.

Kapferer, J.-N., « Abundant rarity: the key to luxury growth », *Business Horizons*, 55, 2012, pp. 453-462.

Karpik, L., Scott, N., *Valuing the unique*, Princeton University Press, 2010.

Thomas, D., *Deluxe: How luxury lost its luster*, Thorndike Press, 2008.

Vaughn, H., *Dans le lit de l'ennemi*, Albin Michel, 2012.

Wang, H., Wei, L., *The Chinese Dream: The rise of the world's largest middle class and what it means to you*, Create Space Independent Publishing Platform, 2010.

◼ Chapitre 4

Amaldoss, W., Jain, S., « Conspicuous consumption ans sophisticated thinking », *Management Science*, 51 (10) 2005, pp. 35-45.

Bastien, V., Kapferer, J.-N., *Luxe Oblige*, Eyrolles, 2012.

Belk, R. W., « Possessions and the extended self », *Journal of Consumer Research*, Vol. 15,139-168, 1988.

Bothner, M. S., Godart, F. C., Lee, W., « What is social status ? », *Industrial and Corporate Change*, Summer, 2010.

Bourdieu, P., *La distinction : Critique sociale du jugement*, Éditions de Minuit, 1979.

Chadha, R., Husband, P. *The cult of the luxury brand*, Nicholas Brealey, 2006.

Granot, E., Brashear, T., « From luxury to populence : inconspicuous consumption », ACR Proceedings, Memphis Conference, vol. 35, pp. 991-992.

Griskevicius, V., *et al.*, « Blatant benevolence and conspicuous consumption : when romantic motives elicit strategic costly signals », *Journal of Personality and Social Psychology*, vol. 93, pp. 85-102, 2007.

Han, J-M., Suk, H.-J., Chung, K-W., « The influence of logo exposure in purchasing counterfeit luxury goods », DMI Conference, Essec, 14-15 avril, 2008.

Janssens, K., *et al.*, « Can buy me love : how mating cues influence men's interest in high status consumer goods », Working Paper n° 2009/570, Gent University, School of Economics and Management, 2009.

Han, Y.J., Nunes, J.C., Drèze, X., « Signaling status with luxury goods : the role of brand prominence », *Journal of Marketing*, 74, juillet 2010, pp. 15-30.

Han, Y.J., Nunes, J.C., Drèze, X., « Consumption in a recession : toning it down or turning it up », *Journal of Consumer Psychology*, nov. 2, 2010.

Kapferer, J.-N., Tabatoni, O., « Are luxury brands really a financial dream ? », HEC, Research paper, juillet 2010.

Mandel, N., Petrova, P.K., Cialdini, R. B., « Images of success and the preference for luxury brands », *Journal of Consumer Psychology*, vol. 16 (1), pp. 57-69, 2006.

Rucker, D. D., Galinsky, A. D., « Desire to acquire : powerlessness and compensatory consumption », *Journal of Consumer Research*, 35, pp. 257-267, août 2008.

■ Chapitre 5

Bain & Company, « Luxury in 2011 ».

Bataille, G., Hurley, R., *The accursed share*, Zone Publishing Company, 1991.

Ipsos, World Luxury Tracking Survey, 2011.

Kapferer, J.-N., « Why are we seduced by luxury brands ? », *The Journal of Brand Management*, 4 (4) 1998, pp. 251-60.

Kapferer, J.-N., Tabatoni, O., *ibid*.

Karpik, L., Scott, N., *Valuing the unique*, Princeton University Press, 2010.

Korosylov, I., « What the luxury profession thinks country of origin ? », Research paper, 2007-01, Université de Nancy-II.

McKinsey, « Luxury in Japan », research report, 2009.

Porter, M., *L'avantage concurrentiel des nations*, Dunod, 1998.

Silverstein, M., Fiske, N., Butman, J.,*Trading Up*, Portfolio Trade, 2008.

Thomas, D., *Deluxe : How luxury lost its luster*, Thorndike Press, 2008.

■ Chapitre 6

Atkin, D., « All together now : the new and vital strategy of community », *in The Definitive Book of Branding*, Sage Publications, 2014.

Bô, D., Guevel, M., *Brand culture*, Dunod, 2013.

Brovot, F., Kapferer, J.-N., « The kernel of luxury », article de recherche non publié, HEC Paris, 2014.

Casper, G., Briones, E., *La génération Y et le luxe*, Dunod, 2014.

Derville, X., Kapferer, J.-N., « Selective distribution : beware of halfway measures », working paper, HEC Paris, 2014.

Dion, D., Arnould, E., « Retail luxury strategy : assembling charisma through art and magic », *Journal of Retailing*, 87 (4) 2011, pp. 502-520.

Okonkwo, U., *Luxury online : style, systems, strategies*, Palgrave McMillan, 2010.

Perey, E., Meyer, L., *Luxury Attitude*, Maxima, 2013.

■ Chapitre 7

Allsop, J., « Premium pricing, understanding the value of premium », *Journal of Revenue and Pricing Management*, 2, 2005, pp. 185-194.

Amaldoss, W., Jain, S., « Pricing of conspicuous goods », *Journal of Marketing Research*, 42(1), pp. 30-42, 2005.

Bain & Company, « World Luxury Market Report » 2014.

Becker, G., « A note on restaurant pricing and other examples of social influences on price », *Journal of Political Economy*, 99 (5) 1991, pp. 1109-1116.

Capgemini, « World Wealth Report », 2012.

Carmon, S., Ariely, D., « Placebo effects of marketing actions: consumers may get what they pay for », *Journal of Marketing Research*, 42 (4) 2005, pp. 383-393.

Cholette, H., Castaldi, R., « Determinants of wine consumption of US consumers: an econometric analysis », *International Journal of Wine Business Research*, 19 (1) 2007, pp. 49-62.

Cholette, H., Castaldi, R., Frederick, A., « Globalization and the emergence of new business models in the wine industry », *International Business and Economics Research Journal*, 4 (3) 2005, pp. 21-30.

De Barnier, V., Falcy, S., Valette-Florence, P., « Do consumers perceive three levels of luxury? A comparison of accessible, intermediate, and inaccessible luxury brands », *Journal of Brand Management*, 19 (7) 2012, pp. 623-636.

Dion, D., Arnould, E., « Retail luxury strategy: assembling charisma through art and magic », *Journal of Retailing*, 87 (4) 2011, pp. 502-520.

Dubois, B., Laurent, G., « Luxury possessions and practices: an empirical scale », *in European Advances in Consumer Research, Association for Consumer Research*, vol. 2, 1995, pp. 69-77.

Dubois, B., Laurent, G., « The functions of luxury: a situational approach to excursionism », *Advances in Consumer Research*, 23, 1996, pp. 470-477.

Dubois, B., Laurent, G., « Luxuries for the happy many », *in Mastering Global Business*, The Financial Times-Pitman Publishing, 1998, pp. 236-237.

Godey, B., « A cross cultural exploratory content analysis of the perception of luxury », *Journal of Product and Brand Management*, 22 (3) 2013, pp. 229-237.

Groth, J., C., McDaniel, S.W., « The exclusive value principle: the basis for prestige racing », *Journal of Consumer Marketing*, 10 (1) 1993, pp. 10-16.

Groth, J., C., McDaniel, S.W., « The exclusive value principle », *Journal of Consumer Marketing*, 10 (1) 1999, pp. 10-16.

Ipsos, « World Luxury Tracking Survey, Mature and Emerging Countries », 2012.

Kapferer, J.-N., « Why are we seduced by luxury brands? », *Journal of Brand Management*, 6 (1) 1998, pp. 44-49.

Kapferer, J.-N., « Abundant rarity: the key to luxury growth », *Business Horizons*, 55, 2012, pp. 453-462.

Kapferer, J.-N., Laurent, G., « Luxury price thresholds, an international comparison », HEC Paris Research Reports, 2012.

Mazumdar, T., Raj, S., Sinha, I., « Reference price research: review and propositions », *Journal of Marketing*, 69 (4) 2005.

Silverstein, M., Fiske, N., « Luxury for the masses », *Harvard Business Review*, 81 (4) 2003, pp. 60-70.

Veblen, T., *The theory of the leisure class*, Oxford University Press, 2007.

Vigneron, F., Johnson, L.W., « A review and conceptual framework of prestige-seeking consumer behavior », *Academy of Marketing Science Review*, 3 (1) 1999, pp. 11-16.

Wilcoz, K., Kim, H., Sen, S., « Why do consumers buy counterfeit luxury brands? », *Journal of Marketing Research*, 46 (2) 2009, pp. 247-259.

Yeoman, I., « The changing behaviours of luxury consumption », *Journal of Revenue and Pricing Management*, 10 (1) 2011, pp. 47-50.

Yeoman, I., McMahon-Beattie, U., « Luxury markets and premium pricing », *Journal of Revenue and Pricing Management*, 4 (4) 2006, pp. 319-328.

Yeoman, I., McMahon-Beattie, U., « The changing meaning of luxury », *in Revenue Management: A practical pricing perspective*, Palgrave MacMillan, 2010.

■ Chapitre 8

Amaldoss, W., Jain, S., « Conspicuous Consumption and Sophisticated Thinking », *Management Science*, Vol. 51 (10) 2005, pp. 35-45.

Bendell, J., Kleanthous, A., « Deeper Luxury Report », WWF, 2007.

Chadha, R., Husband, *The cult of the luxury brand*, Nicholas Brealey, 2006.

Corneo, G., Jeanne, O., « Conspicuous consumption: snobbism and conformism », *Journal of Public Economics*, vol. 66, 1997, pp. 55-71.

Han, Y.J., Nunes, J.C., Drèze, X., « Signaling status with luxury goods : the role of brand prominence », *Journal of Marketing*, 74, juillet 2010, pp. 15-30.

Hurth, V., « Creating sustainable identities : the significance of the financially affluent self », *Sustainable Development*, 18, 2010, pp. 123-134.

Kapferer, J.-N., Michaut, A., « Are luxury purchasers really insensitive to sustainable development ? New insights from research », *in Sustainable Luxury*, chap. 7, Greeleaf Publishing, 2014.

Kapferer, J.-N., Michaut, A., « Is luxury compatible with sustainability ? Luxury consumers' viewpoint », *Journal of Brand Management*, 21 (1) 2014, pp. 1-22.

Kapferer, J.-N., Tabatoni, O., « Are luxury brands really a financial dream ? », *Journal of Strategic Management Education*, 7 (4) 2011, pp. 1-16.

Mandel, N., Petrova, P.K., Cialdini, R. B., « Images of success and the preference for luxury brands », *Journal of Consumer Psychology*, 16 (1) 2006, pp. 57-69.

Patai, N., « Motivations of sustainable luxury clients », HEC MSc Thesis, Jouy-en Josas, 2016.

Rucker, D. D., Galinsky, A. D., « Desire to acquire : powerlessness and compensatory consumption », *Journal of Consumer Research*, 35, août 2008, pp. 257-267.

■ Chapitre 9

Bain & Company, « The Luxury Market » 2013.

Benjamin, W., *L'œuvre d'art à l'époque de sa reproductibilité technique*, Gallimard, coll. « Folioplus Philosophie », 2008.

BVA, Luxury and Sustainable Development Survey, 2013.

Corbellini, E., Saviolo, S., *Managing fashion and luxury companies*, ETAS Editions, 2009.

Dion, D., Arnould, E., « Retail luxury strategy : assembling charisma through art and magic », *Journal of Retailing*, 87 (4) 2011, pp. 502-520.

Forestier, N., Ravai, N., *The taste of luxury : Bernard Arnault and the Moët-Hennessy Louis Vuitton story*, Bloomsbury Publishing, 1992.

Ijaouane, V., Kapferer, J.-N., « Developing luxury brands within luxury groups : synergies without dilution », *Marketing Review of St Gallen*, 1, 2012, pp. 24-29.

Ipsos, « World Luxury Tracking Survey », 2012.

Kapferer, J.-N., « Abundant rarity : the key to luxury growth », *Business Horizons*, 55, 2012, pp. 453-462.

Kapferer, J.-N., Tabatoni, O., « Is luxury really a financial dream ? », *Journal of Strategic Management Education*, 7 (4) 2011, pp. 1-16.

Karpik, L., Scott, N., *Valuing the unique*, Princeton University Press, 2010.

Moingeon, B., Lehmann-Ortega, L., « Creation and implementation of a new business model : a disarming case study », *M@n@gement*, 13 (4) 2010, pp. 266-297.

Silverstein, M., Fiske, N., « Luxury for the masses », *Harvard Business Review*, 81 (4) 2003, pp. 60-70.

Teece, D.J., « Business models, business strategy and innovation », *Long Range Planning*, 43, 2010, pp. 172-194.

■ Chapitre 10

Bain & Company, « Perspectives on World Luxury Market », 2011.

Bforbank avec Bulgari, conférence de presse, 7 mars 2011, consulté en novembre 2014 (http://blog.bforbank.com/bourse/2011/03/07/lvmh-bijou-bulgari-luxe).

Carcano, L., Ceppi, C., *Time to change : Contemporary challenges* for *Haute Horlogerie*, Egea Edition, 2010.

Carnevale-Maffè, C. A., « Why Italian companies are selling their "family jewels"? », *Via Sarfatti*, 25 avril 2011.

Chevalier, M., *Luxury China : market opportunities and potential*, Wiley, 2009.

Dion, D., Arnould, E., « Retail luxury strategy : assembling charisma through art and magic », *Journal of Retailing*, 87 (4) 2011, pp. 502-520.

Ijaouane, V., Kapferer, J.-N., « Developing luxury brands within luxury groups : synergies without dilution », *Marketing Review of St Gallen*, 1, 2012, pp. 24-29.

Kapferer, J.-N., Tabatoni, O., « Are luxury brands really a financial dream ? », *Journal of Strategic Management Education*, 7 (4) 2011, pp. 1-16.

Marafioti, E., Saviolo, S., « The Zegna group, case number 086/07 », Bocconi, 2010.

Multpl, http://www.multpl.com, *New York Times*, « For Bulgari, LVMH deal paves the way to growth », 7 mars 2011, consulté le 30 août 2012.

Passariello, C., « Prada is making fashion in China », *Wall Street Journal Fashion*, 24 juin 2011.

Saviolo, S., « Report about Bulgari Group », Bocconi School of Management reports, 2011.

Segal, D., « Is Italy too Italian ? », *New York Times*, 31 juillet 2010.

Stewart, S.,« How to fix accounting : measure and report economix profit », *Journal of Applied Corporate Finance*, 15 (3) 2003, pp. 63-82.

The Economist, « Keeping it in the family », 10 mars 2011.

Thomassen, L., Lincoln, K., Aconis, A., *Retailization*, Kogan Page, 2006.

Thomson Reuters, Bulgari SpA, http://reuters.com/finance/stocks/overview ?symbol=BULPY.PK, consulté le 8 novembre 2011.

Ward, J. L., Schuman, A., Stutz, S., *Family business as paradox*, Palgrave Macmillan, 2010.

Xiao Lu, P., *Elite China*, Wiley, 2008.

■ Chapitre 11

Brush, T., Bromley, P., Hendrickx, M., « The relative influence of industry and corporaion on business segment performance », *Strategic Management Journal*, 20, 1999, pp. 519-548.

Galbraith, R., « Multibrands : a lucrative strategy for the luxury Italian fashion », *International Herald Tribune*, 2 mars 2001.

Goold, M., Campbell, A., Alexander, M., *Corporate strategy : creating value in the multibusiness company*, Wiley, 1994.

Kapferer, J.-N., *The new strategic brand management*, Kogan Page, 2012, 5e éd.

Knoll, S., *Cross-Business Synergies : A typology of cross-business synergies and a midrange theory of countinuous growth synergy realization*, Gabler Edition Wissenschaft, 2008.

Moore, C. M., Birtwistle, G., « The nature of parenting advantage in luxury fashion retailing – the case of Gucci Group NV », *International Journal of Retail & Distribution Management,* 33 (4) 2005, pp. 256-270.

Rigby, D., D'Arpizio, C., Kamel, M.-A., « How more can be better », *Financial Times*, 5 juin 2006.

Rumelt, R., « How much does industry matter? », *Strategic Management*, 12, 1991, pp. 167-185.

■ Chapitre 12

Dequidt, M.A., « L'horlogerie européenne : production de luxe, production d'exportation », *in Luxes et Internationalisation* (xvie-xixe siècles), Sougy, N. (Dir), Éditions Alphil, Presses Universitaires Suisses, 2013.

Kervella, C.T., *Le luxe et les nouvelles technologies*, Maxima, 2016.

Perey, E., Meyer, L., *Luxury Attitude*, Maxima, 2013.

Pitte, J.-R., *Bordeaux-Bourgogne*, Hachette Éditions, 2005.

■ Chapitre 13

Coupland, D., *Generation X : Tales for an accelerated culture*, Paperback Books, 1991.

Dagnaud, M., *La génération Y : les jeunes et les réseaux sociaux, de la dérision à la subversion*, Sciences Po., Les Presses, 2013.

Casper, G., Briones, E., *La génération Y et le luxe*, Dunod, 2014.

Kapferer, J.-N., *Rumeurs, le plus vieux média du monde*, Le Seuil, 1987.

Hurth, V., « Creating sustainable identities », *Sustainable Development Special Issue : Sustainability and Identity*, Vol. 18 (3), pp. 123-134, mai-juin 2010.

Taylor, J., Harrison, D., Kraus, S., *The new elite : Inside the mind of the truly wealthy*, Amacom, 2009.

■ Chapitre 14

Barbiero, L., « Auditing Chinese luxury brands », HEC EMBA Luxury major, working paper, HEC Paris, 2014.

Chevallier, M., Xiao Liu, P., *Quand la Chine s'éveille au luxe*, Eyrolles, 2016.

Gessner, J., *China and luxury brands*, Geli-consult, 2016.

Index

Maquette et mise en page : Florian Hue